生態人類学は挑む
挑む
SESSION
2

わける・ためる

寺嶋秀明 編
TERASHIMA Hideaki

京都大学学術出版会

いっしょにサトウキビを食べるボノボの母子.
食物の分かち合いはチンパンジー・ボノボと人
に共通する社会関係の進化を示す（第1章）.

争いから分かち合いへ

チンパンジーやボノボに
も見られる食物分配は,
人も含む霊長類の社会
的基盤となる. 人は積極
的に家族やバンド, 村単
位での共食や食物分配
を日常生活に取り込み,
争いにかわる喜びと楽し
みの世界を創出した. 食
という原初的な生命維
持行為を高度な社会生
成の礎としたのである.

[上]饗宴では一人ひとりを平等に扱う
ことが大切だ. アフリカの狩猟採集民
グイ／ガナの人びとが肉料理の分配
を待つ（第2章）. [下]食物だけではな
く労働も分かち合って小屋作りを楽し
むグイ／ガナの女性たち（第2章）.

ヒトの子どもは未熟な状態で生まれ，成長も遅い．母子への
サポートの必要が父としての雄の役割を生んだ．こうして人
類進化のある段階で，食物分配と子育ての両機能を有す
るユニットが登場する．家族の起源である．

アフリカ乾燥疎開林の狩猟採
集民ムボテの網猟の風景．獲
物の肉は規則に従って分配さ
れるが，最終的には猟に出な
かった者にも行き渡る（終章）．

家族の起源

網猟の合間，くつろいで子どもたちと遊ぶムボテの女性たち（終章）．

[左]カメルーンの森で暮らす狩猟採集民バカ. 目の不自由な男性ジェマの悲運な死は彼らのシェアリングの実相について重い問いを投げかける（第3章）. [右]農耕民の村のジェマ（写真中央）. 民族の境界を越えて, 障害を感じさせない快活な日々を送っていた（第3章）.

コミュニケーションとしての分配

食物分配は必要のためだけに行われるのではない. さまざまな形で頻繁に発生するシェアリングは, 人と人を結びつける社会基盤であり, 社会を動かす.

料理を盛り分けるバカの女性. しばしば過剰となるほどの分配が淡々と進行し, 寡黙なメッセージが行き交う（第4章）.

南太平洋バヌアツ共和国フツナ島の饗宴. 一家族分ずつ平等に分けられた食物の山. それはフツナ社会の写し絵となっている（第5章）.

「わける」から
「ためる」に傾くとき

[左]エチオピア農耕民デラシャの人びとはポロタと呼ばれる地下貯蔵庫にモロコシを蓄える。穀物の出し入れは注目の的となるが、所有者は作った酒を振舞うことで妬みの発生を回避する(第6章)。[右]モロコシを脱穀し酒造りの用意をするデラシャ(第6章)。

富を「ためる」ことが経済的階層を生み、不平等や妬みが生まれる。そこに現れる社会のきしみを回避する仕組みがそれぞれの社会に張り巡らされていたはずだ。しかし資本主義の大波にさらされ拡大する一方の格差が社会を揺るがす。分岐点はどこにあるのだろう?

[上]マダガスカルの漁村ファシラヴァ村は、資本主義国家体制下、大きな社会変化にさらされている。ここ四半世紀の間に大型カヌーの価格は200倍になった(第7章)。[下]ファシラヴァ村のタコ仲買人。社会環境の激変にもかかわらず漁民社会には平等の精神もしぶとく息づいている(第7章)。

混迷する 21 世紀の荒野へ

　地球という自然のなかで人類は長い時間をかけて多様な文化や社会を創り
あげてきた．その長い歴史は，人類が自然の一部としての生物的存在から離
陸して自然から乖離していく過程でもあった．その結果，現在の人類は地球
という自然そのものを滅亡させてしまうかもしれない危険な存在になってい
る．世界がその危険性にやっと気づきはじめ，資本主義グローバリズムに変
わるべき未来像を模索している．

　そのような中で生態人類学は自然と文化という人間存在の二つの基盤にし
っかり立脚し，人間の諸活動のすべての要素を含みながら，しかも具体的で
説得力ある研究を目指すユニークな学問的営為として研究活動を続けてきた．
現在地球上で急激に減少している多様な人類文化に着目し，そうした民族文
化や地域文化の奥深さを描き出すため志のある研究者が実直で妥協のないフ
ィールドワークを続けている．研究者たちはそこで得られたデータによって
描かれる論文や現場に密着したモノグラフ等の作品以外に，この多様な人類
のありかたを示す方法はないことを確信してきた．

　生態人類学は，1973 年 5 月に東京大学と京都大学の若手の人類学関係者が
集まり第 1 回の生態人類学研究会を開催したのが始まりであった．この生態
人類学研究会は23回続き，1996 年の生態人類学研究会を第 1 回の生態人類
学会研究大会とすることで新たな学会となった．今年度（2020年）第25回の生態
人類学会研究大会を開催し今日に及んでいる．今や生態人類学を標榜する研
究者も数多くなり，さまざまな大学や研究機関に所属している．

　生態人類学会は2002年度に『講座・生態人類学』（京都大学学術出版会）8 巻
を発刊して，それまでの生態人類学の成果を世に問うている．この講座は，ア
フリカの狩猟採集民 2 巻，東アフリカの遊牧民，アフリカの農耕民，ニュー
ギニアの諸集団，沖縄の諸論考のそれぞれに 1 巻をあて，さまざまな地域の
さまざまな生業や生活を対象にした論文集という形のシリーズであった．ま

た，エスノ・サイエンスや霊長類学と人類学をつなぐホミニゼーションに焦点をあてた領域にもそれぞれ1巻をあてている．

　この『講座・生態人類学』発刊からすでに20年近く経過し，研究分野も対象とする地域ももはや生態人類学という名称では覆いきれない領域にまで広がっている．そして本学会発足以降，多くのすぐれた若手研究者も育ってきている．そうしたことを鑑みるならば，このたびの『生態人類学は挑む』16巻の発刊は機が熟したというべきである．このシリーズはひとりの著者が長期の調査に基づいて描き出したモノグラフ10巻と従来の生態人類学の分野を超えた，領域横断的な研究分野も包摂した6巻の論集からなる．共通するのはいずれもひとりひとりの研究者が対象と向き合い，思索する中で問題を発見し，そして個別の問題を解くと同時にそれを普遍的な問題にまで還元して考究するスタイルをとっていることである．生態人類学が出発してほぼ50年が経つ．今回の『生態人類学は挑む』シリーズが，混迷する21世紀の荒野に，緑の風を呼び込み，希望の明りをともす新たな試みとなることを確信する．

　日本の生態人類学の先導者は東京大学の渡辺仁先生，鈴木継美先生そして京都大学の伊谷純一郎先生であったが，生態人類学の草創期の研究を実質的に押し進めてきたのは6年前に逝去した掛谷誠氏や今回の論集の編者のひとりである大塚柳太郎氏である．

　掛谷誠氏の夫人・掛谷英子さんより掛谷誠の遺志として本学会へのご寄進があり，本出版計画はこの資金で進められた．学会員一同，故人に出版のご報告を申し上げるとともに，掛谷英子さんの御厚意に深く謝意を捧げたい．

『生態人類学は挑む』編集委員会

目次

序

寺嶋秀明

　『生態人類学は挑む SESSION 2』では，「わける」および「ためる」という動詞に
関連した人の社会行動に焦点をあて，その生態学的，社会的，文化的意味について
考察した9本の論文を収めている.

　わける（分ける），ためる（貯める，溜める）という行動，なかでもわけることは人
の生活の基本中の基本となっている. わけることは，自分が所有するものやその一
部を他人に与えることであり，日常生活のさまざまな場面において，食物や生活物
資，贅沢品，貴重品，そして株や土地などの資産にいたるまで，多種多様なものが
分配される. それなくしては，いかなる人の社会も成立しないだろう. また，わけ
与えることによって，わける者とわけてもらう者の双方が同じものを所持する状態
になる. これは共有であり具体的な形を持たないものにも適用される.「喜びをわか
ちあう」とか「悲しみを共有する」などの表現のように喜怒哀楽の感情もわける，も
らうの対象となっている.

　動物界では一般に，わけるという行動は，ごく限られた場合しかみられないよう
である. しかし，チンパンジーやボノボなど人に直近の類人猿になると，積極的で
はないものの，貴重な食物を仲間に分与することがしばしばおこなわれる. 人にお
いては言うまでもなく，食物の分配はごく当たり前の社会的行為となっている. 社
会というものを個体どうしの有機的な結合の集合と考えるならば，その成員間でも
のをわけあうことは高度な社会の始まりを示すとしても過言ではない. そして日々
の分配の対象として決定的に重要なものを考えるならば，なんといっても食物が一
番にくるだろう. 食物は，だれにとっても生きていくうえで無条件に大切なもので
あり，普遍的な価値をもつ. 今日におけるまばゆいばかりの社会進化の第一歩も，仲

間どうしの食物の分配だったことはまちがいないだろう．ただし，わけたり与えたりすることはごく簡単な行為のようではあるが，上手にやり通すのはなかなか容易ではない．

　わける行動はサル類や類人猿でもよく観察されているが，ためる行動は人以外の霊長類ではほとんど見られない．その理由は，ヒト以外の霊長類はためる必要がないからである．彼らにおいては食物は入手と同時に口の中に収まり，すぐに胃袋に送られる．人の場合でも後述のようにほとんどためないという人たちもいるが，一般にいろいろなものをためる必要がある．ただし，ためたものは，自分で利用するばかりではなく，他人にわけるためにも使われる．これは，社会を作る動物においては大切な向社会的行為（prosocial behavior）である．一方，ためたものを自分だけのために利用することは，他者への分配を拒否することにほかならず，社会を危うくする行為（antisocial behavior）として社会的制裁を招きかねない．

　未来のために蓄えるという観念をもたない「即時リターン型」の狩猟採集社会では，食物をためることはほとんどないが，寒冷地方など季節性資源の貯蔵に頼る「遅延リターン型」狩猟採集社会では食物の貯蔵が重要な問題となる．また，農耕生活や牧畜生活になると穀類などの収穫物，あるいは家畜という財産の所有をとおしてためるという行動が日常化する．そのような社会では，さまざまな事情により各戸の蓄えの量に差が出てくる．その差が貧富の差，そして権力の差として定着すると社会の階層化となる．大きな格差は社会的な対立を引き起こしかねない．そこで，安全弁として重要な行動となるのが，持てるものから持たないものへの分配である．分配にはそういった意味もあるが，いずれにせよ，ためこんだものを機を見て気前よく分け与えることによって，集団の共同性と連帯の絆が強化され，社会の安定性・安全性が高まることは確かだろう．

　わけることに関連して生態人類学でとりわけ頻繁に取り上げられてきた話題の一つが食物のシェアリング（sharing）である．狩猟採集民の代名詞ともなっているシェアリングであるが，蓄積をしない即時リターン型の狩猟採集民では，集団内における日々のシェアリングが欠かせない．獲物を仕留めてキャンプや村まで持ち帰ってきた人は，惜しげもなくそれを人々に分配する．そういった狩猟採集民のシェアリングは一般社会におけるものの授受とはかなり異なる．一般社会では，与える者に対してもらう方から感謝の念が発せられ，同時にそのお返しをする互酬的義務が発

生する．一方，多くの狩猟採集社会では，もらう方は当然のことのようにもらうだけである．もらう方はいつももらい，与える方はいつも与えるといったパターンもよくある．そのような片寄りもあるシェアリングの存在理由についてはいろいろな観点からの説明が試みられてきたが，大方を納得させるような明快な説明は困難であり，結局，狩猟採集民のシェアリングとはそういうものだと開き直るしかない．ただ，シェアリングをおこなう当の人々の意見はきまっている．すなわち，自分たちは「わかち合う集団」であり「それが自分たちのやり方だ」と強調するのである．狩猟採集民のような徹底したシェアリングは，限定された小集団の中でしか十全には実現しえないものと思われるが，仲間はわかち合うものという考えそのものは広く人間社会で共有され，現代社会でもそのエートスは随所に息づいている．

　狩猟採集社会におけるそのようなシェアリングは，平等（equality）あるいは平等主義（egalitarianism）と結び付けられてきた．平等についての議論は古代ギリシャの時代から存在したものだが，人類学でこれがしきりに論じられるようになったのは20世紀の後半，狩猟採集社会に関するフィールドワークが盛んになってからであった．上記のような狩猟採集民のシェアリングがまさにそれを体現しているものとされたのである．その後，狩猟採集民に限らず，自給自足的な小規模農耕社会や遊動的牧畜民といった小規模集団での社会関係の維持・形成において平等というコンセプトが重要な役割を担っていることが明らかになった．なおかつ，これはわけるという行動のベースとして，人以外の霊長類社会もその一部を共有するものであり，それゆえ，両者のつながりを考える上で大切な接点となる．まず自他の平等感に裏打ちされてシェアリングがおこなわれ，集団の結集力が高められる．そして，シェアリングという行為を通して，自分と他者が同じであることがその都度確かめられ，平等が可視化される．平等を，自他を同一視する心的能力の発達として捉え，そのようなものとして霊長類と人をつなぐ社会原理と考えることは，霊長類学者で生態人類学の創始者でもあった伊谷純一郎の創案によるものであり（伊谷純一郎「人間平等起原論」1986年），その後多くの研究者によって論究が続けられている．

　最後にもう一つ，コミュニケーションという観点をあげておきたい．シェアリングや平等性はコミュニケーションとも密接な関係がある．シェアリングはいわば，食物を介した与える者と与えられる者とのコミュニケーションである．シェアリングは一応定まったパターンをもつが，いつも同じような形でおこなわれるものではない．現実には，その時その場の状況に応じて，臨機応変のシェアリングが発生しう

る．うまくいくシェアリングもあれば，失敗するシェアリングもある．ここで求められるのは，わける者ともらう者という二人の心の通い合いである．わける方ももらう方もお互いに相手の期待を想定しながら行動し，うまくコミュニケーションがとれれば双方が満足するシェアリングとなる．シェアリングの成否には相互の信頼関係が大きく関与するが，そういった関係をつくるのも日頃のコミュニケーションである．シェアリングという制度，その基盤をなす平等のコンセプト，そして現実の平等とシェアリングを形作るコミュニケーション，その三者がうまくかみ合うことによって，ともに生きる個々人からみて信頼できる社会が作り出されるのである．

　以下，本書の構成と各章の内容について簡単に紹介しておきたい．本書は3部構成の8本の論考と終章からなる．第Ⅰ部は，霊長類と人に共通に見られる食物分与（シェアリング）の可能性とその限界を扱った3本の論考である．第1章では，人にもっとも近縁のチンパンジー属（チンパンジーとボノボ）の食物分与と人の社会とのつながりが論じられる．チンパンジー属の食物分配は，約束事からなる世界を生成する平等原則の台頭をベースとした食行為の社会化であり，群れ集団の〈共存／共在〉の意味と可能性を大きく広げているものである．そこに人の社会との接点があると論じられる．

　第2章では，狩猟採集民サンのシェアリングの実態をベースとして，現代社会におけるシェアリングエコノミーとの接点が論じられる．サンでは，土地，食物，共同作業，配偶者，「水」と呼ばれる観念的物質など，さまざまなものが大胆に分配され，共有される．それら多彩なシェアリングの中核として個人の主体性と自由がある．一方，現代資本主義下においてもシェアリングを謳ったビジネスが勢力を増しているが，おなじ言葉を用いながらもその内容には大きな差異がある．はたしてシェアリングエコノミーの未来に個人の主体性と自由への展望があるか，注視が必要と指摘される．

　第3章では，カメルーン南部の森林地帯に生きる視覚障害者の人生を通して，シェアリングの可能性が論じられる．目の不自由なバカ・ピグミーのジェマは自分の村でシェアリングを受けながらも周囲の農耕民とも親密な関係を築き，二つの世界にまたがって生きていた．その後ジェマは病魔に侵され12キロ離れた町の病院に入院する．しかし退院間際のある日突然，付添もなく，10時間一人で歩き通して自村へ帰還した．その苦しい旅路が死期を早めた．なぜ彼は道沿いのバカの村々で援助

を求めなかったのか．ただ黙々と歩き続けたのか．シェアリングの限界が考察される．

　第Ⅱ部では，熱帯雨林での狩猟採集，南太平洋の離島での農耕と漁業，そしてエチオピアの乾燥地帯での穀物農耕と，まったく異なる状況でおこなわれている食物分配の多様な姿とそれぞれの社会に応じた役割について考察した3本の論考を集めている．まず第4章では，バカ・ピグミーの詳細な調査にもとづいた食事分配の分析結果が提示される．日ごろの食事は家族の分以外に，他人への分配を見越して多めに作られ，あらかじめ決まっている者の他に，その日ごとに選ばれる者へ分配される．一人が複数の分配を受けることもよくある．あからさまな要求はなく，料理の場での微妙な駆け引きが分配の行方を左右することが示される．自分の家族をおいても，他人に分配をすることの理由が探求される．

　第5章では，バヌアツ諸島のフツナ島の食文化が取り上げられる．島ではいろいろな機会に住民による共同作業がおこなわれるが，必ず主催者から食事が提供される．その方法は，まず参与した集団，あるいは出席者数の食物の山が作られ，しばし皆の前で陳列された後，各自が等しい分量をもらって食べる．主催者が提供する食事は共同作業の規模や参加者の顔ぶれによっていろいろな趣向がこらされる．そのほか，他人に食物を見られたら，必ず分与することも共通の習慣となっている．そのような食物の分配が示す島の人々が求める生活のあり方が考察される．

　第6章では，エチオピア乾燥地帯の農耕民デラシャとオロモの貯蔵と分配の相違が詳細に分析される．両者は主たる産物のモロコシを貯蔵するための地下貯蔵庫をもつが，まったく正反対の利用がなされる．デラシャは貯蔵庫を公然と他人に開陳し，貯蔵物から作った酒の振る舞いが日常化している．オロモでは貯蔵物の内容を妻にも明らかにしない．一部の富者による過剰なため込みは社会的な緊張をもたらす恐れがあるが，旱魃による不作など緊急時には富者から貧者へ穀物等の分配援助がなされ，富者の蓄財に社会的な承認を与えている．綿密な調査を通して乾燥地域の穀物農耕と蓄財と分配をめぐる社会・生態学的関係が論じられる．

　第Ⅲ部では，わける・ためるの背景にある社会的な平等と不平等，そして自由の問題に切り込んだ論考2編を収める．まず第7章では，現代国家の資本主義的体制に包摂された状況下でのヴェズ漁民の著しい平等性の問題が論じられる．マダガス

カルの沿岸漁撈社会における半世紀間（とくに著者自身の調査に基づくここ25年間）の政治・経済状況の変化や水産物価格の変動と人の移動の緻密な調査と分析から，ヴェズ社会では貨幣経済の浸透と経済的な改善が続いたにもかかわらず，富の蓄積はなかなか進まず，平等性のつよい社会が維持されてきたことが判明する．そうしたヴェズ社会の平等性の基盤は，自らの技量に応じた仕事の選択と意思決定における自律性，そして権力との距離を置く居住地選択や流通網の開拓などにあることが明らかにされている．

第8章では，グローバルな視点と理論的な観点から平等社会と不平等社会（あるいは非平等社会）の関係が考察される．狩猟採集社会の平等主義は有名だが，狩猟採集社会のすべてが平等社会ではない．むしろ，階層化した狩猟採集社会も多数存在してきた．著者は人口や資源などの生態学的要因と社会組織の特性等の社会学的視点から，階層化した狩猟採集社会出現の必要条件を考察する．一方，ドメスティケーションにより農耕・家畜飼養という食料生産が可能となった社会でも，それだけでは不平等社会には直結せず，環境条件や歴史的要件など他の諸条件が揃ってはじめて安定した不平等社会となることを明らかにする．そして，不平等が定着した社会でも不平等一辺倒ではなく，平等性も重要な社会的要素であると指摘する．

終章は，第1章と呼応した問題意識のもとに，猿人からスタートした人の進化とそれと並行した食物分配の役割を論じたものである．人のルーツは約700万年〜500万年前のアフリカの疎開林帯の類人猿（最終共通祖先：LCA）に遡ると考えられている．現在のチンパンジー／ボノボと狩猟採集民の食物分配を比較検討した結果，両者の食物分配には大きな相違もあるが，どちらもLCAに端を発したと判断して間違いはないとされる．その後の両者の相違については，二足歩行という人独自の身体能力の獲得とともに生じた男女のペアボンド成立や家族の誕生が大きな社会的変換点となった可能性が考察されている．

霊長類と人をつなぐ分配と平等

第 1 章

黒 田 末 寿

食物分配の進化と平等原則

チンパンジーとボノボの世界から

KEY WORDS

食物分配, ボノボ, チンパンジー, 平等原則, かかわり合い, 自己の客観視, 行動の多義性, 最小生計努力

1 蓄えると分ける

　ヒト以外の霊長類（以後，霊長類と簡略化）には「蓄える」という行為は見られない．ものを蓄えるというには，あるものをその場で消費するよりも多く入手してつぎの消費活動まで保管しなくてはならない．保管とは，ものを保全しかつ他個体の自由な接近を制限して失わないようにすることである．このもっとも単純な形態として，たとえば朝のバナナの食べ残しをつぎの採食時間までとっておくようなことが考えられる．しかし，霊長類は食物を数時間も保持しないし，ある場所においておくこともしない．チンパンジーなら多量の果実がなっている木に 1 日中いることがあり，その間，サルや鳥を追うこともあるから，果実を保管する行為に似たことが生じるが，それ以上ではない．

　もちろん，霊長類は先のことをある程度見通す力を持っている．タンザニアのゴンベのチンパンジーはシロアリ釣り用のツルを 1 km 以上持ち歩いて新しい塚で使うことがある（Goodall 1986）．また，コンゴ共和国のンドキのチンパンジーは，堅牢なシロアリ塚に堅く真っ直ぐな棒で苦労して穴を開け，クズウコンの茎の一端を噛ん

で刷毛状にして突っ込む．そこに噛みついたシロアリを釣りあげて食べ，その後チンパンジーは穴に棒を差し込んだままにして去る．これはシロアリが穴をふさがないようにし次回にも使うためと推測される（Suzuki et al. 1995）．こういう未来の行為をイメージする能力をもつと推測されるのに，ものを蓄えることをしないのである．

　だが，食べ物というものを分かつ行為はチンパンジーとボノボが頻繁におこない，そしてオマキザルなどの新世界ザルにもよく見られる（Goodall 1986; Kano 1980; Kuroda 1980; 西田 1973；西田・保坂 2001）．蓄えることとのこの違いは何によるのだろうか．考え得る回答のひとつは，生息地が熱帯から亜熱帯で食物が不足する時期があまりなく，かつ，多様なものを少量ずつ食べる傾向がある食性から食物を蓄える必要がないことである．温帯に進出した霊長類も多様なものを食べる性質を捨てず，少数の食べ物だけに長期間頼ることになる，蓄える行為を発達させなかった．これは霊長類の生態特徴を要因にした説明である．

　しかし，分かつことは他者との間で行う社会的行為であり，蓄えることは個別でもできる個体行為でもあるので行為の性格が違う．そして霊長類では分かつ行為はあるが蓄えることがないという事実は，人類史において蓄えることより分配が先行したことを示唆する．また，蓄えることと分配の関係について私がコンゴ森林のンガンドゥ人の村で学んだのは，蓄える＝隠すということである．それはある人の所有物は他者に分け与えるべきものだからだ．なかでも姻族が欲しがれば，その物は無条件に分与される（黒田 1993）．このようなことはコンゴ森林に限らず多くの文化に見られる．もし，蓄えることが隠すことによって成り立つならそこに「所有」概念が発生するとはいえない．なぜなら「所有」は，ある物がある個体に帰属することを「社会的」に承認することだからだ（黒田 1999）．さらに，私が拙著（黒田 1999）でチンパンジー属の食物分配の分析から論じたように，所有は分配によって発生するという議論をベースにすると，個人がものに対して全権をもつという意味での所有は小規模社会ではおこりえず，社会規模の拡大と蓄えが一般的になる農耕開始期よりは遅い，人類史上では最近生じたことになる．私たちの世界での蓄えにいたるまでに，分配のための公然の蓄えが先行し，個別的蓄えは社会の表層に出てはならない非社会性の象徴だった時代が長く続いたと考えられる．そして，霊長類の社会で議論できるのは分配だけなのである．

　では霊長類（ここではチンパンジー属だけが対象になるが）の食物分配は人類社会での食物分配とどう関連するのだろうか．この問いには，食物分配をとらえる視点と

図1-1 サトウキビを母子で分けているボノボ

方法が決定的な役割を果たす．人類の食物分配についてはさまざまな観点から膨大な研究がなされてきたが，それに比べるとチンパンジー属の食物分配の研究は少数でとらえ方も繁殖成功度上のコスト・ベネフィットに集約されるものがほとんどである．最近，他者の欲求の理解や協力と食物分配を結びつける実験がチンパンジーとボノボを対象におこなわれ，食物分配が他者の状態の認識能力や許容度と関連することが報告されている（例えば山本2011の総説参照）．これらによって，すこし幅がある議論が進みつつあるが，統制された状況ではそこからそれた行動は検討されない．霊長類がもつ行動能力をくみ上げるには，野生集団の観察を積み上げ，検討する作業が重要であることは明らかで，実験と補完しつつ考察を進めるべきである．

　本章では，チンパンジーとボノボの食物分配を個体間の対等な交渉で共存する平等原則の観点で位置づけ，食物分配を「食物が関与する〈かかわり合い〉」ととらえることによって，人類と類人猿双方の食物分配の理解を深めたい．

2 チンパンジー属の食物分配を見る視座

1 ⋯⋯ 食物分配をどう理解してきたか

　私たちが人類社会の始原の姿の復元に惹かれるのは，人間の本性やその由来を知りたいからに他ならない．1960年代から80年代にかけて進化人類学者たちは，野生チンパンジーの研究と狩猟採集民の研究から，共同で狩猟・採集し得た食料を分け合うことを軸に初期人類の始原社会を描いた．質と量の差はあったものの，双方にそれらの活動が見られたからである．始原社会における生計活動の内容と男女間の役割と比重，利用した道具などについては，研究者によってさまざまな描き方がされたが，相互の食物分配がメンバーを結びつける要になっていたとする点は一致していた（例えばLovejoy 1981; Lee and DeVore 1968; Lewin 1984）．

　その後，男女の分業と狩猟と採集活動の重要度をめぐって論争（Dahlberg 1981）があり，それは女性の役割を再認識する結果になった．共同の要になる食物分配にかんしては，ボノボの研究から性行動が食物分配を促進することを示す報告が新たに加わった（Kano 1980; Kuroda 1980, 1984）．また，食物分配を含む利他行動の進化理論として包括的適応度や進化的ゲーム理論が発展した．しかし，これらの新理論の登場で食物分配の進化が了解できるようになったかというと，決してそうではない．これらの理論は「心の働き」を扱わない．したがって結果が同じなら，嫌々ながら与える場合と進んで与える場合を区別しないし，意識的行為と遺伝的に組み込まれ半自動的におこなわれる行為を区別しない．したがって，食物分配の進化の重要な局面である規範化とか制度化を扱えず，類人猿の食物分配と人類の食物分配それぞれの特性を考慮したうえで関連づけることが困難になってしまう．

　食物分配は今日の私たちにとっても普遍的で重要な行為である．もし，初期人類社会の柱とされる道具使用，狩猟，採集，食物分配，共同行動，性による活動の差のうち，「人間らしさ」がもっとも現れる行為を選べといわれたら，多くの人が食物分配を選ぶだろう．他の行為は能力や活動パタンの問題であり，共同は目的によって内実が変わってくるが，食物分配は他者への思いやりが直接現れる行為だからだ．つまり，人間の本性を考察するとき，この問題の検討は重要な位置を占める．では，この問題の検討にはどのような視点が必要なのだろうか．

　一般に，霊長類を研究する視点は人類学＝社会学的視点と生態学的視点に二分で

きる．もちろんこれはあくまで大まかな分類であって，両方を総合する観点もある
し曖昧な境界領域もあるだろう．これもおおざっぱであるが，両者の違いをつぎの
ように表現できる．前者では霊長類の行為や集団の挙動を社会関係や社会システム
のなかでとらえ位置づけること，社会行為の機序であるいわば価値の体系を抽出す
ること，それらを通じて霊長類社会の進化過程を復元することなどを課題にする．

　後者では対象の霊長類の環境や他個体との相互作用を描き，個々の行為を適応度
で評価し，進化過程のなかに位置づける．社会生物学による包括的適応度や進化ゲ
ーム理論である行動が進化する条件を明らかにし，実際の行動がその条件に適合す
るかどうかをチェックするのは，後者の精緻化である．これは行為の具体性を問わ
ず，短期的長期的にその行為をおこなうコストと子孫を残す上での有効性＝ベネフ
ィットで評価する．それゆえに一般化できる強力な方法だが，先述したように動機
や行為の様相を問わずともなう心の働きも扱わない．したがって，たとえば，動物
に広く見られるインセストの回避と制度化されたインセストの禁忌を区別して議論
する人間家族の起源のような問題には限定された貢献しかできない（黒田 1999）．そ
れゆえ，以下ではチンパンジー属の食物分配を分析するにあたって人類学＝社会学
的視点をとる．

2……伊谷純一郎による人類の始原社会へのアプローチ

　チンパンジー属の食物分配を見る人類学的な視点を明確にしたのは，伊谷純一郎
（1987）である．まず，そのいきさつを述べてから伊谷の視点を検討しよう．

　1961年から始まった伊谷たちによるタンガニーカ湖畔のチンパンジー研究は，今
西錦司が練った仮説を検証する目的をもっていた．今西（1961）は，一頭の雄と配偶
関係をもつ雌による集団がいくつか集まって地域社会（コミュニティ）を形成し，イ
ンセストタブー，外婚制，性による分業の4項が人間家族の最小必要条件と考え，類
人猿にそれらが制度になる以前の状態で見られる可能性を論じた．そして家族的な
小集団を類家族（ファミロイド）と呼び，ゴリラとチンパンジーに存在すると予測し
てその検証を研究目標に設定した．

　容易にわかるように，今西は当時知られていたゴリラの情報からファミロイド仮
説をつくった．今西の最初の構想では野生のゴリラを研究する予定だったが，幸か
不幸か，ゴリラの調査計画はコンゴ動乱の勃発で停止せざるをえなくなり，今西と

伊谷はチンパンジーに照準を変えたのである．初期の調査は難航したが，1965年に
マハレ山塊麓のカソゲに集中調査地を移して軌道に乗った．翌年に西田利貞がここ
で餌付けに成功，5年間のうちにチンパンジー社会の大要が明らかにされた（西田
1973；Nishida 2012）．

　西田は，餌場にくるチンパンジーたちは数十頭規模のまとまりのなかで離合集散
していることを明らかにし，そのまとまりを単位集団と名づけた．この単位集団同
士は排他的で対立している．また，単位集団内の性関係は乱交であり，固定的な配
偶関係や親密な雄雌関係はない．つまりファミロイドに相当する下位集団は存在し
ない．西田と同僚たちは，先行したJ.グドーの後を追ってチンパンジーの道具使用，
狩猟，肉食，食物分配，挨拶行動などについて報告し，さらに，社会に重点を置く
研究の観点から，順位関係が明確に現れない対等な交渉が多いこと，そして雌が出
自集団を出て他集団へ移籍する父系社会であること（中村 2015；西田 1973；Nishida and
Kawanaka 1972）などを明らかにしていった．

　しかし，伊谷は今西の仮説が否定される以前から，家族の起源に関して今西とは
逆方向のことを考えていた．今西はファミロイドが集まってコミュニティをつくる
と考えたが，霊長類の集団関係は一般に対立的でチンパンジーもそうである可能性
が予測されたから，集団間を横断する協力関係の出現は容易に説明できない．そこ
で伊谷は，チンパンジーのような複雄複雌の単位集団内に配偶関係をもつ雄雌の小
集団（ファミロイド）ができて家族になる「プレバンド説」を提唱するようになった
（伊谷 1966）．これなら家族間の共同も容易に説明できる．つまり，チンパンジーの
単位集団は，狩猟採集社会において家族の集合体で共同の単位になるバンドに相当
する前駆体＝「プレ（前）バンド」になるという考えだ．

　伊谷はチンパンジー研究が進んでくると，今西による理論的指導から独立し，自
らの構想で人類社会の進化に取り組むことを決意する（伊谷 2009；黒田 2016）．1970
年以降の伊谷の研究は，始原的人類社会に向かう霊長類学からのアプローチと人類
学からのアプローチを自身の手でやり直したものということができる．霊長類学で
は，あらためて霊長類の社会構造を精査し，メンバーの移出入による通時的構造が
分類系統と強く相関することを発見し，比較社会学の基礎となる基本的社会単位
（BSU = Basic Social Unit）[1]の概念を確立した．メンバーの移出入から考える構造は母

（1）　伊谷が概念化した，霊長類各種での基本的社会単位（Basic Social Unit）になる両性を含む安定

系型と非母系型に分類でき，チンパンジーとボノボは後者に含まれる父系型社会であることを明確にした．人類学的アプローチのためには，原子令三，掛谷誠，丹野正，市川光雄らとともに生態人類学を創設し，みずからアフリカの狩猟採集民，焼畑農耕民，牧畜民研究に従事した．これによって伊谷は，狩猟採集社会が平等社会であることを確認し，平等化の仕組みが農耕社会，牧畜社会のなかにも働いていることを見いだす．また，狩猟採集社会がほぼ父方居住であることから父系社会にきわめて近いと考えるようになり，さらにプレバンド説との関係からと思われるが，家族間を横断する男性の共同性を重視した（伊谷 1987）．

10年後の1980年代になって，伊谷は二つのアプローチの逢着点が共存原理であることを明確にして両方の成果の結合にとりかかった．しかし，まず発表したのは，観察によって社会構造もとらえることができるという「社会構造を形成する行動」（伊谷 1987 [1981]）である．伊谷は霊長類の行動を生態的要因や遺伝学的に還元することを避け，社会事象は社会の次元で説明する態度と方法を貫いた．一見，特異に見えるこの論文はそのことを方法として示したものである．霊長類だろうと人間だろうと社会をつくり出すのは主体としての個体であり，社会事象は個体の行動に現れる．したがって行動観察によって把握できる．社会構造のような観察者が考える個体行動より上位レベルの事象についても同様である．構造をつくり出す行動の重要なものに自制がある．これは心の働きであるが，避ける，止める，力を抑えるといった行動で観察できる．二者のうち一方だけが自制すれば忌避関係や優劣関係を出現させる．霊長類の行動の規矩，それは心のレベルでは価値の体系ともいえるが，これも行動観察によっていずれは描くことができる．このように伊谷は，行動を個体次元より下位のものに還元する方向を徹底的に拒否し，実際に，自制や共存の許容と否定の行動を例として，霊長類と人類の社会関係が同じレベルで思考できることを示している．

この論文はフィールドワーカーとしての伊谷が，自分の思考はすべて霊長類とヒトの行動観察から出たものであり，生物学的還元でも観念の産物でもないことを宣言したものと受け取れる．というのも，伊谷の霊長類の社会構造のとらえ方にたい

したメンバーシップをもつ集団．他の同位の集団との間でメンバーの移出入が生じる最小範囲の集団．メンバーの移出入がメスだけに限られる場合が父系型，オスだけに限られる場合が母系型になる．夜行性原猿類の多くとオランウータンは単独生活者でBSUをもたない．

し，社会構造の文化的可変性を主張する今西から，「伊谷は生物学主義に魂を売った」という厳しい批判が浴びせられていたからである（黒田 2016）．この準備の上に伊谷は共存論によって，チンパンジー属の社会と狩猟採集社会を接続させるのであるが，食物分配はそのなかで重要な役割を占める．

3……共存論による人類社会とチンパンジー属社会との接続

伊谷は1984，85年に霊長類社会と人類社会の接点を共存の視点でとらえる論文を発表する（伊谷 1987 ［1985］）．その論点は，チンパンジー属の社会は互いが対等に交渉する平等原則が台頭していてその延長上に人類の平等社会である狩猟採集社会を置くことができる，これらはいずれも父系型社会である，の二点になる[2]．

本章で必要になる限りで伊谷の共存論[3]を要約すると，霊長類の複数の個体がひとつの社会集団（BSU）で共存するには，対称的な双方の働きかけで共存する方法（平等原則）と優劣関係を固定する＝劣位者の自制によって共存する方法（不平等原則）の二種類がある．平等原則には，ペア型（雄1頭と雌1頭＋子ども：テナガザル類を典型にする）を構成する種で見られる雄と雌の体格差がほとんどなく体力的にも行動上も対等な力関係にある種で見られるもの（原初的平等）と，雄と雌が複数いる集団で見られるものがある（条件的平等）．これと対蹠的に，体力の優越あるいは出自血縁集団の順位によって決まる不平等を伊谷は「先験的不平等」と呼ぶ．これに対し，条件的平等は，何らかの形で存在する優劣を「ないものとして」，あるいは「約束として」対等に交渉することから生まれる平等である．たとえば遊びや対等にやりとりするグルーミングや挨拶は，優劣関係がありながら優位者が力を抑えて（自制して）対等な交渉をする．平等原則の発達は社会集団の継承構造に相関する．母系型では雌の血縁集団が安定した順位秩序を形成し，先験的不平等が基本になっており，条

（2）　のちに伊谷（1986）はIchikawa（1986）やTerashima（1985）がアフリカの狩猟採集民のバンドが双系であるとしたことで，狩猟採集社会を非母系とした．

（3）　共存には共在と交渉による共存の2種類があり，共在だけで心理的な依存や仲間意識が想定できるが，伊谷の共存論では共在は論じられていない．交渉による共存は集団の核を形成する．個体にとっては自己と他個体との関係を確かめることで，存在の安定を図るのかも知れない．とにかく，交渉を志向することが普遍的に集団メンバーとしての位置を確固たるものにする．交渉自体が重要なのであって，それは平等原則，不平等原則以前の問題である．

第 I 部
霊長類と人をつなぐ分配と平等

件的平等の出現する余地が遊びやグルーミングなどに限られるのに対し，非母系型とくに父系型のチンパンジー属ではよりひろく一般的な交渉に対等な形が現れる．

それにしてもチンパンジーに「約束として」という表現はいいすぎではないかと思われるかも知れない．遊びを例にとって説明しよう．霊長類の子どもはひとりで遊ぶ場合とふたりで遊ぶ場合がある．チンパンジー属になるとおとなも子どもを相手にして遊ぶ．二人遊びは追いかけっこや取っ組み合いである．二者に体格差があるとき，大きな個体が力をセーブして対等な形を作ることで遊びが成立する（早木 2013）．取っ組み合いには噛む行動もともなうので，小さい個体も本気では噛まないよう力をセーブする必要がある．つまりは，互いが相手に合わせて対等性をたもち傷つけないように競い合う形をつづけることが，二人遊びのエッセンスである（黒田 2013）(4)．それは「本気の競い合いではない」「相互に対等である」という互いの了解で成り立っている．その合意を伊谷は「約束」と形容しているのである．

この「約束」はチンパンジーの雄たちの交渉が対等の形でおこなわれることにも見いだすことができる．チンパンジーの雄たちは頻繁に挨拶やグルーミングを交わすが，一見仲がよいように見えても優位さを争うライバルであり，いつ相手を裏切るかわからないし，若い雄が優位な雄に突然挑むことが少なくないことが，長い研究史で明らかにされている（Goodall 1986; 黒田 2009；西田 1981；ドゥ・ヴァール 1984）．それならば，グルーミングや挨拶時に相手の油断に乗じて劣位者が闇討ち的に攻撃することもあってよさそうだが，そのようなことはこれまで観察されていない．相手に従順だった個体が挑戦者に転ずるときは，まず，相手との交渉自体を拒否してから挑む．したがって，雄間での平等な交渉は遊びの場合とおなじく，片方の自制だけで現れるのではなく，双方の自制と相互信頼によるとわかる．挑戦の兆候は，たとえば，今まで挨拶をしていた雄がそれを拒否する，いわば，交渉の打ち切りを宣言することから始まる．その行為は，その場の者たちを緊張と不安に陥れる(5)．こうしたことから見えてくるのは，チンパンジーの雄同士は「対等な形で交渉し合うもの」という了解が当事者はもちろんとりまく雌たちにもあるらしいことである．そうであるなら，平等原則による交渉は集団全体が認定する一種の慣行的規則＝規矩

---

(4)　人間のゲームは対等の形で始まるが「本気で」競い合い優劣を結果する．霊長類の遊びには優劣を結果するパタンは無く，対等の形の継続自体が楽しいらしく延々と続けられる．

(5)　そのような事例のいくつかがGoodall（1986）やドゥ・ヴァール（1984）に記述されている．

として機能していることになる．「約束として」という言葉がもつ意味をこのように引き出してみると，彼らの交渉は自己の行動を制御する意識をともなっているということができるし，条件的平等はその意識が生み出すものといえることになる（黒田 1999，2011）．

ボノボでは雄間の争いは母親の支援を受けるため結局は優位な雌の息子が勝ち（古市 1991），チンパンジーに見られるような激しい争いにはならない．雄間・雌間に順位を認めることはできるが，チンパンジーと同じく交渉はほとんど対等な形でおこなわれる．伊谷（1987）がボノボで平等原則が浸透していることを例として示すのは，食物分配に加えて，頻繁におこなわれる性器接触行動である．雌同士が抱き合って性器をこすりつけ合うホカホカ（GG-rub）と雄雌間の交尾はちょっとした緊張や興奮状態で起こるし挨拶の文脈でも生じる．また，雄どうしでも尻付けやペニス合わせといった対称的な交渉で緊張が解消される（Kano 1980; Kitamura 1989; Kuroda 1980; 黒田 1999［1982］）．

4 ……… 共存論における食物分配の位置

野生のチンパンジーが狩猟や同種の子殺しで得た肉の分与は頻繁にされるので食物分配の事例は多く，つぎのような特徴が指摘されている．

食物の保持者＝所有者がオトナであれば所有者と非所有者の優劣関係にかかわらず，争いは滅多に生じない（Goodall 1986）．人類の食物分配に比して消極的で（ほとんどの場合しつこく要求されて与える）[6]，分配頻度および量が少ない．雌は自分の子どもをのぞく他個体にほとんど分配せず，雄がもっぱら分配する．雄は同盟者や発情した雌に多く与え，分配の互酬性が見られない（表1-1）（Goodall 1986; 西田・保坂 2001）．

チンパンジーに近縁のボノボの食物分配が報告され始めたのは，1980年からである（Kano 1980; Kuroda 1980）．ボノボも相手に要求されて少量を取らせるという食物分配の消極性はチンパンジーと同じだが，チンパンジーとは食物分配のパタンがかなりちがう．ボノボは狩猟行動と肉食の頻度が低く，もっぱら果実を分配する．とくに*Anonidium mannii*（ジャングルサップ）が実ると（8-9月に多い）そのラグビーボー

---

(6)　食物保持者に対するねだりは手や口を相手の口や食物に近づける，触る，至近距離でじっと待つなどでおこなわれ，ベッギングと呼ばれる（Goodall 1986; Kuroda 1984）．

表1-1　食物の所有状態[1]から見たチンパンジー属の食物分配の5類型（黒田 1999を改変[2]）

1　分割[3]	2　性行動介在のコミュニタス的分配[4]	3　協力によるコミュニタス的分配[5]	4　ベッギングによる分配[6]	5　共食[7]
無所有状態 ↓ 力による分割 （物理的対等） ↓ 所有状態	所有状態 ↓ 性行動⇒対等・連帯 ↓ 共同所有に類似した所有状態 ↓ 分割or気前のよい分配 ↓ 所有状態	協力行動 ↓ 所有状態or共同所有 ↓ 分割or気前のよい分配 ↓ 所有状態	所有状態 ↓ もたざる者からのベッギング ↓ 分配（惜しみながら取らせる）	所有状態 ↓ もたざる者の慎重な参加 ↓ 所有状態のままベッギングなしの共食

1：食物がある個体に保持されている場合を所有状態，保持者が確定していない場合を無所有状態としている．2：もとの4類型に共食を加え5類型とした．3：チンパンジーでは肉，ボノボでは美味な大型果実が対象になる．食物の引っ張り合いや食物への噛みつきなどで分割される．悲鳴や興奮した叫びが伴うが相手への威嚇や攻撃は通常はない．4：ボノボによく見られる．食物を所有する優位なオスか優位なメスにメスが性行動を誘って食物を得る．メス同士の場合，互いの性器をこすり合わせる（＝ホカホカまたはGG-rub：黒田 1999［1982］）．その最中に食物を引っ張り合うこともある．コミュニタス的分配とはベッギングによる分配に比べて所有者と非所有者の区別がなくなったかのように分割や大きな部分を取らせる形で食物分配が生じるケースをさす．5：チンパンジーに見られる．アーネム動物園のチンパンジーのオス間では協力して木の葉付きの枝をとって分け合う（ドゥ・ヴァール 1984）．ゴゴフォレストやタイパークのチンパンジーのオスたちはサルを共同狩猟し肉を分け合う（Boesch 2002; Mitani & Watt 2001）．6：ベッギングは手や口を食物所有者の口や食物に近づける，触るなどの行為．ボノボでは優位なオスか優位なメスに対しておこなうが，チンパンジーではメスはほとんど分配しないので他個体がベッギングすることもまれである．チンパンジーではオスの肉の分配は同盟者や支持者に多く与えることが知られている（西田・保坂2001; Mitani & Watt 2001; Gomes et al. 2019）．7：ボノボに見られる．大きな果実や若葉や小果実がついた大きな枝を折り取って食べている場合に起こる．

ル大もある果実を分かちながら食べる姿が日常的に見られる．雌もよく分配するし，雄から雌，雌から雌への分配は性行動や性器接触行動（次節で説明）がともなうことが多い（表1-1）（Kuroda 1984; 加納 1986）．後に議論するが，ボノボの食物分配であまり気づかれていない重要なことがある．それは，ふんだんにある食物にもかかわらず，自分で取らずに他個体のものをねだったり，一緒に食べようとする行為が少なからず見られることである．

　では，伊谷（1987 ［1985］）によるチンパンジー属の食物分配の位置づけを紹介しよう．まず食物分配は，価値ある食物が個体間を動くことで食物の獲得者と消費者の分離が現れる流通経済の萌芽である．つぎに，持つ者から持たぬ者という優位者

による独占を否定する[7]方向に食物が動くことで平等性を客体化する行為である．そして，食物分配は自分が好ましいと思う物が相手にとっても価値ある物だと忖度する心の存在を示し，この心の働きは，他者への思いやりや自己の客観視でもあり，優劣を固定化する不平等原則の否定を胚胎していて，平等原則に沿った社会的規矩を求める原動力と見なせると言う．

　実際，ボノボの食物をめぐる交渉をつぶさに見ることで伊谷のいう「心の働き」を確認することができる（黒田1999）．たとえば，パイナップルのような特別に好まれる果物を手にした高順位の雄は劣位の表情で小さな悲鳴さえ上げてうろうろする．明らかに物乞いするために近寄ってくる雌たちを避けようとしているのだが，皆がいる場所から逃げることができない．半人前の若い個体や低順位の個体の場合，一目散に逃げて独占することから，高順位であることが逃げることを阻止していると推測できる．雌たちに取り囲まれてパイナップルを分与し始めると，所持者の雄の表情は平静になり落ち着いて皆と共食状態になる．したがって，最初の行動は好物を独占したくてもできない状況での葛藤であったと解釈できるし，「思いやり」という表現が妥当かどうかは別として他個体の欲求の理解も明らかである．また高順位の雄が果実を持ち逃げしないことが他個体との関係の認識＝社会意識を示すといっても間違いではないだろう[8]．

　チンパンジー属に現れる食物分配は，採食という個体行動が他者の生産物に依存する行為になることで，食行為の社会化と表現できる（黒田1991, 1999）．その転換の重要性は分配の量が少なくても変わらない．そしてこのことの出現が他個体の欲求の理解と社会関係における自己認識＝自己の客観視をともなうのであれば，食物分

---

(7)　伊谷の原文では，ここは「権力社会での搾取を否定する方向」になっているが，人間社会でのみに言えることなので趣旨をくみ取って表現をあらためている．

(8)　西田（1973）も同様の観察を述べている．雄は物乞いされても必ずしも食物を与えるわけではないが，手をさしのべられるとあきらかに落ち着きを失い，分配しないときはサトウキビをもって「逃げ出す」と述べている．そして，雄は接近してくる雌が彼のもつ食物に関心ありと見たときは，雌を避ける傾向があり，「それはあたかも多量の食物を独占しているのが悪いかのようであった」と感想を書いている．グドー（Goodall 1986）もチンパンジーがベッギングに対して分与するのは，ベッギングに悩まされるのから逃れるためであるという解釈だけでは説明できないと言う．しつこく物乞いしても分与されなかった劣位の雄が子どものようにかんしゃくを起こして泣き叫んだとき，優位な雄が狩猟した死体をふたつに裂き，一方を与えたという観察を述べて，チンパンジーが物乞いする個体の要求を理解しており，明らかに意図的にする分配も存在すると言っている．

第 I 部
霊長類と人をつなぐ分配と平等

配がなく個体の維持行動が個体に終始する社会に比して，社会関係がより「深くなっている」と表現してよいだろう．すでに述べたように，平等原則による他者とのかかわりは先験的不平等の否定として「約束ごと」としてなされるが，このことを先験的不平等の世界と切り離した「約束ごとの」関係を築く社会平面の二重化と表現すれば，その意味でも社会が「深くなっている」わけである．伊谷の食物分配の位置づけにはこれらの両方の「深さ」をつくる要因が含まれている．というより，これらの「深さ」は同じ内容である．「約束ごと」の言葉が示すように，この社会平面の二重化は制度や規則の世界をもつことに他ならない（黒田 2013）．チンパンジー属の架空の平面は薄くもろいとはいえ，人類社会の多層性[9]に似た構造をもちつつある．

3　かかわりの手段としての食物分配

　物事は多面的であり霊長類の行動もそうである．見る角度や文脈が違えば，違う意味が現れる．しかし，動物行動学においては，動物は信号の交換でコミュニケーションする，信号A1はB1を引き起こし，B1はA2を，A2はB2を引き起こしていくと信じられてきたため，霊長類の行動も信号ととらえ，ある行動とそれへの反応によって明らかにされるその「意味」は一対一対応すると考えるのが常識になってきた．もし，A1がB1だけでなくB1′を引きおこすことがあれば，A1に見えた行動は細かく調べるとB1に対応するA1と，少し異なる要素をもつA1′に分類できるはずということになる．

　霊長類の行動の多義性を最初に指摘したのは，G・ベイトソン（1986）である．彼は霊長類の遊びが攻撃行動と同じ行動でありながら遊びとして成立するメカニズムを考察して，「これは遊びだ」というメタメッセージによって攻撃行動のパタンでありながら遊びが成立すると考えた．遊びの誘いはゆっくり追ったり逃げたり飛びかかる振りや笑い顔でなされる．行動のテンポのずらしや本気でない振る舞いがその行動が「遊びである」というメタメッセージになるのだが，これもそれが全体でひ

（9）　人類社会では規則と制度が強固な層をつくっているし，ゲームはさらにその上で展開されるからその場合はすくなくとも3重構造になる．また社会関係も多重で多層的であるから，いっそう複雑である．

とつの信号を構成すると考えると，信号と意味の1対1対応と変わらないことになる．しかし，チンパンジーとニホンザルの遊びを詳細に研究した早木（1990, 2013）によると，遊びの誘いが攻撃行動と区別できない場合があり，相手が逃げてしまうこともある．そのようなケースで遊びになるのは相手の行動を遊びの誘いと読み取っているからだという．この解釈では，ベイトソンのメタメッセージとは異なって，遊びに現れる行動型が多義的であることになる．

　しかし，行動の多義性を明示するのはむずかしい．多義的であるなら，受け手が読み間違えることもあるはずだが，読み間違いは受け手の誤解でも生じる（黒田1999 [1982]）から両者の区別は観察者には困難である．それにもかかわらず私がここで行動の多義性を言うのは，私たちはまだまだチンパンジーやボノボのことがわかっていないことを自戒し，彼らの意図を行動の広い角度から検討しなければならないことを強調するためである．

　食物分配については，前節に述べたようにボノボでは食物がそばにふんだんにあるのに特定の個体にもらいに行く場合がときどき起こる．この場合ははっきりと多義性が見て取れる．

　たとえば，つぎのような例である（黒田1991）．

○*Dialium zenkeri* の大木に無数に果実が実っており，手を伸ばせばいくらでも採れる状況で若い雌が若い雄がもっている枝に近づいて一緒に食べる．
○若い雌がたくさんサトウキビが散らばっている餌場で第2位の雄に近づき，しばらくして雄がもっている1本を取り離れる．
○サトウキビが散らばっている餌場．母親のカメが第2位の雄ヤスと交尾すると，長男のイボがヤスのそばに座って一緒にサトウキビを食べる．ヤスが取ろうと手を伸ばしたサトウキビを次男のモンがとる．3男のタワシがヤスがもつ1本を取る．

　このような場合，横着をしたくて相手の食物を取っているわけではない．なぜわざわざそんなことをするのかについては，二重の目的があると解釈できる．ひとつは食物の入手である．だが，それはいくらでも自分で入手できるのだからそれだけを正解にするわけにはいかない．より肝心なことは特定の相手との関係づけ，あるいはかかわりである．

伊谷（1987）は，ボノボ社会の平等原則の展開を論じるにあたって，かれらの頻繁な性行動と性器接触行動を「性行動の日常化」（黒田 1982）というより，「性行動をも平等原則に基づく交渉の場に引き入れている」といった方が適切と指摘した．この伊谷の謂を踏襲して，食物がいくらでも入手可能にもかかわらず，他個体と共食するあるいはその食物の分与を受ける行為は，「食物あるいは食物分配をも平等原則に基づく交渉の場に引き入れている」ということができるだろう．この解釈からすると，食物の入手に劣らず，かかわり合いにも比重がある．かかわり合いを重視すれば，食物はかかわり合いの口実ないし手段になるわけである．ちょうど私たちの宴会が友人が集まるから行く場合もあれば，料理が目的で行く場合もあるのと同じである．こう解釈すると，ボノボの行動が一挙に複雑になる．目的と手段を入れ替えることや，相手の意図を読むといったことをやりうる「意図をもった主体」ととらえることになるからだ．そして，食物分配は単なる食物の移動ではなくなり，個体どうしを対等な関係で結びつける行為になる．

　同様に人間社会であっても食物分配が個体と個体をつなぐ「かかわり合い」であって，食物が「かかわり合い」の手段として機能する場合を考えることができる．たとえば，掛谷誠（1974）が明らかにしたタンザニアのトングウェたちの慣習を考えてみよう．トングウェ人は広大な疎開林に10人未満から40人規模の小集落に分散して住み，トウモロコシとキャッサバを主にした焼畑農耕と狩猟を主な生業にしていた．トングウェ人たちには集落間をさまざまな動機で頻繁に往来する慣習があり，訪問者は宿と食事が与えられ歓待される．そのようにして他集落の人間が何人も1か月以上長期滞在することも少なくなく，客が多かったりすると食料のストックがなくなってしまう．掛谷の計算によれば，その集落における全食物量の40％が客によって消費されることもあるという．しかし，どの集落でも自分たちの年間消費量をほんの少し上回る収穫が得られる植え付けをするだけで，客用の食料を余分につくるわけではない．客が費やした不足分は，その集落の住民が他の集落を訪れることでほぼ帳消しされる．その結果，人々の間で最終的に消費される食物が平均化されるのである．

　だが，村人は訪問者に気前よく食事を出しながら，「結局は，他人のために大きな畑を耕したようなものだ」と愚痴をこぼし，また，「他の人々に乞われて全部もって行かれてしまい，なんのためにつくったのかわからなくなる」という理由で人に好まれる野菜をつくろうとしない（掛谷 1974）．このようにして，食料をたくさんつく

ってもため込むことができないため，村人は食物確保のために最小限の努力しかしない．その傾向を掛谷は，「最小生計努力」と名づけたのである．

伊谷は，余剰と蓄積を計算せず自分たちが必要な量しか生産しないことを，「余剰の物に対する畏れ」と解釈し，そうしたトングウェ社会を「社会的不平等への入口で畏懼している」と表現した．しかし，「最小生計努力」は人々の過剰な相互訪問と饗応の結果であると同時に，自己の食糧不足から相互訪問を強制するドライブでもある．つまり，トングウェ人どうしの「かかわり合い」を回転させる最終装置が「最小生計努力」である．「余剰の物への畏れ」とは，社会的不平等への畏れというより，喜びに満ちた「かかわり合い」を阻害する不吉な兆候を見ているのではないだろうか．

もちろん，「最小努力の法則」に掛谷が指摘するように，「訪問者を迎える歓待する喜びに拮抗する損得勘定の本音」を見てもよいだろう．この「本音」は人間が抱えている普遍的心性であり，チンパンジー属が食物分配時にみせる「惜しみ」にも通じる（黒田 1999）ことで否定することでもない．そして，行為の多義性とは，心の働きの多岐性であり，矛盾する方向を内包しうることでもある．このように類人猿段階の食物分配から人間段階の食物分配への発展過程を見るとき，私たちは，この矛盾した心の有り様をずっと引きずってきたことがわかる．その上に私たちは他者と対等で「かかわり合う」約束ごとの世界を創りあげてきたのである．そしてなぜか，私たちは対等な「かかわり合い」を楽しく感じるのである．

参考・参照文献

伊谷純一郎（1966）「チンパンジーの社会構造」『自然』21（8）：17-30.

伊谷純一郎（1987［1981］）「社会構造をつくる行動」『霊長類社会の進化』平凡社，223-245頁.

伊谷純一郎（1987［1985］）「霊長類社会における共存のための不平等原則と平等原則」『霊長類社会の進化』平凡社，271-295頁.

伊谷純一郎（1987［1986］）「霊長類社会構造の進化」『霊長類社会の進化』平凡社，297-325頁.

伊谷純一郎（1986）「人間平等起原論」伊谷純一郎・田中二郎編著『自然社会の人類学——アフリカに生きる』アカデミア出版会，349-389頁.

伊谷純一郎（2009［1992］）「人類学の視点でサルを捉える」『伊谷純一郎著作集第六巻』平凡社，401-408頁.

伊谷純一郎（2014）『人類発祥の地を求めて——最後のアフリカ行』伊谷原一編，岩波書店.

今西錦司（1994［1961]）「人間家族の起源——プライマトロジーの立場から」『増補版今西錦司全集第5巻』講談社，514-515頁.

掛谷誠（1974）「トングウェ族の生計維持機構——生活環境・生業・食生活」『季刊人類学』5（3）：3-90.

加納隆至（1986）『最後の類人猿——ピグミーチンパンジーの行動と生態』どうぶつ社.

黒田末寿（1999［1982]）『ピグミーチンパンジー——未知の類人猿』筑摩書房，以文社（再版）.

黒田末寿（1991）「食行為の社会化と食物分配行動の進化」西田利貞・伊沢紘生・加納隆至編著『サルの文化誌』平凡社，419-435頁.

黒田末寿（1993）「ザイール中央部の民族集団，ボンガンド社会における婚資の役割と流通」『アフリカ研究』43：63-75.

黒田末寿（1999）『人類進化再考——社会生成の考古学』以文社.

黒田末寿（2009）「集団的興奮と原始的戦争——平等原則とは何ものか？」河合香吏編著『集団——人類社会の進化』京都大学学術出版会，256-274頁.

黒田末寿（2013）「制度の進化的基盤——規則・逸脱・アイデンティティ」河合香吏編著『制度——人類社会の進化』京都大学学術出版会，389-406頁.

黒田末寿（2016）「伊谷純一郎の霊長類社会学——「人間的理解」と思考の型」春日直樹編著『科学と文化をつなぐ——アナロジーという思考様式』東京大学出版会，114-134頁.

ドゥ・ヴァール，フランス（1984）『政治をするサル——チンパンジーの権力と性』西田利貞訳，どうぶつ社.

中村美智夫（2015）『「サル学」の系譜——人とチンパンジーの50年』中公叢書.

西田利貞（1973）『精霊の子どもたち——チンパンジーの社会構造を探る』筑摩書房.

西田利貞（1981）『野生チンパンジー観察記』中央公論社.

西田利貞・保坂和彦（2001）「霊長類における食物分配」西田利貞編『講座・生態人類学8　ホミニゼーション』京都大学学術出版会，255-304頁.

早木仁成（1990）『チンパンジーのなかのヒト』裳華房.

早木仁成（2013）「子ども・遊び・ルール——制度の表出する場を考える」河合香吏編著『制度——人類社会の進化』京都大学学術出版会，79-93頁.

古市剛史（1991）「父系社会を牛耳るメスたち——ピグミーチンパンジーの母権的順位構造」西田利貞，伊沢紘生，加納隆至編『サルの文化誌』平凡社，561-581頁.

ベイトソン，グレゴリー（1986）『精神の生態学』佐藤良明ほか訳，思索社.

山本真也（2011）「利他・協力のメカニズムと社会の進化」『霊長類研究』27（2）：95-109.

Boesch, Christophe. 2002. "Cooperative hunting roles among Tai chimpanzees." *Human Nature* 13: 27-46.

Dahlberg, Frances. 1981. *Woman the Gatherer*, New Haven: Yale University Press.

Gomes, Cristina M., Mundry, Roger, and Boesch, Christophe. 2019. "Why do the chimpanzees of the Tai Forest share meat? The value of bartering, begging and hunting." In Christophe Boesch and Roman Wittig (eds) *The Chimpanzees of the Tai Forest*. Cambridge University Press. pp. 316-338.

Goodall, Jane. 1968. "Behavior of free-living chimpanzees of the Gombe Stream Reserve," *Animal Behavior Monographs* 1: 163-311.

Goodall, Jane. 1986. *The Chimpanzees of Gombe: Patterns of Behavior*. Cambridge: Belknap press.

Ichikawa, Mitsuo. 1986. "Ecological bases of symbiosis, territoriality and intra-band cooperation of Mbuti pygmies," *Sprache und Geschichte in Afrika* 7 (1): 161-188.

Kano, Takayoshi. 1980. "Social behavior of wild pygmy chimpanzees (*Pan paniscus*) of Wamba: a preliminary report," *J. Human Evol.* 9: 243-260.

Kitamura, Koji. 1989. "Genito-genital contacts in the pygmy chimpanzees (*Pan paniscus*)," *African Study Monographs* 10: 46-67.

Kuroda, Suehisa. 1980. "Social behavior of pygmy chimpanzees," *Primates* 21: 181-197.

Kuroda, Suehisa. 1984. "Interaction over food among pygmy chimpanzees," In: Susman, Randole L. (ed) *The Pygmy Chimpanzee: Evolutionary Biology and Behavior*, New York: Plenum.

Lee, Richard B., and DeVore, Irvin. 1968. *Man the Hunter*. Chicago: Aldine.

Lewin, Roger. 1984. *Human Evolution*. New York: Blackwell Scientific Publ.

Lovejoy, Owen C. 1981. "The Origin of Man," *Science* 211 (4480): 341-350.

Mitani, John C. and Watts, David P. 2001. "Why do chimpanzees hunt and share meat?" *Animal Behaviour* 61 (5): 915-924.

Nishida, Toshisada. 2012. *Chimpanzees of the Lakeshore*, New York: Cambridge University Press.

Nishida, T., and Kawanaka, K. 1972. "Inter-unit-group relationships among wild chimpanzees of the Mahale Mountains," *African Study Monographs* 7: 131-169.

Suzuki, S. Kuroda, S., and Nishihara, T. 1995. "Tool-set for termite-fishing by chimpanzees in the Ndoki forest, Congo," *Behaviour* 132: 219-234.

Terashima, Hideaki. 1985. "Variation and Composition Principles of the Residence Group (Band) of the Mbuti Pygmies: Beyond a typical/atypical dichotomy," *African Study Monographs, Supplementary issue* 4: 103-120.

第 2 章

今村 薫

分かち合う人間

狩猟採集民サンのシェアリングと現代社会

KEY WORDS

義務的な分配，自発的な供与，シェアリング，自然資源，身体資源

はじめに

　近年，シェアリング・エコノミーが注目されている．とくに若者たちは，モノを持つことに執着しない．音楽を聴くためにCDを買わずに音楽配信で曲を入手したり，あるいは，クラウド上に音楽や動画を保存し，他人と共有することも当たり前のこととなっている．また，洋服も自分で所有せずに，平日の通勤着，休日のおしゃれ着と場面に合わせてあらかじめコーディネートされた洋服をレンタルするのが流行りだという．

　シェアリング・エコノミーとは，個人等が保有する活用可能な遊休資産（空間，時間，モノ，カネ）や能力（スキル，知識）を他の個人等も利用可能とする経済活動である．個人と個人をつなぐために，インターネット上のマッチング・プラットフォームを利用する．

　シェアサービス事業者らでつくる業界団体「シェアリングエコノミー協会」は，現在主流の事業を次の5分野に分類している（シェアリングエコノミー協会HP）．

　1つ目は「空間」のシェアで，昔からあったシェアハウスや近年急激に需要が伸

びている民泊以外にも，空いている駐車場や会議室，定休日の飲食店のスペースも
貸し出すことができる．

　2つ目は「モノ」のシェアだ．高級ブランドバッグの貸し借りや，冒頭の洋服の
レンタルである．これらは，個人間で貸し借りすることもあれば，レンタル専用の
企業が顧客に貸し出す場合がある．

　3つ目は「移動」のシェアである．自動車の相乗り（ライドシェア），個人の自家
用車のレンタル，配車アプリなどがある．

　4つ目は「スキル」のシェアで，家事代行，ベビーシッター，語学教師，翻訳，観
光ガイドなどあらゆる分野で個人のスキルを必要な人に用立てることができる．雑
談，相談，同行，付き添い，ガイド，DIY，送迎など何でも1時間千円で頼むこと
ができる「おっさんレンタル」もドラマで話題になった．また，特別なスキルがな
くても，空き時間を使って料理の配達を請け負う仕事（ウーバーイーツなど）を副業
にしている人もいる．

　最後の5つ目は「お金」のシェアであり，「クラウド・ファンディング」ともいわ
れる．多数の個人から少しずつ資金を集め，特定のプロジェクトを実現させる．私
の身近でも，海外から技能者を招待して文化活動を行うプロジェクトの資金を，ク
ラウド・ファンディングで集めた人がいる．

　以上のシェアリング・エコノミーは，お金を生み出す厳然としたビジネスである
にもかかわらず，シェアという言葉のイメージから「助け合い」「支えあい」の面を
強調されることが多い．そして，人間の本源的な美徳のように語られることもある．

　シェアすること，助け合うこと，他人の身になって想像することは人間にしかで
きないことであるといわれる．シェアリングが支える社会といえば，獲物の肉を人々
の間で分配することで有名な狩猟採集社会がある．

　アフリカ南部のカラハリ砂漠に暮らす狩猟採集民のグイとガナ（以下，グイ／ガナ
と表記）は，徹底的に食物を分配することで知られている．なぜ，彼らは惜しげも
なく物を他人に分け与えるのか．また，現在の資本主義社会が突き進もうとしてい
るシェアリング・エコノミーは，グイ／ガナの「共有する社会」の延長上にあるの
だろうか．この小論では，シェアリング（分かち合うこと）というものについて，人
類史における始まりから，その変遷を現代までたどって探求したい．

　グイ／ガナは，1970年代終わりまではキャンプ（一時的な居住集団）ごとに遊動生
活を送っていた．その後，生活の定住化が進んだとはいえ，私が1988年に現地調査

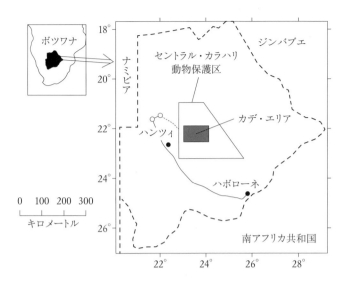

図2-1 南アフリカ, カラハリ砂漠

を始めたころには，まだ伝統的な生活を垣間見ることができた．しかし，現在，彼らは病院や学校の整った集落に定住し，伝統文化や生活は大きく変化している．

　したがって，以下のグイ／ガナの記述は，田中二郎の文献（1971など）と私自身の調査（今村 2010）によって復元させた「伝統的」な彼らの生活である（図2-1）．

1　　自然資源の共有

1 ┄┄ 食物分配

　狩猟採集民の社会は「平等主義的」であるといわれており，その平等主義の例として，しばしば狩猟で獲れた肉の分配について言及されてきた．

　グイ／ガナの場合，エランド，ゲムズボック，ハーテビーストなどの大型獣の肉は，まず，狩猟に参加した男性の間で第一次の分配が行われる．このとき，狩猟に参加していなくても，騎馬猟における馬の持ち主には肉が分配される．さらに，第一次の分配を受けた人の家族は，身近な親族へと第二次の分配を行う．この段階で，

妻の両親，ついで，夫の両親が優先される．ここまでは，ルールに沿ってほぼ自動的に肉が分配されていく．

以上のような「義務的な分配」のあとに，個人同士の関係によってさらに多くの人に肉が分配されていく．このようなやりとりを私はとくに「自発的な供与」と呼んでいる．分け与える相手は，一緒に採集に行く仲間など日常の付き合い方で決まり，状況に応じて「分ける」「分けない」の判断は揺れる．

各小屋でいったん料理された肉は，皿に入れてその場にいた同じキャンプに住む人や，他のキャンプからの訪問者に分けられる．さらに，別のキャンプに住んでいる人でも仲のよい人のところへ料理を届けることがある．こうして，最終的にキャンプ全体に，さらにキャンプを越えて肉が配られることになる（図2-2）．

どのように肉が分けられるのか，具体例をあげる（図2-3）．1990年のある日，4人の男性が狩に行った．エランド1頭とゲムズボック1頭を倒し，現場で干し肉16束（約120キロ）を作りキャンプに持ち帰った．第一次分配で，狩には行っていないが馬の持ち主である男性に9束渡し，あとの7束を狩を行なった4人で分けた（所有者が5人）．

第二次分配では，第一次分配で多く肉を分配された馬の持ち主と，ハンターがそ

図2-2　肉料理の分配を待つ人々

第Ⅰ部
霊長類と人をつなぐ分配と平等

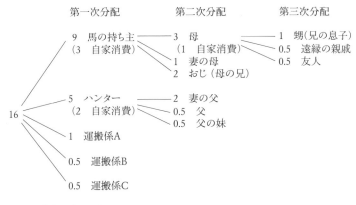

図2-3　獲物の肉の分配
数字は干し肉の束の数

れぞれ，自分の父母や妻の父母，おじ，おばといった親族に分配し，所有者が11人（5人＋6人）になった．第三次分配は，馬の持ち主の母が，自分の甥や親戚，友人に干し肉の束を与え，所有者が14人（11人＋3人）になった．

　第四次以降の分配は追跡していないが，干し肉の状態で，1束あるいは半束になるまで分けられる傾向があるので，おそらく，最終的に20人程度にまで干し肉が分けられたと推定される．

　このあと，干し肉は鍋で煮てから臼でついて料理される．料理された肉は，一軒の小屋（一人の女性）から，25人程度に分けられるので，最大でのべ500人（20軒×25人）の口に肉が入ることになる．

　料理された食物は，肉であれ採集で集めた植物であれ，頻繁に配られる．大量の肉が獲れたときや，スイカがたくさん採れてスイカ粥を煮たときなどは，キャンプ中のどの小屋でも同じ料理が煮炊きされる．そして，出来上がるたびに他の小屋に配るということを互いにやりあうので，同じ種類の料理があちこちに行き交うことになる．

　また，女性たちが，各人が採集した食物を持ち寄って，一つの鍋や臼で混ぜ合わせて料理し，そのまま一緒に食べたり，配りなおしたりすることがよくある．食物分配において，「持てる者から持たざる者へ」食物が配られることが，これまで強調されてきたが，これらの事例のように「同じものを互いに与えあう」「各々が持っているものを，一つに混ぜ合わせて，配りなおす」という双方向的な行為もまた，シ

ェアリングの重要な側面である.

　シェアリングの場面に，過剰な数の人々が参加し，過剰に関与することによって，「空腹を満たす」という実効を超えた「儀礼的」な空間がはからずも生み出される．つまり，儀礼一般が目指すような，「自分たちの生きる方法の再確認」や「祝祭的なにぎやかさによる非日常性」「仲間意識による連帯」などを，シェアリングが実現させているのである．

　食物分配において，グイ／ガナは，2種類の分け方を採用している．一つは，親族関係に沿って分けられる「義務的な分配」である．もう一つは個人間の親しさに応じて分けられる「自発的な供与」である．

　グイ／ガナは，肉の分配の場面では，自分の権利を強く主張する人々である．分配されるはずのところへ干し肉が分けられなかった場合，当事者は人差し指を相手につき立てて，分けなかった者を厳しく非難する．しかし，そうやってわざわざ獲得した肉も，「所有者」の手に落ちるが早いか，分割されてその一部が別の人々に配られていく．

　分配の最初の段階である第一次分配，第二次分配は，かなり自動的に分配が進む．森林の狩猟採集民ピグミーの食物分配を研究した北西（2001）は，「肉の所有者は，肉を独占的に所有できる人ではなく，分配を始める人」と結論づけた．肉に所有者の名前が付与された状態で，「Aの肉をBに分けた」という行為自体が重要なのである．

　アフリカの狩猟採集民のシェアリング（分かち合い）とは，決して「原始共産制」と呼ばれたような，一つの物を複数の人々で共有することではない．物の所有者は一人に限られている．食物は，次々に分割して別の人に与えられるので，「Aの肉の一部をBに分け，Bはさらにその肉を分割してCとDに分けた」という具合に，所有者が増殖していく．そして，分配された食べ物は，最終的には食べられてなくなってしまうのだが，「与え手」と「受け手」という関係性だけが残る．

2 ……… 協同作業

　グイ／ガナの人々が，食べ物を頻繁に分け合ったり，鍋や臼などの道具を借り合ったりする様子は，物質面での「分かち合い」の一例である．また，行動面での分かち合いとして，日常生活のさまざまな場面で「協同作業」や「手伝い」が見られる．

狩猟において，獲物を複数で挟み撃ちしたりして役割分担を行う．倒した獲物を解体するときには，数人の男性が協同で作業をすすめる．また採集活動は，協同作業をとくに必要としないにも関わらず，女性は採集に集団で行くことが多い．採集現場ではとくに協同作業は行われないが，「野草を摘む」「根茎を掘る」などの個々の行動が競い合うように同時発生しており，結果的に収穫量が増える傾向がある（図2-4）．

女性たちが協同作業を行うのは，小屋を建てるときである．ブッシュで建材を伐り出してから，キャンプ内で建材を組み合わせ，草でドーム型の小屋全体を葺いて完成させるまでを，複数の女性が協力し合いながら行う（図2-5）．

男女を問わず，皮細工やビーズ製品などの工芸品作りを，手伝うことはよく見られる．おもしろいことに，その「製作者」に頼まれもしないのに勝手に他の人々が次々と交代して製作を続け，ついにその工芸品を完成させることもよくある．

これらの協同作業に共通しているのは，誰かが指揮をとったり作業の方向付けを行なっていたりするのではなく，参加者がそれぞれ自発的に自分の役割を見出して行動していることである．このようなことが出来るのは，作業の全体像や完成図を

図2-4 根茎の採集風景．乾燥地において根茎の利用は非常に重要であり，掘り棒を使うことで地下深い根茎に到達できる．

図2-5　小屋作りを手伝う女性たち

参加者全員が共有しているからである.

　また，彼らの行動には，きわめて高い同調性が見られる．採集のときに，個々の行動が同時発生していたり，「一箇所に集めては，取りに行く」という行動パターンの周期が一致していたりと，同型的に同調しているだけでなく，相手の動きに合わせて応答的に同調している.

　女性たちの共同作業の例として，小屋作りのためにブッシュで建材を切り出したときのことをあげよう．あるとき，一軒の小屋を新築するために，6人の女性が，3本のオノと2本のナタを持ってブッシュへ行った．そして，オノで木を伐り倒し，その木の枝をナタではらって柱状にするという作業を行った．彼女たちの協同作業は，誰かがオノを使う作業だけを分担するといった専門化が見られず，数分ごとに6人入り乱れてオノやナタの作業を次々と交代し，合間に短い休憩もとるといった形のものであった．頻繁な交代であっても，彼女たちはその作業を交代する以前から動作を同調させているので，あたかも一人の人間が連続して行っているかのように，スムーズに交代して作業を続けた.

　以上のように行動のリズムを共有することは，「採集」「料理」「小屋作り」といった一つの意味のある場を皆で形成する基盤となっている.

彼らが協同作業を行なったり集団で行動を共にしたりしても，報酬が得られることはほとんどなく，この協同性を「労働と報酬」という文脈で理解することはできない．ただし，いつも行動を共にすることは，その人との社会関係を深め，結果的に食物供与の機会が増えることは充分にありうる．

「自発的な供与」において，高い頻度で食物を分け与えられる人は，姉妹などの近親者であるとは限らず，むしろ「採集に一緒に行く仲間」であったり「キャンプ内で長時間共にいる間柄」の人であったりするのである．

2　身体資源の共有

結婚とは，一種の所有である．グイ／ガナの社会では，妻は夫の「所有者」であり，夫は妻の「所有者」であると言い表す．しかし，グイ／ガナの場合，妻も夫も自分が所有している者を，他の人とも共有するということを行う．この節では，性関係と儀礼を例に，彼らがどのように身体から発した物を共有するかを説明し，食物分配との類似性を示す．

1⸺結婚とザーク──誰と性関係を結ぶか

どの社会にも，一定の規則にしたがった婚姻制度が存在するが，もちろんグイ／ガナの社会にも，結婚のための規則がある．

とくに，最初の結婚は，望ましい結婚相手を女性の両親を中心に親族が選び，男性は，結婚前に女性の両親に肉や毛皮を贈ったり，狩などのさまざまな仕事を手伝ったりしてブライド・サービスを提供しなければならない．また，1980年代までは女性は初潮前から婚約者が決められており，初潮儀礼の中に結婚の儀礼が組み込まれていた．

結婚相手は，彼らの親族名称で「イトコ」にあたる相手が推奨される．彼らは，同世代の人間を，「イトコ」と「キョウダイ」の2つに分類しており，イトコは冗談関係，キョウダイは忌避関係にある．

結婚生活は，基本的に一夫一妻で，一つの小屋に同居し，性関係を夫婦の間だけで持ち，夫が獲ってきた肉，あるいは他から分けられた肉と，妻が採集してきた食

物を妻が料理して家族で食べ，夫婦で子どもを育てるのが典型である．

　しかし，一方でグイ／ガナの社会は，既婚者が自分の配偶者以外の相手と性関係を結ぶことをなかば公認しており，このような婚外の性関係を「ザーク」という．1994年の調査時点で，およそ三分の一から半分の既婚男女が，一度はザークを経験していた．

　ザークの理想形は，２組の夫婦４人が同意して互いの配偶者を交換することであり，「小屋を共有し合う」と表現される．しかし，この４者のうち一人でもザークに反対すると，大人たちおよび，それぞれの子どもたち全員が，一気に「汚れた状態」になり，激しい頭痛や腰痛，下痢，食欲不振が続き，最悪の場合は弱い子どもたちから死んでいくとされる．そのため，ザークに際して，「汚れ」による病気の治療および予防として，儀礼が行われる．儀礼の方法は，子どもたちを含む関係者全員で，大人たちの血と尿を共有するというものである．

　すべての儀礼において重要な「薬」は，血，汗，尿，唾液，垢などの人間の身体に由来する物質である．これらの「身体分離物質」を，儀礼の参加者の身体から取り出し，一箇所に集め，これを参加者全員に配りなおす．このように「同じものを交換する」ことは，食物の分配のときにも見られる．

　この「汚れ」の儀礼は，結婚の儀礼と非常によく似ている．男女が初婚の場合は，儀礼に尿を使わず血のみを分け合う．しかし，再婚のときは，ザークのための「汚れ」の儀礼とまったく同じことを行う．儀礼の形式から見ると，「再婚」と「ザーク」は同じなのである．

　また，「ザークの中には結婚が含まれる」と彼らが言うことがあることからわかるように，結婚とザークは対立する概念ではない．伝統的な考え方では，ザークのことを「大きな結婚」とも表現し，一組の男女の結婚より，むしろ望ましいものとさえ見なされていた．

　1970年前後に，三組の夫婦が数年間ザーク関係で結ばれたことがあった（図2-6）．三組の夫婦の内訳は，一夫二妻の夫婦と，一夫一妻のカップル二組の合計７人である．Xと２人の妻（Oとgk）はグイ，GSとqもグイである．Nとaはガナである．当時，彼らは別々の土地に住んでいて，XとGSのキャンプは50kmほど，XとNのキャンプは150km近く離れていた．男たちがそれぞれのキャンプを訪問し合い，肉や食料，タバコなどの嗜好品を分け合ったという．そのような共同生活の一環として性的交渉もあり，ザーク関係の中から４人の子どもが生まれた．

グイ／ガナは排他的なテリトリーは持たないが，それぞれの言語集団がよく使う土地は決まっている．現在のセントラル・カラハリ動物保護区の北東の地域はガナがよく利用し，南西の地域はグイが頻繁に遊動する地域であった．このような状況下で，グイであるX，ガナのNが，互いの土地を訪問し狩猟などの生業活動も行なったのである．

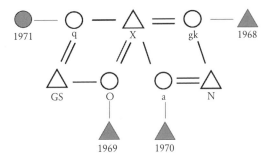

△男性 ○女性 ＝結婚 ──ザーク ──母子関係

図2-6 三組の夫婦でのザーク
白抜きは大人，塗りつぶしはザークで生まれた子どもを表す．
数字は，その子どもの生まれた推定西暦年．

　この三組の夫婦でのザークについて，当時者の一人であるgkが自分の体験を述懐した語りを1994年に採録した．その概要は，①まず，XとNがザークになろうと言い出した．②7人でのザークが始まると，gkは「口が焼けるほど」嫌だと言って反対した．③その後，子どもも生まれたので，大人7人と子どもたちが一か所に集まって，「汚れ」の儀礼を行なった．④gkは相変わらず気が進まなかったが，ザークは続いた．⑤長く続いたので，4人（X，gk，N，a）は「喧嘩もせずに」暮らすようになった．⑥最終的に4人は互いに好き合うようになり，「私たちは食べ物を分け合った．私たちは気持ちよく与え合った」（詳細は，［今村 2010］を参照されたい）．

　性的関係を含めて，一人の人間（男性も女性も）の所有者を決めるのが「結婚」である．いったん所有者の名前が付いた一組のカップルの性を，他のカップルも一時的に所有することが「ザーク」である．食物分配とのアナロジーでいうと，結婚は所有者を決めるための「義務的な分配」であり，ザークは所有物をさらに分け与える「自発的な供与」である．

　「ザーク」を行う複数の婚姻カップルは，性関係や儀礼を通じた身体物質を分け合える関係にあり，また，食物分配も頻繁に行う．彼らはまさに「大きな家族」を形成していたのである．

2 ········ 儀礼──「水」の共有

　グイ／ガナは，儀礼のことを「治療」と呼んでおり，子どもの誕生，結婚，初潮などの人生の節目，タブーにしていた動物の肉を食べるとき，狩猟が成功しないとき，重い病気や突発的な事故に遭ったときなどに，儀礼をおこなう．

　これらの儀礼には，いずれも「薬」が必要である．薬の材料として，植物の根や動物の蹄を焼いたものなどと，血，汗，尿，唾液，垢などの人間の身体から取り出した物質を用いるが，「薬効」が強力なのは，身体から分離された物質のほうであるとされる．これら「身体分離物質」は，すべて一つの力の源から発しており，同一のものが，形を変えて身体を駆け巡っていると考えられている．彼らは，この物質のことを「水」と呼んでいる．

　親子，夫婦，愛人関係などのなんらかの関係がある人々の間では，この「水」が共有されている．「水」は各々の身体の中に蓄積された「物質」であり，また，人と人をつなぐ「関係性」でもある（図2-7）．

　ザークが結ばれた場合，ザークの男女だけでなく，各々の配偶者と子どもたちもが，この「水」によって繋がることになる．そして，人々のうちの誰か一人でも，嫉妬や憎しみよってザークに反対すると，たちまち全員の「水」は「汚れた状態」になり，「汚れ」という病が全体に一気に拡がる．「汚れ」は，病原菌のような物質ではなく，人々の関係の性質のことなのである．

　そこで，治療のために，汚れの儀礼がおこなわれる．「関係性」「つながり」という見えないものを，各々

図2-7　「両親と子どもの血を混ぜ合う」儀礼を終えた直後の赤ん坊（腹部に儀礼の痕跡）

の身体から身体分離物質を取り出すことによって目に見える形にし，それらを混ぜ合わせることで，「汚れた水」を「強力な薬」に変化させる．とくに血を取り出すために，参加者の身体を剃刀で小さく傷をつける．そして，混ぜ合わせた「薬」を各人の傷口に塗り込むことで，人々の関係を修復する．

血，汗，尿，唾液，垢などの身体から取り出した物質は，重要な儀礼資源である．また，これらの総称である「水」は生命力そのものであり，男女間の性関係だけでなく，生命の誕生，子どもの成長，初潮，結婚，老成など，人生の全期間を通じて人々の間で交換されたり，蓄積されたりする．したがって，人生の節目を通過する際や社会関係の葛藤が生じるたびに，薬へと変容させた「水」を人々の間で共有するために儀礼が行われる．

3········生殖理論——子どもの共有

グイ／ガナの社会では，婚外の性関係であるザークを公認しているとはいえ，実際は，配偶者が妻あるいは夫の浮気に怒り，悲しみ，反対する場合がほとんどである．それが時間の経過とともに，仕方なく容認するようになる．その結果，既婚女性がザークで子どもを産むケースも出てくる．

どのくらいの割合の子どもがザークで生まれたかを，55人の女性を対象に調べた（表2-1）．55人の女性（1990年時点で，推定年齢20歳代〜70歳代）が出産した172人の子どものうち，四分の一の41人が母親がザーク関係を持っている間に生まれたという．

このように既婚女性のザークによって子どもが生まれた場合，この子どもの父親は誰と見なされるのであろうか．

グイ／ガナの民族生殖理論によると，子どもは「男の水」と「女の水」が混ぜ合わさってつくられる．男の水とは精液のことであり，女の水とは羊水および膣内の

表2-1　ザークで生まれた子どもの人数*

	夫婦のみから生まれた子ども	妻のザークで生まれた子ども	合計
男性	64	22	86
女性	67	19	86
	131	41	172

*55人の母親から生まれた172人の子どもを対象にした．

分泌液をさす．継続的な性交渉によって「男の水」は，少しずつ子宮に溜められていき，子宮の中に「男の水」と「女の水」が「満たされたとき」，やっと胎児の形成が始まる（産科学でいうところの妊娠3か月期が，グイ／ガナの生殖理論による胎児形成の始まりである）．

「男の水」は胎児の食べ物でもあるので，妊娠中も性交渉によって胎児に男の水を与え続けなければならない．夫が妻のザークに怒りながらも，生まれてきた子どもに愛情を注いで扶養する行為と，妊娠中に胎児に「男の水」を与えることは，同じだといわれる．ただし，食べ物にも「薬」と「毒」があるように，怒り，嫉妬，憎しみなどによって「汚れた」水を与えると，毒となって胎児に悪影響を及ぼすという．

ザークによって一人の女性が，夫と愛人の二人の男性と性交渉を持って子どもが生まれた場合，彼らはこれを，「夫と愛人の二人の男の水が混じり合って，一人の子どもを生み出した」と説明する．しかも，「水」は，身体の中に蓄積されるものなので，妊娠中に性関係がなかった男性の水も，過去の性行為によって，子どもの形成に関わっているとされる．複数の男性が子どもの誕生に関わっていると考えられる場合，それらの男性の影響度は，「大きい」「小さい」程度の違いとして認識される．

グイ／ガナの人々は，隠し事，秘密を嫌う．とくに，婚外の子どもが生まれてなお，子の父親を秘密にしていると，その子どもは「悪魔の子」と呼ばれ，忌み嫌われる．父親がわからないと，子どもを親族関係の中でどのように位置づけたらいいのか，わからなくなることも秘匿が嫌われる一因である．

子どものペイター（社会的父親）は，母が結婚している男性（夫）ただ一人である．一方，ジェニター（その社会の生殖理論により，女性を妊娠させ，その子の父親であるとコミュニティの成員から信じられている男性（和田 1988））には，母の愛人だけでなく，母の夫も矛盾なく含まれる．さらに，場合によっては，母が過去に性関係を持ったことがある，すべての男性もジェニターになりうるのである．

4 ⋯⋯⋯ 誰と分かち合うのか

ここまで，グイ／ガナの食物分配，協同作業，婚姻，儀礼，生殖理論をめぐるさまざまな交換は，シェアリング（分かち合い）として社会関係を築くために行われてきたことを説明してきた．食物分配と協同作業は，自然環境から食物などを得て，そ

図2-8　広大なカラハリ砂漠の中で,わずかな木陰を分けあって休憩する女性たち.親しい人々で集まる.

れを人々と共有するための一連のシステムで,「自然資源の共有の系」に属する.そして,婚姻,ザーク,儀礼は,人間の身体に備わった生殖力や回復力を共有するための一続きのやり方である「身体資源の共有の系」に入る.

　彼らのシェアリングには,2種類の方法がある.一つは,親族関係に沿って分けられる「義務的な分配」である.もう一つは個人間の親しさに応じて分けられる「自発的な供与」である.義務的な分配は,親族関係を参照しており,自発的な供与は,個人的な親しさをよりどころにしている.身体資源の共有という文脈において,結婚は「義務的な分配」に,ザークは「自発的な供与」に比定できる(図2-8).

　自発的な供与は,個人的な関係をもとに対面交渉によって行われる.ここで問題にしたいのは,自発的な供与はどの範疇の人々の間で行われるのだろうかということである.同じキャンプに住んでいる人々の間では当然,食物を分け合う.また,キャンプを超えて,親しい友人や,訪問してきた知人に食物を分けることがある.

　遊動生活を送っていたころ(1970年代まで)のグイ/ガナは,水資源と植物に合わせて頻繁にキャンプ(居住地)を移動させた.彼らが一か所に留まるのは,せいぜい1週間から長くて1か月である.キャンプ(居住集団)のメンバーは流動的で,いつでも分裂したり合流したりするが,平均して5家族(20〜30人)程度が同じキャンプ

で行動をともにした．乾季には少人数に散らばり，1家族で暮らすこともあった．雨季になって水や食料が豊富になれば，100人以上が一か所に集まり，一つのキャンプを設け，雨でできた大きな池の近くに住むこともあった．

このように，キャンプのメンバーは離合集散を繰り返したが，キャンプ間の関係には，親しく合流しやすい間柄と，めったに一緒にならない疎遠な関係の親疎の別がある．親しいキャンプが合流してつくる上位集団を，ここでは「地域集団」と呼んでおこう．キャンプのメンバーは，現実に居住空間を共にしている仲間である．しかし，地域集団のメンバーは，他のキャンプから訪問して来て食物をねだられたら，分け与えても惜しくないと想像できる概念上の仲間である．キャンプのメンバーは流動的であり，そのキャンプ同士が合流してできた地域集団も，個々人の人間関係の集合体なので，地域集団のメンバーは固定されていない．

そして，食物を分け与えるのは地域集団の仲間に対してなのだが，その地域集団の輪郭は，食物を分け合うことによって築かれる．

トートロジーであるが，食物は，地域集団の仲間と分かち合い，その地域集団とは，食物を分け合う範囲の仲間で構成される．次節で説明するように，狩猟採集民は排他的なテリトリーを持たず，そのテリトリーを共同で防衛するための固定した集団を形成しない．資源に合わせて居住集団が分裂したり，合流したりする．このような社会における食物分配とは，地域集団の輪郭を形作る機能を負ったものであるといえるのではないだろうか．

彼らの社会においてシェアリングは，物質的な生産—消費の領域だけでなく，儀礼，象徴，婚姻，親族関係といった，社会の抽象的な領域の制御にまで拡大している．共有することで，その都度シェアしうるメンバーを確認し，集団の境界を画定しているのである．

3　狩猟採集民の土地利用

ここでは狩猟採集民が排他的なテリトリーを持たないことを明らかにし，そのような土地利用が，親族構造や集団の形成にどのような影響を与えたかを解説する．

1 ········「父系・父方居住バンド」モデルとその問題点

1930年代のオーストラリア・アボリジニ社会の研究（Radcliffe-Brown 1930）をきっかけに，狩猟採集民の居住パターンについて，「父系・父方居住バンド」モデルが提唱されたことがある（Service 1962など）．これは，狩猟採集民の居住集団であるバンドは「父系集団」で構成されており，結婚した夫婦は夫の両親と同じバンドに住む「父方居住」が標準であるという説である．さらに，「父方居住は狩猟テリトリーを男性が共同で防衛したことへの適応である」と主張し，人類史における狩猟の開始にその起源を求める立場もあらわれた（Ember 1975）．

また，野生チンパンジーの生態が研究されるにつれ，チンパンジーの同じ集団に属するオス同士はきわめて親密で，強固な絆を形成しているが，他集団のオスとは激しい闘争を繰り広げることが明らかにされるようになった．これを根拠に，ヒトの「男同士の絆（メイル・ボンドといわれる）」や「暴力性」は，ヒトと類人猿との共通の祖先にまでさかのぼる，きわめて根深いものであると主張する人もいる（ランガム＆ピーターソン 1998）．

このモデルはたいへん人口に膾炙した説である．男性が結託し社会の統制にあたる「男性による政治」の普遍性（フォックス 1977），「男性はパブリックな領域，女性はプライベートな領域と，性によって活動領域が異なる」（ロサルド 1987）というフェミニスト自身がたどりついた悲観的な結論，類人猿にまでさかのぼる「暴力と戦争の起源」（アードレイ 1978）など，さまざまな分野の根源的説明に「父系・父方居住バンドモデル」が使われ，多大な影響を与えてきたのである．

しかし，ゴリラやボノボなど他の類人猿の生態と行動が研究されるようになると，チンパンジーに見られる「オスの絆」や「暴力性」が，他の類人猿に当てはまるとは限らないことが指摘されるようになった（古市 2013；山極 2012など）．

2 ········ テリトリーと親族構造

ヒトの狩猟採集民社会についても，サン，ピグミー，イヌイット社会は双系が基本であること，オーストラリア・アボリジニも，地域によって父系または母系と変異することが明らかになり（Myers 1986），現在では多くの研究者が，狩猟採集民はより柔軟で双系的な居住を示すと主張している（Kramer & Greaves 2011; Hill et al. 2011）.

さらに，生態学的な文脈において，狩猟は定住生活に比べてより双系的な集団を選ぶという意見がある（Marlowe 2004; Alvarez 2004）．狩猟採集民の狩猟対象である野生動物は，広大な土地を移動しており，野生動植物をまるごと資源として利用するには，より広い地域の中を遊動しなければならない．実際，アフリカの狩猟採集民の遊動域（例えばグイ／ガナの4000km²（田中 1971））は，農耕民，牧畜民の利用する土地（例えば10km四方の農耕民の村）よりも，そして，類人猿の遊動域（例えばチンパンジーの50〜200km²（伊谷 1987））よりもずっと広大である．狩猟採集民の遊動域は，男性の血縁集団で排他的に防衛するにはあまりに広すぎる．それで彼らは少人数の居住集団に分かれて，他の集団と土地の利用を共有する方法を選んだのであろう．700万年の人類史を展望すると，初期人類が乾燥地に分散して暮らすようになって以来，1万年前に定住し農耕牧畜を始めるまでは，人類はずっとテリトリーを持たず，土地をめぐる争いや闘争はほとんどなかったと考えられる．そして，他の居住集団と出会ったとき，食物分配を盛んに行うことによって，集団間の衝突を避けたのではないだろうか．

4　　シェアリングはいつからはじまったか

　ここではシェアリングの起源を考える．ヒトが乾燥地に暮らすようになり，直立二足歩行を行うようになったことが，相互扶助的な社会を形成し，食物分配を始めたきっかけである．

　また，社会関係，親族関係の認識を人類はいつごろから行うようになったのだろうか．親族体系という抽象的なものをどのように構築し，それをシェアリングとどのように結び付けたかについても考察する．

1······社会関係を築く道具としての食物分配

　動物一般は，独立生計である．つまり動物は，子ども，老齢，病気や怪我をした個体であっても，他の個体から食物をもらうことはけっしてない．動物の消費は「手から口へ」であり，消費の遅滞は起こらない．

　しかし，類人猿には消費の遅滞＝食物分配が萌芽的にみられる．チンパンジーや

ボノボが動物の肉やパイナップルなどの果実を手にした個体が他個体から「物乞い」され，やむなく与えることがある．チンパンジーは，自分の優位さを誇示するかのように肉を分け与え，ボノボは，親しい個体から乞われたら食物を与えてしまう（黒田 1999）という．ただし，これは他個体が食物の一部を取っていくことを黙認しているだけであって，ヒトのように「乞われなくても」当然のように分け与えるのとは異なる．

いずれの場合も，食物が栄養摂取の次元を超えて，社会関係を確認するための手段・道具になっているところに，他の動物からの大きな転換点がある．

しかし，類人猿の分与から，ヒトが行う分配へと至るには，さらに大きな飛躍が必要である．まず，「所有」という抽象概念が存在しなければならない．狩猟採集民の分配は，所有者をなくす行為ではなく，「誰それのもの」というラベルを次々と張り替えていくことだからである．

また，「なぜ人は分配するのか」という問いを突き詰めていけば，「そうすべきだからそうする」としか答えようのない，いわば「他の規則に先立つもっとも根源的な規則」（寺嶋 2011）であることに行きつく．

食物を社会関係を築くために使うことは，類人猿段階までその起源を遡れるが，さまざまな抽象的概念を組み合わせて「分配」という規則にまで作り上げるには，長い時間が必要であったことだろう．分配と共有によって，人類の食物獲得行動は，生態から経済に変わったのである．

2 ── 直立二足歩行と運搬，分かち合い

ヒトの起源は，直立二足歩行を始めた700万年前といわれる．700万〜400万年前の初期人類の時代は，森林性の動物化石を同伴し，森林あるいは森林の周縁で暮らしていたと考えられる．その後は徐々に乾燥化した環境に適応していったので，捕食者対策として複数の雌雄からなる集団を形成するようになった可能性が高い．

森と草原を行き来していたのであれば，森では比較的小さなパーティ（一時的な集まり）に分散し，草原に出るときには大きなパーティをつくるというように離合集散をしていた可能性もある（早木 2016）．これらの化石人類は，体格上の性差は現代人なみに小さいことから，単位集団内の雌雄比はほぼ同じであったと考えられる．また，犬歯のサイズがチンパンジーより小さく，犬歯の性差も比較的小さいことから，

雄間の厳しい競合関係が低下して許容性が高まっていたと想像できる．そして，小さなパーティに別れて暮らすときは，特定の雌雄のペアごとに分散した可能性もある．

　ヒトはなぜ直立二足歩行を始めたのか，これはまだ謎である．ただ直立二足歩行という形態的な変化が，初期人類に新たな社会関係をもたらしたことは容易に想像できる．直立二足歩行のせいで，骨盤の形が閉じた容器のような形になり，そのため産道が狭くなりヒトは難産になった．そして，未熟な状態で生まれてくる赤ん坊の育児に関わることで，集団のメンバー間の助け合いや，あるいは特定の男女の結びつきが強くなったと主張する研究者もいる（Rosenberg & Trevathan 2001）．さらに，人類進化の後半の段階（ホモ・ハビリスの出現）でヒトの脳は急激に大きくなり，難産に拍車をかけたともいわれている．

　アメリカの形質人類学者オーウェン・ラブジョイ（Lovejoy 2009）は，人類の古い祖先がすでに男女の持続的なペアをつくって暮らしていたと推測している．人類の祖先が最初に発達させた直立二足歩行という行動様式は，オスが特定のメスとその子どもに栄養価の高い食物を，手で運ぶことによって進化した可能性が高いというのである．

3……離合集散とシェアリング

　人類進化に関する仮説において，男性の育児参加がヒト化に重要な役割を果たしたであろうことは前述したとおりである．この男女の結びつきについて，性と経済の関係から大胆に推論したのがアメリカの人類学者エレン・フィッシャー（1983）である．

　彼女の説明によると，初期人類の女性は性交をおこなうことによって，男性からより確実に肉を分配された．女性は面倒見のよい男性を配偶者に選び，彼との性関係を強固なものにすることによって食料の供給を安定したものにする．一方，男性としては自分の遺伝子を受け継ぐ子どもだけに食物を分け与えたい．したがって，男性は生まれた子どもの「父親」として家族を保護するかわりに，ある女性との性交渉を独占するようになったという．

　フィッシャーをはじめ多くの研究者は，家族というものに核家族を想定しがちである．そして，核家族は経済的にも独立した一つの単位であると考えがちである．

しかし，現代の狩猟採集民の例から，食物分配は夫婦間で行われるのではなく，キャンプのメンバー全体に行き渡るように行われることがわかる．初期人類も群れで暮らしていたとすれば，食物の分かち合いや助け合いは，群れのメンバー間で行われていたことだろう．そして，この群れが森林とサバンナの間を移動するときに集団サイズを変え，合流するたびに食物の分かち合いを行なったのではないだろうか．食物分配は，群れの輪郭を明瞭にし，さらに，群れより上位の集団（地域集団）を形成することを可能にした．

人類の祖先が森林から捕食者の多いサバンナへ踏み出したときに，幼児を保護するために雄が積極的に育児に参加したと想像される．その雄は子どもの父親であると考えるのが自然だが，必ずしも遺伝的な父親である必要はない．血のつながりはなくても父親の役割をはたす男性が，母子と集団全体に必要であり，これが人間社会に広くみられる「制度としての父親」につながっていったことだろう．

4……… イマジネーションを開く狩猟活動

初期人類の食物は，類人猿と同じように森林に実る果物が食物の中心であった．その後，400万年前には森林の後退が進み，疎開林からサバンナで暮らすようになったアウストラロピテクスは，豆や根茎などの植物性食物をメニューに取り入れて食べていた（リーバーマン 2015）．さらに時代が下って250万年前ごろには，植物食以外に死肉拾いによって肉を食べるようになった．この時期は，あくまでも「フォレイジング（動物一般の採食活動）」の段階であり，本格的な狩猟はまだ始まっていない．

このころ，人類最初の石器が製作されているが，石器の用途は，獲物の骨を割って骨髄を取り出したり，骨から肉を削り取ったり，関節を外したりするなど，解体作業である．槍先などの狩猟用具ではない．

180万年前にはホモ・エレクトスが出現し，脳容量も急激に増大し始めた．この時代になってはじめて，ヒトは常習的に狩猟を行うようになり，「最初の狩猟採集民」となった．

狩猟とフォレイジングの違いは何だろうか．狩猟には，罠を仕掛けたり，崖や穴に獲物を追い込むといった計画性や技術が必要である．さらに，狩猟活動においては，獲物の行動を読みとらなければならない．現代の狩猟採集民は，獲物を実際に狩る時間の数倍の時間を費やして，動物の足跡やわずかな痕跡から動物の行動を推

察し予測している．狩猟には，現前にないものを，あたかも目の前に存在するかのように想像する力が必要なのである．このような他者を想像しようという能力が，「他者の行動から，その人の心の状態を推測する能力」，すなわち「心の理論」(Premack & Woodruff 1978) へと発展していったのではないだろうか．

　他の個体には自分とは異なる内面があることを知りつつ，他者の心理を推定することが，今日の狩猟採集民が，乞われなくても食物を分け与える行為である「自発的な供与」へとつながったと推察される．

　ここまで，400万年前の乾燥地への進出時に群れの間で食物のやり取り（同じ物の交換かもしれない）が起きたこと，さらに，180万年前の狩猟の開始時に，持つものから持たざるものへ「自発的な供与」が行われた可能性について述べてきた．さらに，食物分配や婚姻が，規則や制度として成立するようになるのは，何が必要であるか，以下に論を進める．

5 ……… 規則と食物分配

　人間社会が，「自然」から切り離された独自なものとして移行する，その時点での特徴としてレヴィ＝ストロースは「婚姻連帯の理論」を提唱した．この理論は，インセスト禁忌（タブー）を自然から文化における「根本的手続き」とした上で，人間が自然に介入して秩序をもつことが「規則」なのだとした（レヴィ＝ストロース 1978）．そして，この規則によって，「娘や姉妹をよその男のもとへ婚出させることを強制し，かつまたこのよその男の娘や姉妹を権利の対象に変える」という意味で，インセスト禁忌は「交換を保証し基礎づける」ものになると指摘する．すなわち，インセスト禁忌により，集団間の女性の互酬的交換が可能になり，外婚単位の集団間に連帯が生み出されるという．

　私は，狩猟採集民研究との関連から，レヴィ＝ストロースの理論の中の2つの点，つまり，インセスト禁忌と婚姻制度の成立，および互酬性と食物分配の関係について注目したい．彼の理論をあえて簡略化すれば，「インセスト禁忌」という規則が成立した後に，互酬性，それも，「損得上のバランス」によって支えられた双方向的なもののやり取りが補償され，それによって「食物分配」が可能になるという．

　北村（2003）は，霊長類の社会と人間の社会を比較して，「規則に従う」という現象の成立を基礎的なものとして仮定すれば，「インセスト禁忌」も「食物分配」も説

明できると主張している．北村によると，人間の結婚の規則について，「結婚している
ペアによる独占的な性交を正当なものとする」という想定を人びとが共有することによって，人間の「家族」というものが，「複数の家族が集団内に共存する」という形態で成立しうる．

「規則に従う」という現象の成立は，無秩序から秩序への移行というような，高いハードルを越えることを意味しているのではない．食物分配のような，資源の獲得をめぐる利害の対立を穏当なかたちで解消するときに，「そうすべきだからする」という「第三者的な想定」をメンバーが共有すること，この成立をもって人間社会をそれ以前の社会から区別しうるのだという（北村 2003）．

食物分配と婚姻規則は，集団の成員の行動を規制する「規則」であり，どちらも，所有者を限定する．このような原初的な規則が，言語の獲得（おそらく新人（ホモ・サピエンス）段階）によって，「制度」となり，所有者の名前を物と結び付けるようになったのではないだろうか．

ここまで述べてきた，初期人類から新人までの人類進化と家族の原型，そしてシェアリングの関係を整理する．

初期人類の段階で，森林とサバンナの間を行き来するときに，群れのサイズを変え，合流と分裂を繰り返した．森林の中を小さなサイズで移動するときは，一組の雌雄だけでいることもあったかもしれない．また，大きなサイズでサバンナを遊動するときに，幼児を保護するために雄が積極的に育児に参加した．群れの中に，特定の雌雄のペアと彼らの子ども，すなわち家族的なまとまりが複数，存在していたと想像される．

この段階の群れは，別の群れと合流するたびに，食物を与え合った．しかし，「持てる者から持たざる者へ」という一方向の分与ではなく，興奮と祝祭的な雰囲気の中で「同じものを交換し合う」という形で共有されたことだろう．

200万年前以降，原人に進化して狩猟を本格的に行うようになり，脳の発達と「心の理論」を獲得し，他者の心理を想像できるようになった．このころ，要求されなくても他者に分け与える「自発的な供与」が群れを超えて行われるようになった．自分や他人の血縁関係を認識し，記憶することで，遠くで暮らしているメンバーとの物の交換も行われたことだろう．

20万年前に出現した新人は言語を獲得し，物に所有者の名前がつけられた．また，親族関係にも名称がつき，それぞれの親族関係に応じた行動をとることが規則にな

っていった．性的な行動も，親族カテゴリーに応じて忌避されるか，積極的なものになるか決められた．また，特定の男女が，互いを所有し合うような規則（結婚）が出来上がった．食物分配における「義務的な分配」が，親族体系を参照に行われるようなった．

シェアリングの 3 つの相である「同じ物の交換」「自発的な供与」「義務的な分配」は，この順に起源が古いと考えられるが，「義務的な分配」が出現すると，今度はこれが食物分配のスターターになった．「義務的な分配」は，食物分配の一連の流れの中心になり，「自発的な供与」「同じ物の交換」は周辺的なものになった．また，「同じ物の交換」は，形式を重視する儀礼の中に色濃く残された．

5 農耕社会におけるシェアリング

狩猟採集の時代には，血縁集団で排他的に防衛するにはあまりに広すぎる土地を，集団サイズを変えながら，他の集団と共有して利用する方法を選んできた．

しかし，今から 1 万年ほど前に，植物の栽培化と動物の家畜化が始まると，状況は大きく変化した．農耕と牧畜という生活様式は，土地や水を資源としてコントロールすることを要求する．さらに自然への働きかけに必要な人の労働力も，重要な資源である．ここから，人間は資源をコントロールするために，複雑で堅牢な社会構造を作り出した．親族組織が，社会の骨組みになり得る．農耕あるいは牧畜社会は，父系あるいは母系の単系出自のものがほとんどである．単系出自という原則は，集団の共通の祖先までたどって集団の結束を強めるのに役立った．

このような農耕社会においても，共同体内では，しばしば分配が行われた．現代の農耕社会においても，例えば「東南アジアの農村共同体においては，村内のすべての家族が最低限の生活を保障されるべきだという原則が共有され」ており，互酬的な社会交渉が行われてきた（松村 2007）．掛谷誠を嚆矢とするアフリカ農耕民の生態人類学的研究では，豊かになっていくものへの「妬み」が，持たざる者たちへの富の分配を促し，その結果，社会的な富の平準化が実現することが指摘されてきた（掛谷 1983）．

農耕あるいは牧畜社会では，土地や水を共同で管理することがある．村落で共同の土地を管理したりする日本の「入会地」も，この例である．

6 　資本主義社会とシェアリング

1 ⎯⎯ 資本主義社会とは

　現代社会における「シェアリング・エコノミー」の本質を見極めるために，資本主義の現状を解説する．以下，マルクスの資本論を，独自の解釈を加えながら平易な言葉で解説した，白井 (2020) の著作に依拠して整理する．

　資本主義社会とは，「物質代謝（もののやりとり）の大半を，商品の生産，流通，消費を通じて行う社会」であり，ここでは「商品（労働力という商品）による商品の生産」を行う．そして，「商品による商品の生産」の度合いが際限なく高まり続けるのが，資本主義社会特有の傾向であり，宿命だという（白井 2020）．

　資本主義の始まる条件は，「貨幣・生産手段・生産手段の所有者」と「労働力の販売者である自由な労働者」の 2 つが出会うことである．この自由な労働者とは，①身分制から解放されている，②生産手段を持たない，と二重の意味で自由な労働者である．

　18世紀後半にヨーロッパで始まった産業革命が，本当の意味で重要だったのは，機械と人間（労働者）が，工場というシステムに配置されたことだった．それまでの製造業のあり方は，職人が家内制で分散しており，出来高制で報酬が支払われていたのだが，工場方式では，労働者は一か所に集められ，機械の定めるリズムに合わせて，決まったやり方で働かなければならなくなった．

　このように，労働過程をまるごと資本が形づくってしまった状態，すなわち，人間が機械の一部にさせられてしまうような状態を，マルクスは「実質的包摂」という概念でとらえた．そして，肉体を資本によって包摂されるうちに，やがて資本主義の価値観を内面化したような人間が出てくる．すなわち感性が資本によって包摂されてしまう（スティグレール 2006）．このような社会を現代の人間は生きている．

　とくに20世紀の終わりから，新自由主義が世界を席巻している．新自由主義とは，一般的には「小さい政府」「民営化」「規制緩和」「競争原理」といった事柄をキーワードとする政治経済の政策であり，資本の具体的対応としては「選択と集中」「アウトソーシング」といった利潤の追求がされる．この結果，「1 ％対99％（ 1 ％の富裕層が，世界の富のほとんどを所有する）」と言い表されるような極端な貧富の差ができた．このことを，白井 (2020) は以下のようにいう．

実は私たちが気づかないうちに，金持ち階級，資本家階級はずっと資本闘争を，いわば黙って闘ってきたのです．それに対して労働者階級の側は「階級闘争なんてもう古い．そんなものはもう終わった」という言辞に騙され，ボーッとしているうちに，一方的にやられっぱなしになってしまった……新自由主義とは「上から下へ」の階級闘争なのだ．

2 ……… 資本主義社会のシェアリング・エコノミー

　ふたたび，シェアリング・エコノミーについて考えてみよう．現代のシェアリング・エコノミーには，AI（人工知能）との組み合わせが欠かせない．

　シェアリング・エコノミーとは，人がなけなしの「自分が所有していると思っている」物，肉体，時間，空間を他人に貸し出すことである．これは，狩猟採集民のような気前のいい譲渡とはまったく異なる．また，社会全体で見ると，少しでも隙間（遊休資産）があれば，そこを無駄なく埋めるという合理的な，ケチくさい行為である．

　「必要でない人」と「必要な人」を結びつけるマッチング・プラットフォームにはAIが使われる．AIは個々人の「資産」や「その人自身の情報（年齢，性別，体重，健康状態，住所，家族など）」だけでなく，「嗜好」や「消費行動」，「思想」などの深い心の領域までをもデータ化し，それらをビッグ・データとして収集，保管，分析する．このことが，「借り手」「貸し手」「仲介業者」の三方に利益をもたらすという．また，知らない者どうしで，取り引きをするため，「信用スコア」が重要になってくる．信用スコアは，個人のさまざまな行動履歴をAIが点数化したものである．

　企業はAIを使って，顧客の個別の嗜好に合わせて商品をカスタマイズする（好みのものに作りかえる）方向にすすんでいる．カスタマイズするために，顧客の詳細なデータを集めるだけでなく，人々のビッグ・データから，人物と嗜好の傾向を割り出し，予測する．

　カスタマイズの例をあげると，近年の衣料業界は，大量の在庫や着古された洋服がゴミになることが問題視されているが，ある衣料ブランドは，顧客の洋服の好みを把握し，個別に製作から販売することを目指している．こうして顧客の好みに合った洋服を製造し，コーディネートも合わせて提案して販売，あるいはレンタルする企業が現れた．この仕組みは，企業にとって無駄なコストを減らすことになり利

潤をうむだけでなく，地球の資源の無駄使いも減らせる効果がある．

　食料もこの方式で生産すれば，無駄なく生産し，食べ物が捨てられることもない．世界各地でスマートシティの構想が練られているが，これは，さまざまな生活インフラをインターネットでつなぎ，AIによって統括管理される都市である．スマートシティは，都市と食料生産地，住民と医療現場とを直接結びつけることができるので，将来，住民が自分の好みと健康に合わせた最高の食餌（食べ残しがない）と薬を提供されることも夢ではない．このように，シェアリング・エコノミーは，企業と消費者の両方を利することができ，さらに地球全体の資源の配分を大いに考慮した「持続可能な社会」を実現するのである．究極の資本主義が，デジタル共産制なのだ．しかし，人間の幸福はどこに行くのだろう．

おわりに

　新自由主義への対抗として，「コモン＝共」の復権を主張する人たちがいる（ネグリ＆ハート 2012など）．これは，水や電力，住居，医療，教育といったものを公共財とし，自分たちで民主主義的に管理することを目指す運動である．

　私はこの小論を通じて，人間が物質だけでなく行動や身体さえも共有することが，人類史における必然であったことを示した．AIが似非共同体まで作ってしまう現代社会ではあるが，人と人が対面で向き合う中から生まれてきたシェアリングの感性を取り戻し，真の主体性と自由に基づいて，新たな社会を築いていかなければならない．

参 考 ・ 参 照 文 献

アードレイ，R.（1978）［1976］『狩りをするサル──人間本性起源論』徳田喜三郎訳，河出書房新社．
伊谷純一郎（1987）『霊長類社会の進化』平凡社．
今村薫（2010）『沙漠に生きる女たち──カラハリ狩猟採集民の日常と儀礼』どうぶつ社．
掛谷誠（1983）「妬みの生態人類学──アフリカの事例を中心に」大塚柳太郎編『現代のエスプリ・生態人類学』至文堂，229-241頁．
北西功一（2001）「分配者としての所有者──狩猟採集民アカにおける食物分配」市川光雄，佐藤弘明編『講座・生態人類学2　森と人の共存世界』京都大学学術出版会，61-92頁．

北村光二（2003）「「家族起源論」の再構築——レヴィ＝ストロース理論との対話」西田正規，北村光二，山極寿一編『人間性の起源と進化』昭和堂，2-30頁.

黒田末寿（1999）『人類進化再考——社会生成の考古学』以文社.

白井聡（2020）『武器としての「資本論」』東洋経済新報社.

スティグレール，B.（2006）［2004］『象徴の貧困（1）ハイパーインダストリアル時代』ガブリエル・メランベルジュ，メランベルジュ眞紀子訳，新評論.

田中二郎（1971）『ブッシュマン——生態人類学的研究』思索社.

寺嶋秀明（2011）『平等論——霊長類と人における社会と平等性の進化』ナカニシヤ出版.

ネグリ，A.，ハート，M.（2012）［2009］『コモンウェルス（上下）』幾島幸子・古賀祥子訳，NHK出版.

早木仁成（2016）「共感と社会の進化——他者理解の人類史」河合香吏編『他者——人類社会の進化』京都大学学術出版会，107-122頁.

フィッシャー，H. E.（1983）［1982］『結婚の起源——女と男の関係の人類学』伊沢紘生・熊田清子訳，どうぶつ社.

フォックス，R.（1977）［1934］『親族と婚姻——社会人類学入門』川中健二訳，思索社.

古市剛史（2013）『あなたはボノボ，それともチンパンジー？——類人猿に学ぶ融和の処方箋』朝日新聞出版.

松村圭一郎（2007）「所有と分配の力学——エチオピア西南部・農村社会の事例から」『文化人類学』722：141-163.

山極寿一（2012）『家族進化論』東京大学出版会.

ランガム，R. W.，ピーターソン，D.（1998）［1996］『男の凶暴性はどこから来たか』山下篤子訳，三田出版会.

リーバーマン，D. E.（2015）［2013］『人体600万年史〈上〉——科学が明かす進化・健康・疾病』塩原通緒訳，早川書房.

レヴィ＝ストロース，C.（1978）［1949］『親族の基本構造（上・下）』馬淵東一・田島節夫監訳，番町書房.

ロサルド，M. Z.（1987）［1974］「女性・文化・社会——理論的概観」時任生子訳，E. アードナー，S. B. オートナー他著，山崎カヲル監訳『男が文化で，女は自然か？——性差の文化人類学』晶文社.

和田正平（1988）『性と結婚の民族学』同朋舎出版.

Alvarez H.P. 2004. "Residence groups among hunter-gatherers: a view of the claims and evidence for patrilocal bands," In Chapais B. & C.M. Berman (eds.) *Kinship and behavior in primates*, pp. 420-442. New York: Oxford University Press.

Ember, C. 1975. "Residential variation among hunter-gatherers." *Behav. Sci. Res.*, 3: 199-227.

Hill, K. R. et al. 2011. "Co-residence patterns in hunter-gatherer societies show unique human social structure." *Science* 331: 1286-1289.

Kramer, K. L., R. D. Greaves. 2011. "Postmarital residence and bilateral kin associtions among hunter-gatherers: Pume foragers living in the best of both worlds." *Hum Nat* 22: 41-63.

Marlowe, F. W. 2004. "Marital residence among foragers." *Current Anthropology* 45（2）: 277-284.

Lovejoy, C.O. 2009. "Reexamining human origins in light of Ardipithecus ramidus." *Science* 326: 74e1-8.

第 I 部
霊長類と人をつなぐ分配と平等

Myers, F. R. 1986. "The politics of representation: Anthropological discourse and Australian Aborigines," *American Ethnologist*, Wiley Online Library.

Premack, D. G., Woodruff, G. 1978. "Does the chimpanzee have a theory of mind?" *The Behavioral and Brain Sciences* 1 (4): 515-526.

Radcliffe-Brown A. R. 1930. "The social organization of Australian tribes." *Oceania* 1 (2): 206-246.

Rosenberg, Karen R., Wenda R. Trevathan. 2001. "The evolution of human birth." *Scientific American* 285 (5): 72-77.

Service, E. A. 1962. *Primitive Social Organization: An Evolutionary Perspective*. New York: Random House.

引用ウェブサイト

シェアリングエコノミー協会HP（2020年12月12日時点）
https://sharing-economy.jp/ja/about/

戸 田 美 佳 子

第 3 章

分配に与る者

目の不自由な狩猟採集民ジェマの一生

KEY WORDS

狩猟採集民, 障害者, カメルーン, シェアリング, ケア, 遊動生活, 社会性

はじめに

カメルーン熱帯雨林に暮らす狩猟採集民ジェマ[1]は，大酒飲みでよく酔っぱらっていたが，底抜けに明るく憎めない人柄だった．彼は目が不自由なため，木の杖を使って村や森のなかを歩き回っていた．彼との出会いが，アフリカの森にも多様な身体を持つ人びとが暮らしていること，そこには彼らなりの営みがあることを私に気づかせてくれた．

狩猟採集民は，食物を分かち合う人びとだと知られている．狩猟採集民はなぜ分配するのかという問いは，狩猟採集民研究の主要なテーマであり続けている（cf. Woodburn 1998; 岸上 2003；寺嶋 2011）．モース（2009［1950］）の互酬性の原理をもとに，今日与えておけば，後日もらう番になるからだと説明する「保険説」や，狩猟活動の不安定さと互酬的交換との連結させた「変動緩和説」などが提示されてきた．しかし，寺嶋（2011：193）は「肉の分配は，現役のハンターやその家族ばかりではな

---

(1)　本章で登場する個人名はすべて仮名である．

く，老齢のために猟から引退した人びとや，病気の者，女性，子どもなど，初めから見返りを期待できない人びとにもなされる」ことを述べ，これらの説の問題点を指摘する．食物分配は一見すると互酬や交換といった機能的な観点から解釈できそうに思われるが，実際には一方向の贈与がほとんどであり，「交換」としてみる見方には反論がある（cf. Woodburn 1998）．狩猟採集民による物のやりとりの様式は，物と物との交換関係にもとづく「商品交換」や，特定の相手との継続的な関係を前提とした「贈与」と対比され，「シェアリング（sharing）」として議論されてきた．シェアリングとは，「その場にいる人に見返りを求めずに，分け与え，物のやりとりやそれにともなう社会関係がその場かぎりであるような物のやりとり」（北西 2010：272）とされる．

　本章では，視覚障害のある狩猟採集民男性ジェマの一生を描きながら，対面的な相互関係のなかで実践されるシェアリングが身体的な障害のある人びとを包摂しながらも，時に彼らの日常活動が困難となる現場を示すことで，狩猟採集民社会におけるシェアリングに関する彼らなりのやり方を論じていく[2]．

1　ジェマとの出会い ·················· 狩猟採集民と農耕民の社会関係

　ジェマが暮らすのは，アフリカ大陸の中央に広がるコンゴ盆地の北端に位置する，カメルーン共和国東南部の熱帯雨林である．そこには，一般に「ピグミー」[3]と総称される狩猟採集民の1集団であるバカ（Baka）と呼ばれる人びとと，おもに焼畑農耕を営む複数の言語集団の人びと（以下「農耕民」と呼ぶ）が隣り合って居住している．ジェマはバカの男性で，国のIDカードによると，1963年に生まれた．農耕民カコ（Kako）と狩猟採集民バカが混住するモンディンディム（Mondimdim）村に，妻と娘たちと一緒に暮らしていた．

　ジェマの明るさは母親ゆずりの性格なのだろう．ジェマと同じように，彼の母や妹も毎日浴びるように酒を飲んでは大きな声で笑い，踊っていた．酒を飲んで酔い

（2）　本章で用いる資料は，2006年11月からジェマが亡くなった2011年2月までの計6回にわたっておこなったカメルーン東部州ブンバ・ンゴコ県における住み込みによる参与観察調査から得たものである．本章の一部は戸田（2015）に加筆・修正を加え，書き直したものである．

（3）　「ピグミー」という名称の由来および研究上で用いられる意図は，市川（2021）の序章に詳しい．

つぶれたジェマが農耕民の集会所の長椅子で寝ている姿を，私は何度も目撃した．延べ2年半もの調査期間で，私は少なくとも10回はそのような状況に出くわした．狩猟採集民バカはみな酒好きだが，そのなかでもジェマと彼の家族は無類の酒好きであった．天真爛漫でその日暮らしを地でいくジェマは，バカのなかのバカといっても過言ではないだろう．ただ，ジェマは他のバカたちとは少し違っているように当初私は感じていた．

ジェマが狩猟採集民らしくないと感じるようになったのは，2007年1月に参加した村の農耕民のお葬式がきっかけであった．その日，死者が弔われている家のなかでは一晩中，農耕民の女性たちの嘆き声が響き渡っていた．屋外では葬式の参加者による歌と踊りが続いていた．その家を中心に農耕民の若者たちは大音量で流されている音楽に合わせて休むことなく踊り，外れたところでバカたちが踊っていた．その日，農耕民とバカのあいだには，ひとりのバカの男性を除いて，明らかな空間の隔たりが形成されていた．その男性こそがジェマであった．彼ひとりが農耕民の円の中心で踊っており，農耕民は彼の踊りに見入り，一緒に踊り，ときには揶揄したり，彼が度を越して踊りに興じていると円から外したり，また円に戻したりしていた．私はその日，ジェマが狩猟採集民と農耕民の関係を越境している逸脱した人物のように感じた．今日では，狩猟採集民と農耕民は定住集落に混住しているが，両者にはある種の緊張関係をともなっているからである．

先行研究のなかで，コンゴ盆地における狩猟採集民と近隣農耕民の関係は，あるところでは，森の産物と農作物の交換などの相互依存的な協力関係として，あるところでは，農耕民による狩猟採集民の搾取，雇用─非雇用の上下関係などの対立関係として，もしくは対立的な面と協力的な面の両方を併せもった「アンビバレント（両義的）な関係」として説明されてきた（Bahuchet & Guillaume 1982；寺嶋 2001；Takeuchi 2005；Rupp 2011）．たとえば，カメルーン熱帯雨林地域において，農耕民はバカの労働力を得て，カカオ生産に従事し，バカは農耕民の畑仕事を手伝うことで主食となる農作物の多くを得てきた（坂梨 2014）．そして両者が同じ村に居住する場合でも，村のなかでエスニック集団ごとに集落の区分が明瞭であり，両者の間には明確な境界がみられ，相互に依存しながらも緊張をともなうセンシティブな関係でもある（服部 2010；松浦 2010）．

ジェマが暮らす村においてバカと農耕民は，一緒に作業をすることはあるものの，その形態は労働を提供する側と雇用する側にはっきり分かれた形になっていた．農

耕民の多くは，バカの集落に足を踏み入れることを好んでいないようであり，バカの人びとも畑仕事の手伝いなどの労働を除くと，農耕民の集落にながく居座るようなことはあまりみられなかった．それにもかかわらず，ジェマは農耕民やバカの女性と一緒に台所で作業したり，村の男性たちとも酒を飲み交わしていた．ジェマは狩猟採集民と農耕民の緊張関係を越境するような行動をみせていたのである．

2　ジェマの日常 ……………………………………………… 村と森の生活実践

1 ……… 農耕民との雇用関係

　ジェマの村での仕事は，草刈りや，キャッサバ芋をひいて粉にしたり（キャッサバの製粉），キャッサバの天日乾燥時にヤギなどの家畜を追い払ったりすることであった（図3-1）．時には杖をつきながら頭に薪木を載せて運ぶこともあった．身体化された身のこなしからは，彼の目が見えないとは考えられないほどであったが，左目は全く見えず，右目は白く霞んでわずかに見えるだけだとジェマは話した．実際に，ジェマは目の前に立って声をかけないとその存在に気づかず，地域の人びとと異なる外見の私が目の前に立っていても気づくことがなかった．同村に居住する40代の農

図3-1　草刈り（左）とキャッサバの天日干しの見守り（右）

耕民男性は「彼は生まれつき目が悪いから，自由に杖を使いこなして歩き回れるのだ」(2009年7月) と話していたが，実際には，120km程離れたムルンドゥ (Moloundou) 市の近くの父の出身村で生まれ，妻と結婚し，長女が産まれた30代頃から徐々に視力が低下していったとジェマは話す．彼の病の原因は本人や家族によって探求されず，ジェマは病院に行くことも，呪医を呼んで治療をおこなうこともなかった (2009年6月，ジェマとその親戚談)．ジェマの母が父と離婚したことにより，母の出身村であるモンディンディム村に移住した．目が見えなくなってから住み始めたモンディンディム村において，ジェマの目が見えないことはあたり前となっており，彼の機能的な障害は特別なものとして扱われていなかった．こうした特別視しないような住民の態度は，ジェマを障害者として介助の対象とするのではなく，生活者としての主体性を保障しているかのようにも感じられた．

　例えば，ジェマは時折，妻をともない，農耕民の集落を訪れては，家事労働をして農耕民が作る蒸留酒を飲んでいた．2009年6月12日のジェマの日中の活動を以下に記す．

　　定住集落における日中活動の事例：
　　2009年6月12日朝7時，ジェマは妻と一緒に農耕民の集落へと向かった．8時，農耕民女性Aの台所で，ジェマと妻，Aの3人でキャッサバの製粉を始める．製粉をしながら，Aからキャッサバを団子状にしたフーフーとキャッサバの葉を煮た副菜をもらい，10時まで作業を続けた．その後，Aと妻は，Aの畑へ収穫に行き，ジェマはAに指示されたとおり台所の周りでひとり草刈りを始めた．途中，ジェマは農耕民の子どもにタバコの葉を探すよう指示し，タバコを吸ったりしながら，14時20分まで草刈りを続けた．その後，AとAの娘，ジェマの妻が，畑からプランテン・バナナ，キャッサバの葉，バナナの収穫を終えて，ジェマのいるAの台所に戻った．15時に漁撈キャンプから戻ったジェマの妹の夫である農耕民男性がAの台所へ来てジェマに挨拶し，シガレット（紙巻きタバコ）1本を渡した．再度，Aがキャッサバの製粉を頼むと，ジェマと妻はどちらが働くかでしばらく口論になったが，結局分担で作業することになった．16時，Aが臼を運び，ジェマの妻がキャッサバ粉を臼と杵でつき，ジェマがふるいにかけ，20分で製粉作業は終わった．Aはジェマの妻に蒸留酒1杯を，ジェマには蒸留酒2杯を渡した．17時，つぎにジェマはトウモロコシの製粉を

始めた．途中，Aと同じ家に暮らす第一夫人の農耕民女性がジェマと妻にタバコの葉3枚を渡した．最後に，本日の労働の対価として，Aはジェマと妻にプランテン・バナナ7本と蒸留酒コップ1杯（妻と半分ずつに分ける）を渡し，18時にふたりはAの家を去った．道すがら出会ったバカ女性に要求され，自分たちのプランテン・バナナ1本とタバコの葉を渡し，ジェマと妻は家に戻った．

　お酒をよく飲んだからだろうか，翌日の6月13日，ジェマは朝6時過ぎに起床した後，また木の板の上で横になり13時まで寝ていた．妻が作ってくれていたプランテン・バナナを杵でついたものをひとりで食べ，日差しが穏やかになった15時過ぎに川で水浴びをした．その後，甥っ子や妹，母とおしゃべりをして一日が過ぎた．

　村で働いた6月12日，ジェマと妻が手に入れたものは，プランテン・バナナ7本，料理された食物とタバコの葉や蒸留酒3杯などの嗜好品であった．カメルーン熱帯雨林地域において，十分ではない労働力の確保のために，農耕民から狩猟採集民へと酒が提供されることが頻繁にある（cf. 坂梨2014；Toda & Yasuoka 2020）．収穫した作物に加えて，酒やタバコを渡すのは，バカが嗜好品を好むことを農耕民が知っているからであり，そうした嗜好品の贈与がバカからの家事労働や農作業の手伝いを安定的に確保する手段となっている．

　農耕民からジェマに提供されるものは，その場限りで消費される食べ物が中心であり，換金作物のカカオ生産や獣肉販売を実践できないジェマは，衣類などを購入するための現金を持ち合わせていない．それにもかかわらず，ジェマはシャツやセーターなどの上衣10着，ズボン5着，シーツ2枚，サンダル2足を所有していた．現金購入ではなく，労働交換や贈与もしくは拝借によって入手しており，その内訳は農耕民からの贈与／労働交換が10件（その内，農耕民女性が6件），母などの親族関係からの贈与／拝借が7件，その他が2件であった．主にジェマの物質文化を支えるのは，農耕民女性との親密な関係性であることがわかる．

　他方で，農耕民から入手する作物などは他のバカに分配されることもあり，農耕民との労働交換だけでは安定的な食料確保とはいいがたい．6月12日の事例では，同集落ではない，通りすがりのバカ女性にプランテン・バナナやタバコの葉が渡されていた．コンゴ共和国に居住する狩猟採集民社会アカ（Aka）の食物分配を調査した北西（1997）は，規則や所有関係のある肉などの動物性食物の分配や，近くの小屋に

いる人や近親者に多く分けられる傾向のある料理の分配と比べて，料理前の植物性食物は女性を中心に空間的には広く全体に分けられる傾向にあると記述している．ジェマの分配の事例も同様の傾向を示している．

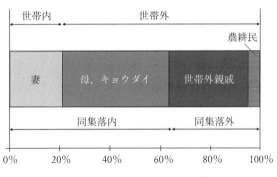

図3-2　ジェマへの食事提供者の属性（食事数27回）

2009年6月15日から24日までの10日間のジェマに関する食事調査では，主食材料とタンパク源となる副食材料の両方とも，自給率は低く，労働交換で入手した食材や料理の分配によって維持されていた．主食作物の出現率で最も高いのはプランテン・バナナであり，その2割弱がジェマたちの畑からの収穫物であったが，それ以外のキャッサバなどのイモ類を含めた主食材料の入手方法は労働交換と分配であった．タンパク源となる副食材料はより顕著で，獣肉や魚類などすべてが分配からの入手であった．図3-2が示す通り，ジェマは同集落の親族など世帯を超えた広範な分配に依存していた．ジェマの第一義的な生活基盤は狩猟採集民社会における食物の分かち合いであり，彼は分配に与る者である．ただし農耕民との雇用関係のなかで提供される食料があるからこそ，時にジェマも食物分配者となりうるのである．

2 ……… ジェマの日常──森のキャンプにおけるシェアリング

定住集落での生活からは，ジェマは森という世界から切り離されてしまっているかのようにもみえる．ただし，目の不自由なジェマは狩猟採集民としての生き方，つまり狩猟・採集活動の実践者としての生き方が困難であることは否定しないが，彼の生活は決して森から切り離されているわけではない．前述した定住集落の事例の1週間後の2009年6月19日から，ジェマは，図3-4上で示す親族集団と森のキャンプを訪れていた．ジェマは妻たちとは別に，甥っ子に案内してもらい，キャンプ地までたどり着いた．村から約7kmの距離にあった滞在先のキャンプ地までは，ジェマの足では4時間ほどかかり，楽な道のりではないだろう（図3-3）．それでもジェマは

たびたび森に入る．また，隣村に暮らす下半身
の麻痺でまったく歩くことができないバカの長
老のアヴァンダもその時期，息子に担がれて3
〜4km先の森のキャンプへと移動していた．

　つぎに，森のキャンプにおけるジェマの1日
を紹介する．

図3-3　森を歩くジェマ

森のキャンプにおける日中活動の事例

　2009年6月28日朝6時，ジェマの母が籠
作りを始め，ジェマの妻が料理のための火
を起こした．ジェマはバンジョと呼ばれる
集会所にやって来て，同じキャンプの男性
A（母方イトコの夫，図3-4の男性A）がバン
ジョに火を起こした．その後，甥が水を汲んで来て，ジェマはその水で顔を洗
った．7時，ジェマはAや甥たちとバンジョで火に当たっていると，ジェマの
娘がプランテン・バナナ4果房（25本）を畑から収穫してきた．7時半，Aの
妻が茹でたスイート・キャッサバをバンジョに運び，ジェマはAや甥たちと一
緒に食べた．8時，ジェマの妻が茹でたプランテン・バナナ2本とAの妻が茹
でたプランテン・バナナ3本がバンジョに運ばれ，Aや甥たちと食べた．9時，
ジェマの妹が調理したブルー・ダイカー（*Philantomba monticola*）の肉とキャッサ
バの葉で煮込んだシチューとキャッサバのフーフーを，Aや甥たちと一緒になっ
って食べた．10時，ジェマはAとバンジョでたたずんでいると，親族関係にあ
るバカ男性Bがキャンプを通りかかり，会話を始めた．その後，ジェマとAと
Bはバンジョで横になった．12時，妻に呼ばれ，ジェマの小屋で妻と2人で焼
きプランテン・バナナを食べた．ジェマはバンジョに戻り，AとBと会話しな
がら，15時にまたAとBとプランテン・バナナを食べ，17時まで男3人で会話
をしていた．17時過ぎ，ジェマの母がピーターズ・ダイカー（*Cephalophus callipygus*）
の燻製肉の調理を始めた．

　その日，ジェマは獣肉や作物を腹一杯食べていた．森のキャンプでの彼の生活は，
定住集落での生活とは対照的に，一日中，バンジョで何もせずにゆっくりと過ごし

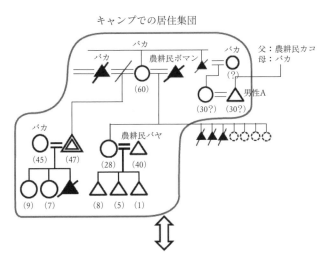

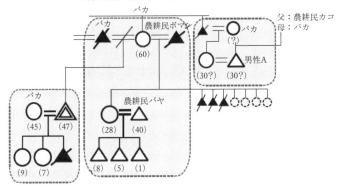

図3-4　ジェマの森と村の居住集団

ていた．キャンプの近くに，バカ男性Aが罠を仕掛けており，ジェマ世帯が集落で
ほとんど手に入れられない獣肉を，ここでは食べることができる．ジェマは一度森
に入ると，2週間は村に戻ってこないことが通例であった．事例の2日後の6月30
日，猟の途中にキャンプに立ち寄った農耕民カコの男性が「○○（別の農耕民カコの

男性）が，キャッサバの粉ひきを頼んでいた」とジェマに伝えていた．翌7月1日に私は村に戻ったが，ジェマは伝言にもかかわらずその後も2週間以上戻ってこなかった．

森のキャンプでは，ジェマはバカの親族たちと食を共にしていた．キャンプはモングルと呼ばれるドーム型の簡素な小屋が，バンジョを中心に円状に構えられている．隣のモングルから声が聞こえ，人の気配を感じあえる空間でもある．キャンプでは食べ物の分かち合いと同じように，火起こしや水くみといったジェマの生活を成り立たせる気配りがつとめて自然に共有されていた．

一方，定住集落では，ジェマは農耕民の集落に程近い道路沿いに居を構えていた．バンジョもなく，同居家族以外のメンバーが集う空間はない．彼の生活を支えているのは妻や母などの同居家族や農耕民である．だからこそ，定住集落では同居家族が不在となると，周囲に人がいなくなる．そのような時，ジェマは農耕民の集落へと訪れていた．

3 　障害のある狩猟採集民の生活基盤
─────────────────── シェアリングとインター・エスニック関係

1 ┈┈┈ 障害のある狩猟採集民を包摂するシェアリング

狩猟採集民バカの人びとの食べ物の多くは，森で手に入れる野生動物の肉や蜂蜜，野生ヤムなどのイモ類や木の実である．前節で示したとおり，ジェマはバカの共住集団のなかで分配に与る者であった．また，ブンバ・ンゴコ県の県庁所在地ヨカドゥマからモルンドゥへと続く南北の幹線道路沿い215kmの13村で，身体的な機能障害のあるバカの男女21人に対して狩猟・採集物の分配について直接観察と聞き取りをしたところ，身体障害のあるバカは同集落の父系でつながったキョウダイや親族などからの世帯を超えた広範な分配に依存することよって生計が維持されており，障害の有無で分配に大きな差異が生じていないことが明らかになった[4]．ジェマや下半

---

(4) ブンバ・ンゴコ県ヨカドゥマ郡3村とモルンドゥ郡10村の障害者に対して，直接観察と当人による直接の聞き取りによって収集した（戸田 2015）．ただし，脳性マヒなどにより会話が困難な場合は，世

第 I 部
霊長類と人をつなぐ分配と平等

身が麻痺して歩けないアヴァンダなど，目や肢体の不自由を抱えたバカの多くは狩猟や採集活動に参加することはできないが，同じように集落やキャンプ地で食料の分配を受け，おしゃべりを楽しんでいた．

　そもそも狩猟活動は，彼らの間でも技術の差が大きく，同じように狩猟に参加したとしても，いつも獲物を仕留める人，逆にいつも誰かの獲物をわけてもらう人という差がある程度はっきりしている．それでいて，いつも獲物を仕留める人が偉そうにしているか，というと決してそうではないのがバカの社会といえる．「分けてやる」というのではなくて，その場にいる人びとに対して，つとめて自然に食料が分配されていく．そして分配の場となる集落やキャンプにおいて，子どもや高齢者と同様に，障害をもつ人びとの気配や行為が周囲と共有し合える空間でもある．食物分配にみられるシェアリングは分ける行為であるが，食物という物質に限らず，場を共有する関係性のなかで，気配りや世話という行為もキャンプを共にする人びとのなかで分かち合われている．キャンプを共にし暮らす仲間は「まさに生活共同体なのであり，キャンプを共にすることはこの共同体の一員として暮らしを共にすることを意味する」（丹野 2006：46）．

　今村薫は，カラハリ狩猟採集民社会における女性の活動に注目し，「資源の最大の共有」を規範とする行為や物質の分かち合いを統御するシステムを「シェアリング・システム」（今村 1993：21）と名付けて，シェアリングを考察している．今村薫の定義によれば，シェアリングとは「シェアできる」「参加できる」可能性が社会全体に満ちていることである．それは，個人レベルでは彼／彼女が行動する場合，「分けてもらえるはずだ」という確信を支える潜在性であり，社会のレベルでは，成員の生存を救い上げようとする社会全体の潜在力でもあるという（今村 2006：118）．このような「シェアリング・システム」は高齢者，病者や障害者の生存と彼らの生業実践を支える可能性でありうるだろう．

話をしている人びとから聞き取りをした．調査地には，「身体的障害をもつ人びと，奇形，湾曲した体の人びと」という意味の単語がある．バカ語では「ワ・フォア（wà póà）」，カコ語では「モ・ジェンティ（mo jʼɛmtí）」と言う．広域調査によって，村人に「ワ・フォア」や「モ・ジェンティ」の存在を聞いて，調査対象者を探したため，身体障害者のうちでも，彼らが障害とみなしていないような弱視などの軽度の障害者は含まれず，両下肢のマヒなど運動機能障害や全盲などの重い障害に偏った．広域調査した農耕民の身体障害者24名に関しては，本人および同居する家族によって生計が成り立っており，16歳以上の農耕民11人中9人はカカオ畑も所有していた．詳しくは戸田（2015）を参照．

2 ⎯⎯⎯ 障害のある狩猟採集民が生み出すインター・エスニック関係

　他方で，バカの人びとも農耕民と同じように道路沿いの集落に定住化が進んでいるとはいえ，乾季になると，最小限の家財道具をもって集落から森のキャンプを転々と移動し，移動先で木や葉を組み合わせて簡素な小屋をつくり，狩猟や採集，漁撈を中心とした遊動的な生活を営む．目の不自由なジェマの例でも，妻がジェマを家に残して，仲間と森に出かけてしまい，何週間も帰ってこないということがあった．妻が「ジェマのことをよろしく」と誰かに託している様子もなかった．私はどうなることかと，ハラハラしながら見ていたのだが，実際には村に残っているいろんな人たちが，非常にさりげないかたちでジェマと接しながら，ジェマはいつもの生活を続けていた．さらには，バカの仲間たちが遠くの森に出かけている間，ジェマはよく農耕民の村を訪れ，キャッサバ芋をひいて粉にしたり，草刈りをしたりと，自

図3-5　農耕民の住居裏で，農耕民女性と子どもたち（右）と談笑しながら製粉するジェマ（中央）と，少し離れて座るほかのバカの夫婦（左）

分のできる仕事をして、その対価として作物や食事を分けてもらっていた。つまり、農耕民との関係性を利用し、村という社会空間においても生活基盤をもっていることが、ジェマのサブシステンス（生業と生存）の可能性を広げているようであった。

　移動生活の多い狩猟採集民社会において障害者への特別な配慮がないことは、時として彼らにとって世話人の確保を困難にする。障害をもつバカが生計活動や日常生活における手助けを、親族のみに恒常的に頼るならば、親族の生活リズムが変わり、そこに葛藤や緊張関係が生まれる可能性もある。ジェマのような目の不自由なバカが、親族のみに頼らず、状況に応じて、狩猟採集民と農耕民の間の「労働を提供する側」と「雇用する側」という形態を利用して生活を営むことは、彼らバカの社会に世話をめぐる新たな緊張を持ち込まないための方策だといえるのかもしれない。

　他方で、ジェマの台所仕事などは本来農耕民の女性や子どもの勤めであり、村のなかで彼以外の青年男性がこのような作業をして食料や金銭を得ている姿を目にすることはなかった。収穫や開墾の時期のみに雇われるバカとは違い、ジェマは頻繁に農耕民の集落を訪問し、時に農耕民と談笑しながら日中を過ごしていた（図3-5）。

　バカの人びとと生活をともにしながら調査を続けている服部（2010）が指摘するように、近隣農耕民とバカの関係は相互に依存しながらも緊張をともなうセンシティブな関係でもある。それにもかかわらず、障害をもつバカは、生業や日常の生活のいたるところで、他のエスニック集団の人たちと緊密な関係を築いていた。このように周囲の人びととの社会関係を織りなすジェマだからこそ、「狩猟採集民」らしくないように私には感じられたのである。

3……越境する者としての障害者

　ジェマは森や村といった生活環境や、狩猟採集民と農耕民という社会的境界を横断しながら、日々の生活を確立してきた。しかし、なぜジェマは、前述したような狩猟採集民と農耕民間のセンシティブな関係性のなかで生業を営めるのであろうか。それは、ジェマが狩猟採集民と農耕民の境界に位置するからだろうか。

　ヴィクター・ターナーは『儀礼の過程』（1996［1969］）のなかで、境界にある人間の属性は必然的に曖昧であると述べ、「リミナリティ（liminality）」つまり社会的境界性を論じた。エドマンド・リーチ（1981［1976］）は、『文化とコミュニケーション』

のなかで，そうした節目が人為的であるために必ずその付近にあいまいでどっちつかずの部分を生みだし，そのあいまいな部分が人間に不安をもたらし，危険なものとみなされると指摘している．

しかし，ジェマは狩猟採集民と農耕民の社会のなかで危険な存在や逸脱者として周囲から受け取られてはいないようであった．ジェマたちの具体的な生業活動の場面に注目し，障害者と周囲の人びととの相互関係を見ると，リミナリティの議論とは異なる視点がみえてくる．機能的な障害を抱えた人びとは生きていくうえで，日常的にさまざまな手助けを必要とする存在だが，それゆえにこそ，ときに狩猟採集民と農耕民という社会的境界を横断しながら，日々の生活を成り立たせるのである．彼らは周囲とより濃く密接な関係を必要としており，また高度に「社会性」を利用しているのである．ここでいう「社会性」とは，「あの人は社会性がない」などといった通常の用法ではなく，今村仁司（2000, 2007）の論考にみられるような「社会性（sociality）」，すなわち社会のなかでの人間のありようである．

ターナー（1996［1969］）は，過渡の期間にある人びととはそれまでの社会的な地位からとき放たれ，しかもまだ新たな社会的地位を獲得していない，いわば何も持たず何からも拘束を受けない，人間としてあるがままの状態にあり（通過・儀礼を受けている人びととはしばしば一度死んで，生まれる前の状態になぞらえられる），そういう人びとの間では，あらゆるものからとき放たれた，平等主義的な，人間と人間との，全人的な直接的なふれ合いの状況，「コムニタス（communitas）」とよぶ状況が生みだされると指摘している．つまり身分の転換などが起きるという意味で，社会を創造的に活性化すると捉えている．

障害のあるバカや農耕民が生み出すインター・エスニックな関係性の場は，「コムニタス」的な創造の場なのかもしれない．そしてカメルーンの森と村で暮らす人びとの営みからは，機能的な障害をもつことは社会から隔離された限定的な空間に押し込まれるという結果ではなく，むしろ新しい選択肢を利用可能としてきたことが示されている．

4　分配に与る者からみたシェアリングの作法

ここまで，狩猟採集民と農耕民が暮らす地域社会における，障害のある狩猟採集

民バカを包摂するシェアリングの実践と，農耕民との混住によって生み出されるインター・エスニックな関係に基づいた生業活動の創出をみてきた．今村薫（2006）は，狩猟採集民社会における「シェアリング」を成員の生存を救い上げるような社会全体の潜在力として位置づけている．「シェアリング」は狩猟採集民の生産や消費の共同性と同時に，高齢者，病者や障害者の生存をも支える基盤となりうる．しかし，Ingold（1986：283）は，狩猟採集民社会では，緊密な社会集団において直接顔を突き合わせている者どうしの関係に基づいて分配がおこなわれると主張する．つまり，シェアリングは分配する者と分配に与る者の相互関係が維持されるような社会集団のなかで実践されるのであり，その範囲を超えた社会空間において，障害者をも包摂するような「シェアリング・システム」（今村 1993）は機能するのだろうか．

2012年1月11日，私が約1年ぶりに年始の挨拶のためにモンディンディム村へと帰ったとき，ジェマにおきた悲しい結末を，村人から聞かされた．闘病生活をしていたジェマが亡くなったのだった．彼の死の結末は，狩猟採集民社会における分与の共同体のなかでのシェアリングを私に再考させる出来事であった．そこで，2010年12月に彼が結核を発症させてから，2012年1月に私が彼の死を知るまでの出来事をつぎに時系列に沿って述べる(5)．

1 ⋯⋯⋯ 病院に行った狩猟採集民ジェマ ── ジェマと村人，そして調査者の経験

2010年12月12日，モンディンディム村の住人である農耕民の一周忌がとりおこなわれるという知らせを聞き，私は首都ヤウンデの調査を中断して，モンディンディム村を訪れていた．農耕民の手によって盛大に開かれた会には，近隣の農耕民やバカを含む大勢の人びとが集まっていた．私はすぐに，本来ならこの場にいるはずの人がいないことに気づいた．いつも，踊りの中心にいるジェマである．日も落ちかけて，一周忌の催しが終わる頃，よく知る農耕民女性が，ジェマが病気なので，とにかく早く彼を訪れるように耳打ちをしてくれた．すぐにジェマの家に行くと，彼はラフィアヤシで壁を張った家のなかで横になっていた．妻と母は森に入っており，家には娘だけが残っていた．ジェマは3週間近くも，ずっと体調が悪いと話していた．

ジェマの様子をみて，すぐにでも病院に行こうと私は提案したが，3日経っても，

（5）　第4節（1）の事例は，戸田（2015：144-148）のコラム④の一部を修正し，再掲したものである．

彼の妻と母は村に戻ってくることはなかった．私が村人たちに相談すると，村で治せる病気ではないだろうとのことだった．農耕民の村長たちと話し，森にいるジェマの妻と母を呼び戻してもらうように伝え，私とジェマは病院に行くことにした．

　ジェマは「はじめて病院に行くんだけど，ねえどんな服を着たらいい？」と聞いてきて，ビニール製の袋に入った服を手で触りながら，「ああ，どれも洗っていない」と言って，着ていたTシャツを裏返し，上着をはおり，剃っていない髪を隠すために帽子をかぶり，支度を整えた．バイクをもつ村の農耕民の青年に頼み，ジェマと私たちはバイクに3人乗りをして，12km先のサラプンベ（Salapoumbe）市のカトリック病院へと向かった．

　ジェマの診察の結果は，私たちが想像していた以上に残酷なものであった．

　サラプンベのカトリック病院（1969年設立）は，白人のシスターが運営する，レントゲン撮影もできる病院である．医者は診察で彼の病状を聞くと，肺のレントゲン写真を撮ろうと提案した．ジェマの肺は全面が白く曇っていた．すぐに，結核菌検査をするための準備に取りかかった．そのあいだ，ジェマと私はずっと黙っていた．喀痰検査（痰を調べる検査）の結果，彼は結核だと判名した．

　医者と看護師から，結核は治る病気だと聞いたが，私は治療のための入院が2カ月から3カ月を要するという言葉に不安を覚えた．このまま入院するようにという看護師の申し出を断り，私たちは一度，村へと戻った．

　村に戻ってからジェマは，病院で与えられた薬を農耕民と私の管理のもとで服用し，農耕民の村長に注射を日に2度打ってもらっていた．ジェマはこのまま治ることを期待していたが，私は「結核はその治療をしないと決して治らない，このまま村でほうっておけば死ぬことになる」と彼に言った．今になって気づいても遅いが，この一言が彼の最後を悲劇的な結果へと導いたのかもしれない．ジェマの妹はこっそりと私を訪ねて来て，「ジェマのように顔がパンパンに腫れた人で助かった人などみたことがない．大丈夫なの？」と聞いた．私は医者の受け売りの言葉をそのまま返した．村人の多くは，「ジェマの家族（妻と母）は病院に耐えられない．サラプンベ（病院）は過酷だ．酒もタバコも肉もない」と言って，病院生活の困難を指摘したが，ジェマと私だけは「きっと大丈夫，治る」と言い通した．

　ジェマは集落の義理の弟（農耕民）に散髪をしてもらい，私と彼の妻は彼の服を川で石鹸を使って洗った．ジェマと妻，母，そして私とバイク運転手の農耕民2人で，持てるだけの家財道具とプランテン・バナナをもって，12月20日，病院に行った．ジ

ェマと家族にとって，すべてがはじめての経験であった．

　入院生活はジェマにとって厳しいものだった．結核病棟は，他の場所から少し離れており，ジェマは病棟の軒下で呆然と毎日を過ごしていた．トイレが指定された場所にあるのも彼を驚かせたし，森のなかを自由に歩くジェマであったが，病院にあるあちらこちらの排水用の溝が歩くことを妨げていた．彼はトイレさえも補助なしで行けなくなっていた．目が見えないことが，ジェマを不自由にさせている姿を私ははじめて目撃した．なによりジェマを困らせたのは，妻と母が村に戻りたがったことと（娘は早々に村に戻っている），食料の確保であった．キリスト教ミッショナリーが運営するカトリック病院では，結核の治療費と入院費は必要でないが，食事は支給されない．そのため，ジェマと家族は自分たちでどうにか日々の食料を確保しなければならない．それでも，ジェマは入院から1カ月も経つと，体力も戻り，顔色も以前のようになっていた．帰国を2月の初めに控えていた私は，あと2カ月程の入院生活も大丈夫だろうと，その頃には思っていた．私はジェマに帰国することを告げ，彼と最後の会話をした．

　ジェマは最後に，再び，食事の不安を訴えた．私は5000CFAフラン（日本円で1000円程）を病院の前の雑貨店で細かく両替してもらうと，病院の前で売っている獣肉のスープ（200CFAフラン，日本円で40円程）を毎日買うように彼にすすめた．私はそれでも足りないと思ったので，「病院のすぐ隣に住むバカの集落で食事をしたらいいじゃないか」とジェマに話した．事実，ジェマは元気になっているようにみえたし，バカの集落は病院から500mほどの近さである．彼の足でも5分とかからず，病院の奥のトイレよりも行きやすかった．この病院にもそこのバカが頻繁に訪ねて来ており，なによりジェマの母とは遠い親戚だったので，同じバカの村から食事の分配を受けるのは至極当然に思えた．そのことを，ジェマに伝えたところ，「それはできない」とジェマは言った．私の「なんで？」という反論と彼の「できない」という押し問答を，（正確には思い出せないが）5回ほど繰り返したと思う．私はモンディンディム村で，ジェマが料理や食物の分配を同集落のバカだけでなく，他集落のバカや農耕民からも受けているのをみてきたので，私が帰ったあと，ジェマと彼の家族はきっと病院の近くの集落で食事したり，そこでプランテン・バナナでも分けてもらい調理したりするだろうと考えていた．そして，2011年1月25日に，私はサラプンベを去った．

　2012年1月11日，私が約1年ぶりにモンディンディム村へと帰ったとき，ジェマ

が亡くなったことを聞いて心の底から驚いた．そして，私がしてしまったことの大きさに初めて気づいた．ジェマの妻と母は私を見ると抱きつき大きな声で泣き出した．ジェマの家の近くに住む30代の農耕民男性は，私にジェマの最後を詳しく語ってくれた．その内容はつぎのとおりである．

ジェマは，私が帰ってから1カ月以上病院にいた．後に看護師から私が直接聞いた話だが，ジェマの退院まで残すところ2週間に迫った頃に病院からいなくなったそうだ．

2011年2月末，深夜12時を過ぎた頃に，全身が赤土に塗れたジェマが突然，ひとりでモンディンディム村に戻ったという．ジェマの妻と母は，その4日前に村に戻っていた．食べる物もなく，親類もいなくなって，ジェマはその日，お昼過ぎ（話から，昼の2時過ぎと思われる）に病院を去った．病院にいるあいだ，ジェマは食事をもらうためにサラプンベのバカを訪れることはなかった．モンディンディム村に帰る途中も決して食物を求めることなく歩き続けたという．

農耕民の語り手は最後に，ジェマは家族に恵まれなかったと話した．

サラプンベ市からモンディンディム村までの幹線道路は，日に数十台もの伐採トラックが通る．ジェマは幹線道路を歩くとき，遠くの車の音を聞き，早くから道の脇へと避ける．私たちが目視をしてぎりぎりまで歩き続けるのに対して，ジェマは十分に注意を払って歩く．サラプンベ市からモンディンディム村まで私の足でも3時間のところを，ジェマは神経を尖らせながら10時間もかけて村へ戻った．病気が完治していない身体で，ひとりで，道沿いのバカの集落には目もくれず，モンディンディム村に戻ることだけを考えて歩み続けたのだろう．

2 ⋯⋯⋯ 分与の共同体におけるシェアリングの形成範囲

ジェマは村から離れたサラプンベの病院で入院しているとき，近くのバカの集落で料理を含む食物分配を一度も受けなかった．バカが暮らすカメルーン東南部の熱帯雨林地域は，かつての遊動生活から定住化が進み，現金経済が浸透したポスト狩猟採集民社会であることは事実だが，狩猟場での仕留めた人や狩猟具の所有者など，役割に応じた義務的な獲物の分配（第1次分配）に加えて，キャンプや村内においてより自発的におこなわれる生の食物の分配（第2次分配）や料理された食事の分配（第3次分配）が今なお日々実践されている．そして第2次，第3次分配においては，

分配の対象に一時的な訪問者も含まれる（北西 2010：267）．このような分与の共同体としての側面が色濃い（ポスト）狩猟採集民社会のなかで，ジェマが最後にみせた態度をどう理解するべきであるのかを，自戒の念も込めて考察していく．

岸上（2003）は，狩猟採集民社会における食物分配を比較分析し，食物分配が開始されるやり方（ルールによる，自主的，要求による）と食物の流れ（移譲，交換，再・分配）という2つの軸に基づき，食物分配の形態を9種のバリエーションに類型した．そのなかで，「要求による分配」（demand sharing）は，オーストラリア先住民を研究してきたピーターソンが名付けた受け手側からの要求によって開始される分配のことである（Peterson 1993）．森のキャンプにおいてバカから見返りなく十分過ぎる食物の分配を受けたり，インター・エスニックな関係を築き仕事を創出したりするジェマの姿から，私は「要求による分配」という行為がジェマにとって当然のものだと捉えていた．しかし，ジェマはモンディンディム村において食物分配に与る者ではあったが，直接的に相手に分配を要求することはなかったと，彼の死後になって気づいた．

北西は，コンゴ共和国の狩猟採集民アカは食物分配において，分配を要求することはほとんどなく，分ける人に分配を強要するような態度にでることは極力避け，分配者の選択を尊重しようとしていると報告している（北西 1997：17）．シェアリングにおける二者関係は所有者自身が分ける相手を状況に合わせて選択できるものだと論じられることが多いが，ジェマの事例からは分配に与る者からみえるシェアリングの作法があるように思える．そこで，「分配に与る者」に注目して，シェアリングという行為の意味を今一度考察してみたい．

今村薫は，カラハリ狩猟採集民において，料理の場にいること自体が分配を受けたいという気持ちをあらわしており，分配を受けるに「ふさわしくない」と判断した人はその場を離れると述べている（今村 1996：62）．私も村のなかで幾度となく，食事時になると，すーっとその場からいなくなるバカの姿をみてきた．このような狩猟採集民の分配を受ける者の態度をふまえると，ジェマの最後の事例が理解できてくる．それはサラプンベのバカの集落に，分配できる余剰がないのではなく，ジェマがまさにシェアリングの作法を身につけた狩猟採集民であったのだという理解である．狩猟採集民はシェアリングを，例えば「バカ」というエスニシティや，親族とのつながりという一般的な集団性によってだけ成り立たせているのではないのだと痛感させられた．対面的な行為であるシェアリングは，彼らが暮らす地域集団（共

同体）のなかでシェアリングの倫理（＝共同性）を確保しながら，分配者と分配に与る者の間の相互関係を維持しながら実践されていくものといえる．障害をもつジェマもまたそういったシェアリングを身につけた狩猟採集民であるがゆえに，シェアリングの場である地域集団から離れたことが重大な問題を秘めていたのであろう．

おわりに

　本章で論じた狩猟採集民社会におけるシェアリングは，食物分配という物質的な次元での分配行為であるが，同時に，場を共有する関係性において，気配りや世話という分かち合いの行為でもあった．そのことは障害をもつ狩猟採集民を含め，世話を必要とする人びととの生存を支える助け，つまり「ケア」ともなるだろう．ただし，シェアリングは基本的に共住集団のなかで実践されており，その場において「ケア」としての側面は顕在化していない．そして狩猟採集民社会においてもライフサイクルのなかで，乳幼児や年配者のような身体的な特徴から世話を要する時期があり，そうした多様な身体を持つ人びとを包摂しながらシェアリングは実践される．

　他方で，狩猟採集民の移動生活は体の不自由な人びとには困難を伴うこともある．長い距離の移動を伴う狩猟・採集活動や遊動的な移動生活の際には，乳児以外の幼い子どもや年配者はしばしば集落で「お留守番」（ヒューレット 2020：113）になることがある．孫のいる年配者であったアヴァンダも幼い孫たちを見守りながら，集落でお留守番することが少なからずあった．しかし，壮年のジェマはお留守番するのではなく，生業活動の実践者として農耕民の集落を訪れて仕事をしてきた．

　ジェマは森や村といった生活環境や，狩猟採集民と農耕民という社会的境界を横断しながら，日々の生活を確立してきた．しかし，障害のあるジェマは地域社会の逸脱者としてではなく，人びとが対面し合う関係性のなかで，「一人前（いちにんまえ）」な存在として生業を営み，そして日常を支えるために多様な社会関係を織りなしてきた．たとえ互いの状況は等しくなくても，「一人前」として相手に向き合うという状況，こういった障害者と周囲のあり方が，カメルーン熱帯雨林に暮らす障害者の社会性であると指摘したい．そしてジェマは高度な「社会性」を身につけているが故に，狩猟採集民バカと農耕民の垣根を時に越えることもあった．バカと農耕民のセンシティブでかつアンビバレントな関係性を構築してきた地域社会において，

障害者は非障害者にも増して他者と関係しながら生きる人格，すなわち社会性に支えられた存在であるからこそ，障害者と非障害者，狩猟採集民と農耕民といったいくつもの二項対立をこえた豊かな共在のあり方を創出してきたのではないだろうか．

　ジェマの最後がこのような結果になったのは，誰でもなく，私が病院に連れて行き，これまで「一人前」な存在として生業を営んできたジェマの振る舞いに目を向けずに，彼が「要求による分配」や「ケア」を求めることを当然視し，最後を狩猟採集民社会の「平等主義」で語られる「寛容性」へと勝手に任せてしまったからである．シェアリングという行為における，分配に与る者からの隠れた作法を私は理解していなかった．北西（1997）によれば，アカの森のキャンプにおいて，同じキャンプに滞在すること，もしくは近くに小屋を作ることが，すなわち分配しあう関係になることを意味している．そしてジェマがシェアできる場，つまり生きる場は，モンディンディム村であった．そのような彼を，私は地域から引き離してしまった．私はジェマと初めて会ったとき，「バカ」らしくないと感じていたが，ジェマはまさにバカと農耕民のふたつの社会のなかに生きる「バカ」であったのだ．寺嶋（2004：46）は，「共同性によって人は，相手やその場にふさわしいインタラクションを作り出そうとする．しかし，人は時に応じて，そういった社会的な拘束を脱却し，まさに対等な関係でインタラクションをする能力をもつ」と指摘する．対面する者同士の相互的な場面において「バカ」らしくないと私が感じるような行為もまた，ジェマが生きてきた狩猟採集民と農耕民の混住社会における「共同性」への配慮とともに実践されていたことに私が気づいていれば，ジェマの最後は違うものになっていたかもしれない．

謝辞

　本研究は，JSPS科研費 JP15K21097および18K18271，特別研究員奨励費（PD）の助成を受けた．

参 考 ・ 参 照 文 献

市川光雄（2021）『森の目が世界を問う——アフリカ熱帯雨林の保全と先住民』京都大学学術出版会．
今村薫（1993）「サンの共同と分配——女性の生業活動の視点から」『アフリカ研究』1993（42）：1-25.
今村薫（1996）「同調行動の諸相——ブッシュマンの日常生活から」菅原和孝・野村雅一編『コミュニケーションとしての身体』大修館書店，71-93頁．

今村薫（2006）「シェアリング・システムの全体像——カラハリ狩猟採集民の事例から」『アフリカ研究』2006（69）：113-120.

今村仁司（2000）『交易する人間——贈与と交換の人間学』講談社.

今村仁司（2007）『社会性の哲学』岩波書店.

岸上伸啓（2003）「狩猟採集民社会における食物分配の類型について——「移譲」，「交換」，「再・分配」」『民族学研究』68（2）：145-164.

北西功一（1997）「狩猟採集民アカにおける食物分配と居住集団」『アフリカ研究』1997（51）：1-28.

北西功一（2010）「所有者とシェアリング」木村大治・北西功一編『森棲みの社会誌——アフリカ熱帯林の人・自然・歴史Ⅱ』京都大学学術出版会，263-280頁.

坂梨健太（2014）『アフリカ熱帯農業と環境保全——カメルーンカカオ農民の生活とジレンマ』昭和堂.

ターナー，ヴィクター（1996［1969］）『儀礼の過程』富倉光雄訳，新思索社.

丹野正（2006）「クン・サンの「きついジョーク」はいつ・どこで語られたのか」『弘前大学大学院地域社会研究科年報』3：37-47頁.

寺嶋秀明（2001）「地域社会における共生の論理——熱帯多雨林と外部世界の交渉史より」和田正平編『現代アフリカの民族関係』明石書店，223-243頁.

寺嶋秀明（2004）「人はなぜ，平等にこだわるのか——平等・不平等の人類学的研究」寺嶋秀明編『平等と不平等をめぐる人類学的研究』ナカニシヤ出版，3-52頁.

寺嶋秀明（2011）『平等論——霊長類と人における社会と平等性の進化』ナカニシヤ出版.

戸田美佳子（2015）『越境する障害者——アフリカ熱帯林に暮らす障害者の民族誌』明石書店.

服部志帆（2010）「森の民バカを取り巻く現代的問題——変わりゆく生活と揺れる民族関係」木村大治・北西功一編『森棲みの社会誌——アフリカ熱帯林の人・自然・歴史Ⅱ』京都大学学術出版会，179-206頁.

ヒューレット，ボニー（2020［2013］）『アフリカの森の女たち——文化・進化・発達の人類学』服部志帆・大石高典・戸田美佳子訳，春風社.

松浦直毅（2010）「ピグミーと農耕民の民族関係の再考——ガボン南部バボンゴ・ピグミーと農耕民マサンゴの『対等な』関係」木村大治・北西功一編『森棲みの社会誌——アフリカ熱帯林の人・自然・歴史Ⅱ』京都大学学術出版会，159-178頁.

モース，マルセル（2009［1950］）『贈与論』吉田禎吾・江川純一訳，筑摩書房.

リーチ，エドマンド（1981［1976］）『文化とコミュニケーション——構造人類学入門』青木保・宮坂敬造訳，紀伊国屋書店.

Bahuchet, Serge, and Henri Guillaume. 1982. "Aka-farmer Relations in the Northwest Congo Basin." In Leacock, Eleanor Burke, and Richard B. Lee. (eds.) *Politics and History in Band Societies*, pp. 189-211. Cambridge: Cambridge University Press.

Ingold, Tim. 1986. *The Appropriation of Nature: Essays on Human Ecology and Social Relations*, Manchester: Manchester University Press.

Peterson, Nicolas. 1993. "Demand Sharing: Reciprocity and the Pressure for Generosity among Foragers." *American Anthropologist* 95（4）: 860-874.

Rupp, Stephanie Karin. 2011. *Forests of Belonging: Identities, Ethnicities, and Stereotypes in the Congo River Basin.*

第Ⅰ部
霊長類と人をつなぐ分配と平等

Seattle: University of Washington Press.

Takeuchi, Kiyoshi. 2005. "The Ambivalent Symbiosis between the Aka Hunter-gatherers and Neighboring Farmers." *Culture Conservation and Development in African Rain Forest.* pp. 11-28. University of Toyama.

Toda, Mikako, and Hirokazu Yasuoka. 2020. "Unreflective Promotion of the Non-Timber Forest Product Trade Undermines the Quality of Life of the Baka: Implications of Irvingia gabonensis Kernel Trade in Southeast Cameroon," *African Study Monographs*, Suppl. 60: 85-98.

Woodburn, James. 1998. "Sharing Is Not a Form of Exchange: An Analysis of Property-sharing in Immediate-return Hunter-gatherer Societies," In: Hann, Christopher M. (ed) *Property Relations: Renewing the Anthropological Tradition*, pp. 48-63. Cambridge: Cambridge University Press.

分配のエスノグラフィー

第 4 章

関野 文子

狩猟採集民バカの食物分配

過剰な分配とひそやかな交渉

KEY WORDS

カメルーン東部州, 狩猟採集民バカ, 定住集落, 食物分配, 女性, 相互行為

はじめに

　「これからどうやって食べていこうか」. 2014年9月, カメルーン東部州に暮らす狩猟採集民バカの村を初めて訪れた私は, 途方に暮れていた. 調査村が決まり, 単身で住み込んで, いよいよフィールドワークを始めようとした矢先, 首都ヤウンデで購入したキャンプ用のガスコンロが故障して使えなくなったのだ. 私は薪で火をおこせるほどのサバイバル能力をもちあわせていなかった. バカの人たちが食物を分配することは, 先行研究を読んで知っていたので, 誰か料理を分けてくれないだろうかと期待していた. バカ語の知識は少ししかなく, 意思疎通がままならない私に, 食べ物をもってくる人はいなかった. 2日ほどは, ビスケットなどを食べて空腹を紛らわした. そして, 数日後, 近くの家に住んでいた女性が, 茹でたキャッサバをもってきてくれた. おそらくバカたちは, 見ず知らずの私の様子をうかがっていたのだろう. 初めて食事をもらったときは, 彼らに少し受け入れてもらったような気がして, 安心したとともに, とても嬉しかった.

　住み始めてからしばらくして, 私は, バカたちの料理の分配について調査を開始

図4-1 ある晩，私に分配された料理（2015年7月撮影）

した．夕方，夕食の準備をしている女性たちのところをまわって調理や分配の場面を観察するのである．すると女性たちは，毎晩のように，夕食をお皿にとりわけて私にもってきてくれるようになった（図4-1）．多い時には，9人の女性から料理をもらった．一人でぜんぶを食べることは難しく，ときには苦痛に感じることさえあった．なぜこの人たちは，このような「過剰」な分配をするのだろう，と私は疑問に思った．私にたいする分配についていえば，私が食物分配の調査をしていたことが影響したことは事実だろう．しかし，私がたくさんの人から食べ物をもらっていることは村の人々にとって明らかであった．それにもかかわらず，彼女らは，他の人のすることは無関係だと言わんばかりに，私に料理をもってきてくれるのであった．さらに，調査をつづけるうちに，バカたちどうしでも「過剰」な分配をしばしばしていることが分かってきた．

　狩猟採集民がなぜ食物分配をするのかについては，生態学的適応による説明，進化生態学的な説明，そして社会的機能による説明などがある（岸上 2003）．生態学的適応とは，たとえば，狩猟の運不運やハンターの能力によって個人間で大きくばらつく肉の量を平均化し，集団内の資源配分を効率化するというものである（Wiessner 1982）．進化生態学では，食物分配を利他行動と捉え，その究極要因を探求するものが多い．たとえば，血縁関係のある親族を助けることによって自分の遺伝子をより多く残すことができると考える血縁淘汰説などがある（Kaplan & Hill 1985）．社会的機能とは，食物分配をとおして社会的紐帯を強化したり，平等的な社会関係を構築したりするというものである（Kent 1993）．

　ただ，食物分配に関する従来の研究では，肉の分配がとりあつかわれることが多

かった．その理由は，上述のように，そもそも肉の収穫量は個人間のばらつきが大きいため，分配が目立つし，同時に，資源の初期状態に偏りがあるがゆえに生態学的適応，社会的機能，利他行動といった論点とむすびつけやすかったからだと考えられる．民族によって多少の差異はあるものの，肉の分配プロセスは，明確に区別できるいくつかの段階に分けることができる．たとえばコンゴ共和国のアカの例では，狩猟におけるハンターの役割に基づいて獲物が分割される一次分配，キャンプ内の親族関係に基づいて肉の一部が分けられる二次分配，消費グループ内で料理が分与されたり共食されたりする三次分配がある（Bahuchet 1990）．肉の分配においては，一次分配では厳密な規則が存在するが，二次分配と三次分配はその時々の状況に応じて分配されたりされなかったりする（北西 1997）．それにたいして，植物性食物の特徴は捉え難い．植物性食物は，調理前に分けられることは稀である．一般に，まずそれぞれの女性が個別に料理し，それを皿に取り分けて分配する．つまり，植物性食物の分配は，肉の一次分配のような明示的な規則や義務がなく，また，分配の起点が同時に複数存在しているために，どのような意図をもって分配がなされているのかを追うことが難しい．

　しかしながら，狩猟採集民の生活において植物性食物が重要でないということではなく，その分配の頻度が少ないわけでもない．獲物が得られるかどうかわからない，不確実性の高い狩猟とくらべると，イモ類や果実など植物性食物の採集は，より安定した収穫を期待できる（Tanaka 2014）．それゆえ，とくに熱帯の狩猟採集民の食生活は，植物性食物によって支えられているといっても過言ではない（Lee 1968）．さらに，定住化の進行により，彼らの食生活はますます農作物に依存するようになっている（Bahuchet & Guillaume 1982; Kitanishi 2003; 安岡 2010）．農作物は，みずから栽培したものが収穫されることもあれば，近隣農耕民から入手されることもある．いずれにしても農作物は，狩猟や野生植物の採集とくらべて容易に手に入れることができ，実際に調査村では誰もが日常的に入手していた．つまり，植物性食物とくに農作物は，生態学的・経済的観点からいえば「分ける必要がない食物」なのである．しかし，それにもかかわらず，料理の分配は日常的であった．

　食物分配研究が肉の分配に偏重してきたなか，北西（1997, 2001）はコンゴ共和国のアカ・ピグミーを対象として，植物性食物もふくめた食物分配の記述と分析をおこなっている．北西は，アカたちは端からみると意味のないような分配をとおして「与え手」と「受け手」の網目をつくろうとしているようにみえるが，それはなぜか

という疑問が残ると述べている．このような植物性食物の分配の特徴に着目したとき，肉の分配において重要な論点であった資源配分をめぐる不均衡の是正や，それと関連する平等的な社会の成り立ちといったものとは異なる，新たな論点が浮かび上がってくる．つまり，肉の分配に関しては，苦労して手に入れた獲物の肉を，たいして感謝されないのに気前よく分配するのはなぜか（寺嶋2011）という疑問が生じるのにたいして，植物性食物に関しては，誰もが容易に入手できるがゆえに「分ける必要がない」にもかかわらず，日常的に頻繁に分配されているのはなぜか，という疑問が生じてくるのである．

　この観点において，分配は，贈与（ギフト）と類似しているようにもみえる．贈与に関する議論では，与える物そのものよりも，むしろ与える行為によって変化する社会関係が重視されてきた．したがって，分ける必要のない食物を分けることは，何らかの社会的な意味を担っていると考えることもできなくはない．しかし，岸上（2016）が指摘するように，狩猟採集民の食物分配は，ごく日常的なものであり，すくなくとも，しばしば華美な贈り物を与えることで，相手よりも優位に立とうとするような意味での贈与とは異なっている．

　そこで本章では，カメルーン東部州にあるレンベ村にて2014年から2020年まで断続的におこなってきたフィールドワーク（主に2015年6月から8月の計3か月，および，2016年11月，2019年12月から2020年1月の計2か月間）にもとづいて，これらの疑問について考えていく．まず，食生活における農作物の重要性が増している定住集落でなされている，バカの女性たちによる料理の「過剰」な分配を記述・分析する．そのうえで，「過剰」な分配がなされるメカニズムについて，料理の与え手と受け手の相互行為に着目しながら考察する．

1　調査地とバカの食生活の概要

1⋯⋯⋯ 調査地の概要

　本研究の対象であるバカは，ピグミー系狩猟採集民とよばれる10あまりの民族集団のうちの一つである．ピグミー系狩猟採集民は，カメルーンのほか，中央アフリカ共和国，ガボン，コンゴ共和国，コンゴ民主共和国などを含むコンゴ盆地各地に

分布している (Bahuchet 1993)．「ピグミー」という呼称は，古代ギリシア神話に出てくるピュグマイオイという低身長の怪人の名前に由来する (北西 2010)．19世紀後半，欧米の探検家たちが，中部アフリカで遭遇した周辺民族とくらべて小柄な人々を，ピグミーと呼んだのである (Bahuchet 2014)．現在，コンゴ盆地に暮らすピグミー系狩猟採集民の人口はあわせて250,000〜350,000人と推定されており，世界でもっとも規模の大きい狩猟採集民のグループである (Hewlett 2014)．各ピグミー集団の生活や文化は，細部をみれば多様であるが，バカのほか，ムブティ，エフェ，アカなどは，近年まで森のなかで遊動的な狩猟採集生活をしてきた「典型的」なピグミー系狩猟採集民だといえる．一方，バコラ，バボンゴ，バコヤ，バトゥワのように，早い時期から近隣農耕民との生活様式の差異が小さくなっている集団もある (Bahuchet 2014)．

　バカは，カメルーン東南部，コンゴ共和国北西部，ガボン北東部に分布しており，人口は30,000〜40,000人と推定されている (Hewlett 2014)．この地域の平均気温は25℃程度，年降水量は1,500mm程度である．おおまかな季節区分は12月から2月までが乾季，3月から6月中旬が小雨季，6月中旬から8月中旬が小乾季（イルヴィンギア季），8月中旬から11月が大雨季である (安岡 2010)．

　調査村のレンベ村（以下，L村）は，カメルーン東部州オ・ニョン県（Haut-Nyong）の南東部に位置している．小規模な町であるメソックから3kmほど離れたところにあり，メソックへ向かう道路に沿って150mにわたって住居が点在している（図4-3）．村の人口は148人（2015年8月）で，出稼ぎなどによる不在者を含めると168人であった．バカの女性と結婚していた農耕民（ンジメ）の男性一人を除いて，全員バカであった（この夫婦は後に離婚し，それぞれ村を離れた）．近隣の村落には農耕民ンジメが暮らしており，調査村のバカたちと日常的に交流がある．バカ社会には，35種類の氏族（*yee*）があるといわれており (Brisson 2010)，L村はンジェンベ（*njembe*）という氏族が中心となる村である．2015年当時の村長の父（一代前の村長）を介してすべての世帯が親族関係にあった．

　L村に暮らすバカは，狩猟採集のほかに焼畑農耕もおこなっている．バカはかつて槍を主たる狩猟道具として用いていたが，1960年代以降，スチール製ワイヤーの普及とともに罠猟が中心になっている (Yasuoka 2006)．罠猟は男性が単独ですることが多いが，女性が罠の見回りをしたり，罠を仕掛けたりすることもある．一方，採集は主に女性の仕事であり，野生植物の葉や果実，キノコ，野生のヤマノイモなどが採集される．ほとんどの女性は自らの畑をもっているものの，規模が小さいため

L村では食料の自給自足には至っていない．そのため日常的に農耕民から農作物を入手している．季節によってばらつきはあるものの，農耕民の畑で半日ほど，除草や作物の収穫・運搬をして，その報酬としてキャッサバなどの農作物をもらう．農作物でなく300〜500CFA（＝約60〜100円）の現金や酒をもらうこともある．カカオ栽培をしているバカもいるが，現段階では畑をきちんと管理し，収穫したカカオを売って十分な現金を獲得している者はほとんどいない．一方，近隣の農耕民が所有するカカオ畑で日雇いの作業をしたり，農繁期に遠方の村に住み込んで数か月にわたって働いたりする者もいる．このように農耕民とくらべるとバカの農耕は，かなり規模が小さいとはいえ，今日のバカの生活は農耕と狩猟採集，および農耕民の手伝いなどの複合的な生業によって成り立っている．

2 ⋯⋯⋯ バカの食物と調理

ここでは，食物分配に関連するバカの食生活と調理の仕方について述べる．L村の成人女性を対象に，その日に森や畑から村に持ち帰ってきた食物の入手先を聞き取り，重さを計量した．村に帰ってすぐに調理してしまい，皮などの食べない部分だけしか計量できなかった場合には，その部分を計量し，キャッサバの可食部75%，プランテン（料理バナナ）の可食部46%（四方 2013）として全重量を逆算した．調査は23日間実施し，のべ64回の収穫を記録した．なお，L村のすべての女性の収穫物を網羅的に計量したわけではない．

主食となる炭水化物系の食物のなかでは，キャッサバがもっとも多く59%を占め，ついでプランテンが23%であった（表4-1）．キャッサバのうち自分の畑で収穫したものは25%で，残りは農耕民から入手したものであった．プランテンは60%を自分の畑から収穫していた．主食の自給率は，農耕の定着度や近隣農耕民との関係などによって地域差があるが，L村では農耕民への依存度が高いといえる．表にある食物のほか，野生のヤマノイモや，トウモロコシ，ラッカセイなども収穫されるが，調査時には記録されなかった．服部（2012）によると，定住集落に滞在しているときにバカの女性が獲得する主食食物のうち，重量比で89〜98%を農作物が占めていたというが，L村でも同様に主食のほとんどを畑から得ていた．

L村のバカたちがもっとも頻繁に食べる料理は，茹でたキャッサバである．あるいは，キャッサバのイモを発酵させ乾燥させて粉状にしたものに，熱湯を注いで棒

表4-1　主食の収穫量と入手先

	自分の畑から の収穫 （kg）	農耕民からの 入手 （kg）	計 （kg）	自分の畑で入 手した割合 （%）	1人1回あたり の入手量 （kg）
キャッサバ	103.3	302.2	405.5	25%	6.34
プランテン	95.7	63.9	159.6	60%	2.49
バナナ	53.6	0	53.6	100%	0.84
ヤウテア	32.7	19.7	52.4	62%	0.82
トウモロコシ	6.5	0	6.5	100%	0.10
サツマイモ	0.0	4.1	4.1	0%	0.06
計	291.8	389.9	681.7	43%	—

でこねた練り餅（バカ語でバラ）を食べることがある．プランテンやヤウテア（*Xanthosoma sagittifolium*）というイモも，キャッサバと同様に，皮をむいて鍋に入れて茹でる．同じ鍋で複数の主食を茹でることもある．

　副食としては，キャッサバの葉や，野生の蔓植物であるグネツム（*Gnetum africanum*）の葉がよく料理される．肉や魚，サワガニ，エビなどがあれば，一緒に煮ることもある．キャッサバの葉は臼で搗いて潰し，水を入れて煮込む．キャッサバを搗く作業は，力とコツを要し，葉が柔らかくなるまで丁寧に潰すと美味しくなる．グネツムの葉は硬いため，葉を束ねて丸め細く刻んで調理する．副食の調理では煮ることが多いが，バカ語でボボコと呼ばれるクズウコン科植物の葉で，魚を包み，塩やトウガラシを加えて蒸し焼きにすると，一層美味しくなる．これら副食の味付けには，塩やトウガラシ，森でとれるナッツなどの油脂調味料，香りのする樹皮など，様々なものが用いられる．そのなかで，もっとも利用の頻度が高く重要なものが，フェケ（*Irvingia gabonensis*）というナッツである（図4-2）．また，集落周辺の半野生化したアブラヤシの実もよく食べられる．たくさんの実を丸ごと鍋で茹でたものを臼で搗いた後，水を加えて手で絞って，繊維と種から油を分離する（水を加えないこともある）．フェケやアブラヤシからつくった油脂調味料を使っている料理は食味が良く，頻繁に食される．

図4-2　フェケの実を割る女性（2015年7月撮影）

3 ┄┄┄ 何を分配するのか

　ここでは，L村のバカの女性たちによる料理の分配の実態を記述する．調理をして，分配を差配するのは成人女性である．男性は獲物を解体するくらいで，あまり調理には関わらない．基本的に，食物を入手した女性自身がその食物を調理するが，ほかの女性や子どもが調理を手伝うこともある．分配された料理を運ぶのは子どもであることが多い．できあがった料理は，その日のうちに食べる．もしあまった場合には，翌朝，温めて食べる．料理が分配されるのは，調理がおわった直後であり，自分たちが食べた後の残り物を分配することはない．料理の完成が夜遅くなった場合などには，翌朝に分配することもある．

　調査は，L村の26名の成人女性を対象とし，夕方，各世帯をまわって，料理の内容と分配について観察と聞き取りをおこなった．村内全体の分配を一度に観察することは難しかったため，家の位置関係や親族関係などを考慮し，二つのグループ（図4-3）に分けて，グループAについて9日間，グループBについて14日間，調査を実

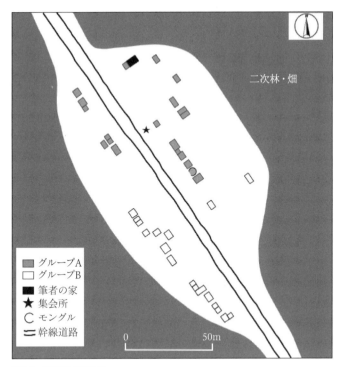

図4-3　調査村見取り図

凡例（地図内）:
- ■ グループA
- □ グループB
- ■ 筆者の家
- ★ 集会所
- C モングル
- ＝ 幹線道路

二次林・畑

0　　　　50m

施した．記録したのは，それぞれの女性が別の世帯に属する人に分けた料理の種類
やその分配相手である．同一世帯の夫や子どもなど，常に食事を共にする者に取り
分けた料理は分配としては記録していない．なお，後述するが，私への分配も含め
て集計をした．また，調理中や調理直後の鍋からのつまみ食い，子どもだけで少量
を調理したもの，畑での間食などは調査対象としていない．女性たちは多くの場合
夕方から夜の間に調理をするため，ほとんどの分配を観察できたが，朝や昼に料理
をつくったときなど，直接観察ができなかった場合には，聞き取りによって料理の
種類と分配相手を確かめた．夜に作った料理を翌朝分配した場合は，調理日の分配
として記録した．なお，以下で言及する「分配数」とは，一種類の主食ないし副食
の料理が分配されたとき，それぞれを1皿の分配としてカウントしたものである．た
とえば，ある女性からキャッサバの皿と肉の皿がそれぞれ2人に分配された場合，料
理の分配数は合計4皿になる．一つの料理に複数の食材が入っている場合には，食

表4-2　調理と分配品目

	分配数 (A)	調理回数 (B)	調理回数の うち分配を した回数 (C)	調理一回 あたりの 分配数 (A/B)	調理したと き分配をし た割合 (C/B)
キャッサバ（イモ）	419.0	155	132	2.7	85%
キャッサバの葉	110.0	45	33	2.4	73%
プランテン	110.0	42	31	2.6	74%
グネツム	68.7	31	28	2.2	90%
ヤウテアの葉	56.0	24	17	2.3	71%
獣肉（狩猟）	50.0	15	15	3.3	100%
フェケのソース	29.0	20	13	1.5	65%
キノコ類	27.9	15	12	1.9	80%
ヤウテア	25.0	15	10	1.7	67%
獣肉（購入）	25.3	10	9	2.5	90%
昆虫	18.1	14	10	1.3	71%
フフ（キャッサバの練り餅）	17.0	6	6	2.8	100%
トウモロコシ	15.0	19	9	0.8	47%
米	7.0	3	3	2.3	100%
魚・甲殻類	8.0	5	3	1.6	60%
スイートバナナ	2.0	5	1	0.4	20%
モロヘイヤ	1.0	1	1	1	100%
野生ヤム	1.0	1	1	1	100%
その他	15.0	6	5	2.5	83%
計	1005	432	339		
平均				2.3	78%

　材の種類数で割った値をそれぞれの食材の分配数とした．例えば，一つの料理にキャッサバの葉と魚が入っている場合，分配数はそれぞれ0.5皿になる．

　調査期間中に記録された分配数の合計は1,005皿であった（表4-2）．そのうち，キャッサバ，プランテン，ヤウテア，トウモロコシなどの主食が59%を占めていた（図4-4）．ついで，キャッサバの葉，グネツム，ヤウテアの葉などの植物性副食が29%，狩猟あるいは購入した動物の肉が7%であった．主食のなかでは，キャッサバがもっとも頻繁に食べられており，のべ155回調理され，分配数は419（全体の42%）であった（表4-2）．副食では，キャッサバの葉とグネツムが頻繁に調理され，分配されていた．これらにプランテンやヤウテアをふくめた植物性食物の分配数を合計すると

全分配数の88%におよんでおり，そこから森で採集したグネツム（7％），キノコ類（3％），フェケのソース（3％）を除くと，75％の分配が農作物であったことになる．なお，調査をした小雨期は魚はほとんど食べられなかったが，河川の水位が低下する大乾季（12〜3月）には漁撈が盛んになる．その時期には魚の分

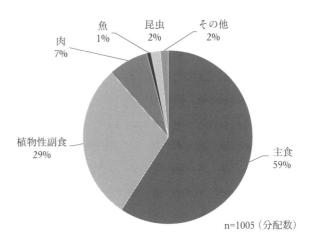

n=1005（分配数）

図4-4　分配される食物の割合

配がもっと多く記録されると考えられる．

　調理1回あたりの分配数をみると，ある程度以上の頻度で調理される食材については，品目間で大きな差がなかった．例えば，キャッサバは調理1回あたり2.7皿，キャッサバの葉は2.4皿，プランテンは2.6皿，グネツムが2.2皿であった（表4-2）．獣肉については，夫などが罠で捕らえたときには，調理1回あたりの分配数が3.3皿で，他の食材にくらべて多くなっており，肉はやや多くの人に分配される傾向があるといえる．ただし，農耕民から購入したり，労働の対価としてもらったりした肉では2.5皿で，他の食材と変わらなかった．農耕民が売り歩く小さく切り分けられた肉を購入する場合，一片100CFA（＝約20円）のものを1，2個買うことが多い．したがって，自ら捕獲した場合の方が肉の量が多く，分けられる量も多くなるのだと考えられる．

　次に，分配という行為がごく日常的であることを確認したい．各食材が調理されたときに分配がなされた割合を算出すると，もっともよく調理されていたキャッサバで85％（155回中132回），キャッサバの葉で73％，プランテンで74％，グネツムで90％であった（表4-2）．主食のなかでは，ヤウテア（67％）やトウモロコシ（47％）は分配されにくい傾向があったが，それは，表4-1にも示されているように，キャッサバやプランテンとくらべて1回あたりの収穫量が少ないからだと考えられる．狩猟で得た獣肉はすべての例で分配があったが，農耕民から購入したうち1回だけ，分配

がなされなかったことがあった.

　以上から，L村のバカたちが分配している食物の大部分を，農産物が占めていることがわかった.　また，彼女たちがよく分配する食物は，よく調理する食物であった.　つまり，価値の高い特定の食物や食べる機会の少ない，めずらしいものを選好的に分配しているのではなく，自分たちが日常的に入手して食べているものを，おおよそ，そのままの頻度で分配しているのである.　私も彼らから多くの分配を受けていたが，この傾向は私への分配においても同様であると考えられる.　したがって，私がいたことが，分ける料理の内容や頻度といった上記の結果に大きな影響を与えたとは考えにくい.

　これまで，狩猟採集民が広範な食物分配をする要因の一つとして，食料獲得の不安定性に由来するリスクの軽減といった生態学的な理由が挙げられてきた（Wiessner 1977; Kelly 1995; Hames 1990）.　とくに個人差が大きく不確実性の高い肉については，分配は，持つ者から持たざる者への肉の移動をとおして各人における食料入手の機会を増大させ，道具や技術の差によって生じた不均衡を是正して，成員間の経済的な平等を実現することに貢献していると指摘されてきた（Woodburn 1982）.　ところが，今日のL村のバカたちが消費する食物の多くは農作物である.　また，すべてを自ら栽培する必要はなく，相応の労働によって農耕民から入手することができ，その機会は誰にでもひらかれている.　したがって，彼女らの実践する頻繁な分配は，すくなくとも農作物入手の不安定性に由来するものではない.　食物分配は狩猟採集社会の特徴として議論されてきたが，かならずしも供給が不安定な野生資源に依存していなくても，バカたちは食物分配をしているのである.　冒頭でも述べたように，生態学的な観点からみれば「分ける必要がない」にもかかわらず，彼女たちは日常的に頻繁に食物分配をしている，ということになる.

2　　誰に分配するのか

1⋯⋯⋯分配相手との親族関係

　バカたちは，食物を誰に分配しているのだろうか.　まず，分配相手との親族関係を分析してみよう.

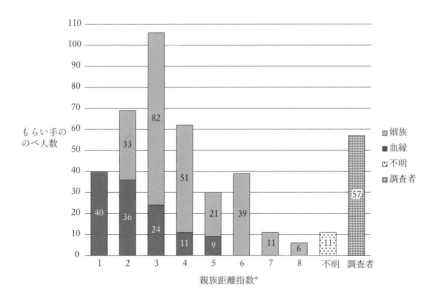

図4-5　分配相手と親族関係
*親族距離指数＝親等数＋姻結合数（Kimura 1992）

　図4-5は，グループAで9日間（2015年7月13, 15, 16, 17, 18, 20, 21, 23日，8月6日），グループBで10日間（2015年7月3〜12日）に観察したすべての分配について，親族距離指数ごとに，もらい手ののべ人数を示したものである．親族距離指数とは，親等数と婚姻結合数の和である（Kimura 1992）．たとえば，親子＝1，姉妹＝2，夫の姉妹＝3となる．分析の対象としたのは，ある女性から，世帯外の成人女性や青年少女に分配されたものであり，男性への分配があった場合はその妻への分配とした．親族距離指数が二通り計算できる場合には小さい方を採用した．たとえば，夫の姉（親族距離指数3）が親族距離指数5の遠い親族であったとき，親族距離指数3を採用した．図には調査者である私への分配も示している．

　図4-5では，婚姻を介さない関係，すなわち血縁と，婚姻を介する関係，すなわち姻族とを濃淡で分けている．まず，血縁だけに着目すると，血縁が近いほど分配の回数が多い．親族距離指数1の親子関係および指数2の姉妹関係ないし祖母と孫の関係の分配をあわせると，血縁関係内の分配のうち65％を占めていた．また，分配として計上していないが，世帯をおなじくする夫や子への分配は常にある．北西が指摘したように，親族関係が近いと家の距離も近いことが多く，それゆえ分配する

図4-6 料理を皿に分ける女性（2016年11月撮影）

機会が増える傾向があるといえ（Kitanishi 2000），そもそも血縁者へ分配することは進化生態学的にみても十分に予想できることである（Kaplan & Hill 1985）．しかしながら，指数１と２の血縁者（親子・姉妹・祖母孫）への分配は全分配のうち18％程度にすぎず，指数５〜８の遠い血縁者や姻族への分配も同程度の割合を占めていた．また，全体をみれば，血縁者よりも姻族に分配した回数の方が多い．

　分配相手のなかで大きな割合を占めていたのは指数２〜４の姻族で，あわせて全体の55％になった．もっとも多い分配相手は指数３の姻族，典型的には，夫の姉妹である．ついで指数４の姻族，典型的には，夫の兄弟の妻，夫の母の姉妹である．これは女性たちが，夫の血縁女性によく分配していることを示している．

　以上から，分配の一つの要因として血縁間の相互扶助（血縁淘汰）があることは確かであろうが，それ以外の要因の方がより強く作用していると考えられる．具体的には，女性どうし，とくに姻族女性間の社会関係，そして３節でとりあげる調理前後における相互行為である．

2········固定しない分配相手

さて，分配の要因の一つとして女性間の社会関係があると指摘したが，その「関係」にはどのような特徴があるのだろうか．

図4-7は，個々の女性が調理をした都度（分配機会），何人に分配する傾向があったのかを示している．グループA・Bあわせて26名の女性を対象とし，各分配機会における分配相手数を横軸にとり，分配相手数ごとの分配機会の積算を縦軸にとったものである．たとえば，ある一日にある女性が，昼に女性Aに，夜に女性AとBに分配した場合には，分配機会数は2回となり，分配機会ごとの分配相手数は，昼1人，夜2人となる．分配相手には，世帯外の成人男女，未婚者や子どもを含む．

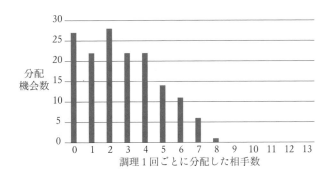

図4-7　調理一回当たりにあげた相手数
26名・19日間の分配記録から作成した．

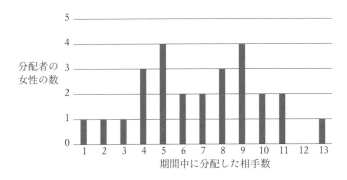

図4-8　一定期間（9日・10日）にあげた相手数

全体として，1人から4人に分配されることが多く，これで全分配機会の62%を占めていた．ただし，分配人数が4人になるまではそれほど変化しておらず，5人以上になると急減している．食物の量的制約のもとで，できるだけ多くの人に分配しようとした結果が，4人への分配までが高台になっているグラフの形に現れているとみることもできるだろう．つまり，一度に入手できる食物の量が分配人数の上限を規定しており，それが多くの場合で（世帯外の）1〜4人への分配に相当する量であると考えられる．

　つぎに，調査期間（グループA：9日間，グループB：10日間）に，各女性が何人の異なる相手に分配したかを示したグラフが，図4-8である．期間内に分配相手となった個人の数を横軸に，分配者の女性の数を縦軸にとっている．特定の1人だけにしか分配しなかった女性が1人いたものの，中央値は7人，最大値は13人であり，ほとんどの女性は，たくさんの異なる相手に分配していたことがわかる．一度に分配する相手は概して1〜4人であることを勘案すると，多くの女性は，いつも決まった相手に分配するのではなく，日ごとに違う相手に分配していることになる．

　以上をまとめると，バカの女性たちの分配をめぐる社会関係は，特定の相手をペアとする相互扶助のようなものではなく，相手によって濃淡はありつつも，各人のその日の状況などによって，相手を変えるという流動的な点に，特徴があるといえる．

3······分配をめぐる様々な関係

　それでは，特定の相手と固定的なペアをつくらないとして，分配をする／されるというやりとりは，それぞれのペアのあいだで均衡しているのだろうか．

　図4-9は，グループAについて調査した9日間における，グループAの女性16名による分配相手と分配回数を示したソシオグラムである．分配回数は，先述した「分配数」ではなく，ある女性から他世帯の女性に1回の調理で分けられた料理一式（たとえば主食1皿と副食1皿）をまとめて1回の分配としてカウントしたものである．相互に分配があった場合には実線で，一方向のみの分配があった場合には点線で記している．また，矢印の先端にある数字は分配回数を表し，その大きさは分配回数の多さに対応している．調査対象である女性が不在のときなどに同一世帯の夫が受けとった場合，当該女性への分配としてカウントした．各女性から輪の外に向かう矢

印は，青年，少女，村外からの一時的な訪問者など，この16名以外への分配である（ただし世帯内は含まない）．私への分配回数はその内数として矢印横の括弧内に記している．なお，図4-9の各女性につけたA〜Pの記号は，図4-10に記した家系図の記号と対応している．以下で記述する女性たちの個人名はすべて仮名である．

ソシオグラムの大きな傾向として，分配のやりとりがA〜Iの9人と，J〜Pの7人の2つのクラスターに分かれているように見える．それぞれ，B［アヤ］，K［ンブデ］を中心とするクラスターである．B［アヤ］は，当時の村長の妻で，ンブデは村長の異母兄妹である．クラスターをまたいで相互分配があったのは，GとN，GとPの2組だけであり，母娘間と姉妹間という近親間における分配であった．グ

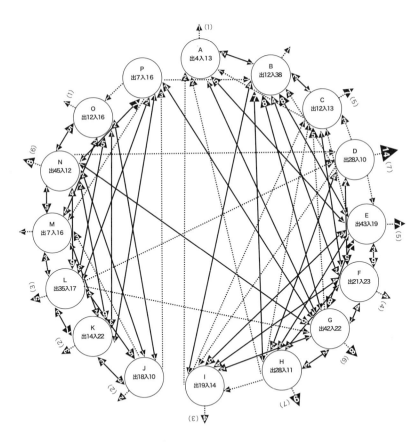

図4-9　グループA 9日間分配ソシオグラム

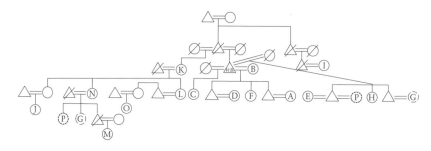

図4-10 グループA女性の親族関係
点線で示す人物は二箇所に記載している.

ループAの分配メンバーは，高齢女性であるB［アヤ］，K［ンブデ］の娘や息子の妻を中心に構成されているため，それぞれの高齢女性を中心に分配のクラスターが形成されていたのである．

　つぎに，個別のやりとりのうち特徴的なものをみていこう．一対一の分配関係を，①相互的だが偏りのあるパターン，②一方向のみのパターン（点線），③相互的で均衡しているパターン，④やりとりのないパターン，の4つに分類し，それぞれの傾向とその背景を分析する．

　まず，①相互的だが偏りのあるパターンだが，分配された回数が多かったのは，前述の高齢女性二人であった．B［アヤ］は計38回，K［ンブデ］は計22回の分配を受けていた．それぞれ分配されるだけではなく，B［アヤ］は12回，K［ンブデ］は14回の分配をしているものの，分配を受けた回数が与えた回数を大きく超過する結果になっている．彼女らのような高齢女性は農作業や調理をする頻度が低いため，いつも料理をする娘や息子の妻から分配を受けることが多くなるのである．個別のケースをみると，もっとも偏りのあったペアは，B［アヤ］とG［イェイェ］で，B→Gが1回，G→Bが8回であった．G［イェイェ］は，B［アヤ］の夫（村長）と死別した別の妻［ンボンギ］との間にできた子の妻である．つぎに偏りがあったのは，B［アヤ］と，その夫（村長）と前述のンボンギの娘であるH［ンガラ］で，B→Hが1回，H→Bが7回であった．B［アヤ］やK［ンブデ］は分配を受ける回数が超過しているが，自ら調理したときには分配をしていた．食材を他の女性からもらい，料理して分配する，という場合もあった．そのほか，A［アベレ］も分配した回数の3倍以上の分配を受けていたが，分配にかかわる頻度は多くなかった．

彼女は他村からの婚入者で，L村には血縁者がいないことが要因として考えられる．

　一方で，50代のD［パンジャンボ］とN［メカ］，30代のE［アン］，G［イェイェ］，H［ンガラ］，L［アユ］らのように，与える回数が大きく超過している人もいた．20代のJ［ウェナ］，M［デサリ］，O［サメディ］らとくらべても，30代の女性たちがより頻繁に分配をしている．ただ，D［パンジャンボ］やN［メカ］らのように高齢でも，与える回数が大幅に超過している人もいた．また，P［ントディア］のように30代だが，分配のやりとりが少ない人もいる．P［ントディア］は5人の子どもがいるため，世帯外に分けられるだけの大量の食物を得る機会が少なかった可能性がある．ただし，複数の子どもがいると，なかなか分配の機会がないかといえば，そうでもない．D［パンジャンボ］は3人の子どもを養っているにもかかわらず，与える回数が大きく超過していた．

　つぎに，点線で示された，すくなくとも調査期間中には一方向のみの分配しかなかったパターン（②）である．G［イェイェ］からC［バンブ］への分配が典型的である．彼女らの親族距離指数は3で，C［バンブ］はG［イェイェ］の夫の異母兄妹である．彼女らは仲が良く，日頃から一緒に行動していた．C［バンブ］は夫を亡くし，一人で子どもを育てていた．そのため，G［イェイェ］からの一方向の分配のみがなされたのだと考えられる．なお，2019年の調査時には，彼女らは同じ家に暮らし，食事を常に共有する同一世帯を形成していた．

　③相互的で均衡しているパターンでは，E［アン］とG［イェイェ］が典型的である．E［アン］は他村からの婚入者であり，G［イェイェ］はL村の生まれである．この二人の夫どうしは兄弟で，彼女らは義理の姉妹になる．親族距離指数は4で，むろん血縁はない．なお，E［アン］は第二夫人であり，夫の第一夫人であるP［ントディア］の妹がG［イェイェ］にあたる．二人の家の距離は少し離れていたが，双方，頻繁に分配をしていた．

　最後に，④やりとりがないパターンである．先述のE［アン］は，16人の女性のなかで二番目に多い，43回もの分配をしていた．しかし，壁を一枚隔てただけの隣接する家に暮らしていた，自らの夫の第一夫人であるP［ントディア］とは一切やりとりがなかった．しかも，興味深いことに，前述のようにP［ントディア］の妹のG［イェイェ］とは頻繁に相互的な分配をしていた．バカの社会で一夫多妻はそれほど珍しいわけではないが，グループAではこの例だけであった．この二人はなんらかの緊張関係にあることが考えられる．実際，二人が一緒に採集活動や畑仕事

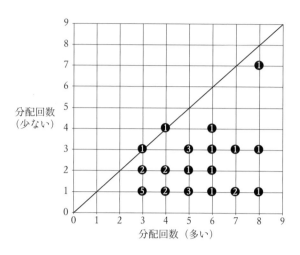

図4-11　グループA 分配回数のバランス

をしているところは，ほとんど見たことがなく，一緒に調理をすることもない．彼女らの日常生活をつぶさに見ても，彼女らが一人の夫を共有していることは，なかなか分からないだろう．ただし，バカ社会において，第一夫人と第二夫人のあいだに常にこのような緊張関係があるわけではない．

　ここまで，分配の二者関係について，4つのパターンに分けて例を示したが，ソシオグラムからは，相互的だが偏りのあるパターン（①）が多数を占めているようにみえる．そこで，4回以上のやりとりがあった30ペアについて，多い方の回数を横軸，少ない方の回数を縦軸にとってプロットして図に示した（図4-11）．やりとりが計3回以下のペアは，計測数が少なすぎるため，ここでの分析からは除外した．点の中に記した数字は，その回数のやりとりをした女性ペアの数である．分配回数が双方向で均衡しているとき，そのペアの点は図の直線上にプロットされるが，それは2ペアのみであり，ほとんどのペアは直線から外れていた．また，つぎの分配で均衡する可能性のあるペアも3ペアのみであった．つまり，バカたちの料理の分配は，不均衡で偏りのあるのが常態なのである．

3 分配をめぐる相互行為

1……調理の場への訪問

本節では，分配に先行する場面，とくに調理時における女性間の相互行為に着目して，分配の動因について考察してみたい．計8回の分配について，分配者の女性が調理を開始してから分配に至るまで，調理場における人の出入りとその行動を記録した（表4-3）．訪問者が来た理由は，調理をしている女性とおしゃべりをしたり，臼などの道具を借りたり，あるいはぶらりとやってきて何もせず帰っていったりなど，その時々で様々であった．表4-3のように，各事例で2〜8人の訪問者があった．訪問者には，対象となる女性の同居者は含んでいない．同居者以外のL村の人に加えて，村外からの一時的な訪問者，また私を含んでいる．

観察した計8回の分配では，平均して5.8人の訪問があり，4.3人に料理が分配された．ただし，分配を受けた人のうち1.4人は訪問していなかった人のため，訪問をして分配を受けた人は2.9人（訪問者の50%）になる．その2.9人のうち，2.4人は訪問時に座った人であり，0.5人は座らなかった人である．訪問時に座った人は全体の平均で3.6人おり，そのうち67%（2.4人）が分配を受けたことになる．つまり，調理中に訪問して座って長居した人は，料理を分配されることが多くなるのである．なお，訪問していないにもかかわらず分配を受けた1.4人は，親や兄弟などの近親者であり，

表4-3　訪問者と姿勢

	訪問者数	もらった人数	訪問せずにもらった人数	訪問者の中でもらった人数	訪問者がもらった割合	座った人数	訪問し座った人がもらった割合
観察1	8	5	1	4	50%	4	75%
観察2	4	5	2	3	75%	3	100%
観察3	4	4	1	3	75%	3	67%
観察4	7	5	1	4	57%	6	67%
観察5	8	4	1	3	38%	3	67%
観察6	5	2	0	2	40%	4	50%
観察7	6	3	2	1	17%	4	25%
観察8	4	6	3	3	75%	2	100%
平均	5.8	4.3	1.4	2.9	50%	3.6	67%

訪問の有無にかかわらず分配されることが多い人だった.

　以上から, 分配の相手は, 調理前からあらかじめ決まっている人だけでなく, 調理時の相互行為のなかで決まってくることが示唆される. ゴッフマン (1980) は, 人間の身体はひとつの記号体系であり, 話は止めることができるが, 身体表現によるコミュニケーションは止めることができないと述べている. 一見したところ何も伝えていないような身体動作であっても, 実際には何らかのメッセージを伝達し, そこから相互行為が生じている. バカたちの調理の場にあてはめてみると, 座り込んで長居する人は, その身体動作をとおして, 自分は料理をしていないことを示唆していたと解釈できるだろう.

　このように, 言葉にして要求するのではなく, 相手への強制力を回避し, 相手からの自発的な働きかけとしての分配を引き出そうとする行為は, カラハリ砂漠のブッシュマンの社会においても指摘されている (Kitamura 1986). また, おなじくブッシュマンの食物分配について, 丸山 (2016) は, 人々がそれぞれ皆の思惑をはかりながら, ある種の「合意」や「了解」に達したときに分配がなされると指摘したうえで, そのとき, 分配しない／分配を受けない, という選択肢は双方にひらかれていると述べている. 明示的な要求は, 相手に可否の判断を迫ることになり, その場の空気を緊張させる. その緊張を避けるために, あくまで与え手の自発的行為として料理を分配する／しないという結果が生じる, というかたちになるよう調理者と訪問者が相互行為をしているのである.

　むろん, このような相互行為の特徴は, 食物分配の場面だけにみられるわけではない. 「ベ」と呼ばれるバカの歌と踊りにかかわる相互行為を分析した分藤 (2010) は, 個々人が役割期待から生じる葛藤を回避するために, 役割期待のアドレス (指名) 性を弱めるふるまいをすることを指摘している. これは, ある役割の担い手や他者の期待を不特定の他者に向けることで, 期待が外れたとしても, その要因が個人に帰せられることはないということである (分藤 2010). 分配において, みずからの欲求を明言することなく, 身体動作をとおして示唆しつつ相手の自発性にゆだねるという姿勢は, 分配者にたいする役割期待のアドレス性を弱めるようなふるまいである. 食物分配と歌・踊りというまったく異なる場面においても, バカたちの相互行為には類似性がみられるのである.

2 ……… 相互行為をとおした分配場への関与の操作

　このように，調理の場などにおける相互行為をとおして誰に分配するかが定まってくるのであれば，その場を観察している調査者が分配をめぐる相互行為に巻き込まれてしまうことは避けられない．分配について調査している間，私は毎日のように調理や分配の場に居合わせ，観察していた．結果として，図4-5や図4-9に示したように，私への分配が相当数あったし，実際，この調査をしていない期間とくらべて，調査中は明らかに多くの人から分配を受けた．分配の場にいたことが，自らへの分配を促していたのである．そこで，本節では，私自身が分配に参与した例をとりあげて，その際に感じた「居心地の悪さ」を手がかりとしつつ，分配をめぐる相互行為について掘り下げて分析してみたい．

　2016年11月20日，私は高齢の女性アヤとその孫の少年アメンディ（推定7歳）とともに，定住集落から40分ほど歩いたところにある森のキャンプを訪れた．キャンプにはモングルと呼ばれるドーム状の小屋が4つあり，数人の大人と子どもが暮らしていた．その中にアンデーとアブリという二人の女性がおり，来客者である私たち三人にそれぞれ茹でキャッサバと肉の煮物をご馳走してくれた．バンジョと呼ばれる屋根つき集会所で，アンデーが調理をしている間，私とアヤとアメンディは数メートル離れたところに座っていた．私はアヤとアメンディの向かいに座り，料理を取り分けているアンデーの写真を撮っていたが，なんとなく微妙な空気を感じながらアンデーとは距離を置いていた．アンデーがお皿に料理を取り分け始めると，アヤとアメンディは近くのモングルの中に移動した．少しして私もモングルに入るよう周囲の者に促され，アヤたちと同じモングルに入った．モングルからでも料理を分けているところをみることはできたが，アヤたちは，その方向に視線を向けることはなく，全く関心を示していない素振りであった．

　やがて，モングルのなかで座っていたアヤたち二人と私に料理が運ばれてきた．私には茹でキャッサバ一皿と肉の煮物一皿，彼らには茹でキャッサバと肉の煮物が二人で一皿ずつ運ばれた．私の肉の量は彼ら二人の分より3倍ほど多く，私は気まずさと後ろめたさを感じた．さらに，キャンプにいたもう一人の女性アブリが家のなかで作っていた肉の煮物が，私と彼らに一皿ずつ運ばれてきた．アヤとアメンディは黙々と食べ，すぐに食べ終わってしまった．私が食べつづけているあいだ，彼らは黙ってモングルの外を見つめ，私には一切関心を払っていない素振りであった．彼

らに分配された量より私の方がずいぶん多かったことは，二人とも認識していたはずである．しかし，狭いモングルが異なる空間に隔てられているかのように，二人はすぐ目の前にいる私に視線を向けることはなかった．やがて私が満腹だと言って皿を差し出すと，アヤは肉とキャッサバを持ち帰るために葉に包んだ．そして私たちはバンジョに戻り，ようやく会話を再開した．

　私は外国人であったし，アンデーたちのキャンプを初めて訪問した客人であった．したがって，特別扱いを受けたことは，ある意味では当然だったのかもしれない．しかし，私はアヤやアメンディと同じ集落で長く住み込み調査をしていたし，彼らと同じクランのメンバーとみなされていた．アヤは，訪問したキャンプの人々に対してそのように私を紹介した．それにもかかわらず，食事が多く盛られた皿を私にだけ分配されたことは，私にとって心地の良いものではなかった．そして，アヤやアメンディのふるまいをみて，モングルのなかで生じた分配量の非対称性は，彼女らにたいしても何らかの居心地の悪さをもたらしていたようにも思えたのだった．

　ただ，分配における非対称性は，私がいたような特殊な状況だけで生じるのではないだろう．そもそも各々が一度に調理する量には上限がある．そのため，徹底した食物分配が特徴とされてきた狩猟採集社会においても，ある空間にいるすべて人に厳密に平等な分配がなされないことは，日常的にありふれたことである．たとえば，ブッシュマンの例では，それまで談笑していた人々が，料理が出来上がったとたん，ぱたりと口を閉ざし，配られた皿の近くに移動する人や少し離れたところから様子をうかがう人，その場を立ち去る人などに分かれ，無言の駆け引きが始まるという（今村 1996）．そして，各々，自分に料理が分配されるかされないかはっきりすると場の緊張感が解消されるのである（今村 1996）．イトゥリの森のムブティの例では，分配の場における人々の視線のやりとりが，分配する／される，という行為が生じるかどうかにおいて決定的な役割を果たしているという（市川 1982）．このように，食物分配というコンテクストが生じることで，それまでの相互行為の流れが変調するのである．上述した私の経験では，その変調がきわだって現れたのだといえるだろう．

　上記の事例の位置づけをこのように確認したうえで，ゴッフマン（1980）の「焦点の定まった／定まらない相互行為」と木村（2006）の「分配場仮説」に準拠しつつ，調理から分配，共食へとつづく場面における相互行為について考察をすすめてみたい．ゴッフマン（1980）は，個人が互いに特別の関心を払い，相互行為を維持しよう

とする状態を「焦点の定まった相互行為」とし，電車のなかで人々がただ単に居合わせているだけのような「焦点の定まらない相互行為」と区別している．一方，木村（2006）は，狩猟採集民の分配をめぐる相互行為について考察するなかで，物のやりとりがなされる場では，自己と他者とのあいだに隔たりがないようにしようとする強い圧力が生まれるが，その「場」は時間的・空間的にきわめて小さく限定されているのではないかと指摘し，それを「分配場」と呼んでいる．木村によれば，分配場とは，食物や物を持つ者と持たない者が互いの状況を認識している対面的な場において，持たない者がいだく欲求や，持つ者がいだく負い目の感情をとりまくかたちで立ち上がってくるものである．分配場は小さく限定されているため，ある日の収穫物を夕方に全員が持ち寄って皆で均等に分ける，といったしくみにはならず，たとえば市川（1982）が記述したムブティの事例のように，蜂蜜を採集してキャンプに戻ってきた人が，その都度，そこにいた人に蜂蜜を分配することになる．つまり，同じ日に，AがBに蜂蜜を分配し，またBがAに蜂蜜を分配するという状況も生じうるわけである．

　先の例でいえば，バンジョで調理をしている段階では，私とアヤ，アメンディは，調理をするアンデーと同じ空間におり，そこは人が自由に出入りするひらかれた場であった．料理ができつつあることは皆が知っているものの，いまだ「焦点の定まらない相互行為」の状態であり，そこには分配場が生じつつあった．しかし，料理を皿に取り分ける段階になると，誰にどう分けるか，あるいは誰が受けとるかを定める必要があり，分配者や周囲の者は分配に関して「焦点の定まった行為」に向かっていくことになる．アンデーが料理を取り分け始めると，アヤとアメンディは視線を逸し，その行為を全く見ていないかのようにふるまった．さらに，モングルの中に移動し，その場を離れたのであった．このとき分配場のなかで，分配場にたいする「関与の操作」が行われていたと考えることができる．彼らが調理者の近くに留まり，視線を送りつづけることは，自分たちに食事が分配されることをあたりまえと考えていると，アンデーに伝達することになってしまう．たとえば，蜂蜜が採集されたとき，その場にいる全員が分配の対象となるため，蜂蜜の所有者（発見した人）が取り分けているところを皆がじっと見つめている，といった状況はよくある．

　一方，このとき，アヤたちが分配されるかどうかは，分配者であるアンデーにゆだねられており，あたりまえではない．それにもかかわらずその場に留まることは，二人が分配への圧力をかけているとアンデーに受けとられることになりかねない．そ

のため，アヤたちは視線を逸し，さらにモングル（小屋）の中に移動した，と考えられる．そうすることで，アンデーはアヤたちに自発的に食物を分配したかたちになり，もし分配がなされなかったとしても，モングルは分配場から外れていたという理由づけが事後的に了解されることになる．実際には，アンデーが私とアヤたちに分配をしたことにより，モングルを含むかたちで分配場がつくられていたことになった．

　一方，アヤとアメンディ，私の三人による共食の場では，上述のような経緯で，料理の量に大きな偏りが生じてしまった．そこでは持つ者と持たない者が対面しており，したがって分配場がふたたび立ち現れた．しかし，アヤたちは私に何も話しかけず，目を合わせようとすることもなかった．もしそうすれば，今まさに立ち現れた分配場を強化し，それに関与することになり，否応なく彼らは私に分け前を要求しているかたちになる．すなわち，このときアヤたちは，私とのあいだに生じた料理の分量の非対称性を，相互行為の俎上にのせないようにふるまっていたと解釈できる．視線や姿勢，身体の向きといった身体動作をとおして分配場の顕現を抑制したり，分配場に関与しないようにしたり，という相互行為が，この狭いモングルのなかでなされていたのである．

　このような分配場への関与をめぐる身体動作をとおした「操作」は，ゴッフマン（1980）のいう「儀礼的無関心」や「慣習的状況区分」の一種だともいえる．儀礼的無関心とは典型的には，焦点の定まっていない相互行為の状況において，相手を一瞥してすぐに視線を逸らすことにより，相手にたいする働きかけの意図をもたないことを伝達する，というものである．慣習的状況区分とは，物理的な壁が存在しない場合であっても，そこにはコミュニケーションの境界が存在し，コミュニケーションが遮断されているものとしてふるまう，というものである（ゴッフマン 1980）．この事例が生じたとき，私は，アヤたちの身体動作の意図を，ここで考察したようには十分に理解していなかった．バンジョでの取り分けにかかわる分配場がいったん解消されたことを自覚していなかったと同時に，モングルの中に明確な分配場が生じているという感覚をいだいていた．そのため，アヤたちと私の間で，料理の量に大きな違いがあったことにたいして，戸惑いと後ろめたさを感じていた．彼女らに料理を分けてあげなくてよいのだろうか，もっとたくさん食べたいのではないか，と思いを巡らせていた．しかし，アヤたちは，慣習的状況区分としての境界をつくり，あえて分配場に関与しない姿勢を示していると捉えるべきだったのである．

農耕社会においてよくあるように，きれいな食器に料理をよそって来客をもてなすとき，もてなす側ともてなされる側は，むしろその非対称な関係がはっきりと示されるがゆえに，身体動作をとおして分配場を操作する必要はなく，お互いにその関係を前提としてふるまうことで，両者は緊張感を伴うことなく談笑することができる．また，もてなした／もてなされたという関係は，ある程度の期間持続し，両者の関係に作用しつづける．それにたいして，バカの分配場は，いま目の前にある食物の非対称な所有を解消することに焦点化されており，限定的な時間・空間のなかでしか作用しない．しかも，持たない者や分配を受ける者は，たいていの場合，非対称性が解消されるべきであることを明示的には要求せず，持つ者や分配者は，そっけない様子で分ける，もらうというように，これみよがしに非対称性を解消しようとすることもない，という点に特徴がある．

　食物分配は，しばしば狩猟採集社会における平等性との関連において議論されてきたが，木村（2006）は，食物分配は，鳥瞰的な視点にもとづく平等性，つまり皆が均一に等しい状態を実現するというモチベーションによるものではなく，目の前の関係性にたいする身構えとしての対等性，すなわち非対称性の否定に突き動かされたものだと指摘している．食物分配の「平等性」とは，その場その場での相互行為をとおして一時的，局所的に生じた分配場の内部だけで達成されるものであり，分配場の外部との「平等性」は担保されなくてよい．そして，バカの食物分配の場合，分配場の内外に生じる「非平等性」は，分配された食物が消費されたそのときに風のように過ぎ去っていくようにみえる．農耕民の場合は，適切な分配をしなかったり，家族だけで消費してしまったりすれば，陰口を叩かれ，蔑まされることになるが（黒田 1999），バカたちは，分配がなされなかったとしても，食物が消費されてしまえば，あっさりと結果を受け入れるし，後からごねたりすることもない（木村 2006）．その背景には，個々人が微細な身体動作をとおして分配場の境界に位置どりながら，分配者の自発性に成り行きをゆだね，分配されても分配されなくても，それに影響されていないかのようにふるまおうとするのである．分配をめぐる相互行為には，分配する人と分配される人だけでなく，結果として分配されなかった人たちも参与しているのである．

おわりに

　本章では，定住集落におけるバカの女性たちが実践している料理の分配の実態を
示し，分配の動因について考察した．第一に，定住集落で分配される料理のなかで
肉が占める割合は非常に小さく，少しの労働で誰にでも手に入れることができる農
作物が大部分を占めていることがわかった．第二に，分配する相手の多くが血縁の
濃さとは相関しておらず，分配のたびに相手が異なっており，さらには相互のやり
とりが均衡する傾向もない，ということが示された．食物分配という行為の一部に
は，生態学的ないし進化生態学的な戦略，あるいは姻族との社会関係の調整といっ
た観点から説明できる部分もあるだろう．たとえば近親への分配は血縁淘汰によっ
て説明できるだろうし，義理の母・姉妹への分配は社会的な規範にもとづく行為と
もいえる．しかし，バカたちの食物分配の全体像を理解するためには，そういった
観点からみれば，分けなくてもよいはずの食物が，分けなくても問題のない人々に，
日常的に分配されている，という点にこそ着目する必要がある．

　そのような分配の動機や機微について，調理から分配の場面における相互行為に
着目して考察した．物のやりとりがなされる「分配場」では，自己と他者とのあい
だに隔たりがないようにしようとする強い圧力が生まれる一方，その「場」は時間
的・空間的にきわめて小さく限定されている．そこでは，分配される者は，微妙な
身体動作をとおして分配場への関与を操作しながら，分配されるかされないかを分
配者の自発性にゆだねていることが示唆された．また，そのような操作によって，分
配された場合でも分配されなかった場合でも，相互行為が変調をきたすことなく，つ
ぎの場面へと接続することが可能になっていると考えられた．

　それでは，このような分配場への関与をめぐってなされる相互行為は「過剰」な
分配とどのように関係しているのだろうか．黒田（1999）は，食物分配の基底には，
他者と食物を共有することの「楽しさ」があるのではないかと指摘している．本章
の後半でみてきた分配をめぐる相互行為は，前半で記述したような分配の結果を方
向づける一つの要素であると同時に，相互行為そのものが目的になっているという
側面があるのかもしれない．いいかえれば，食物分配における相互行為は，バカの
日常生活における様々な相互行為の一つであり，他の場面での相互行為とも連続性
があるものである．したがって，その日常生活の広い文脈における相互行為の一つ
として分配があると考えるのがよいのかもしれない．それゆえ「過剰」な分配が生

じるのではないか.

　2019年末から2020年にかけてL村に滞在していたとき，私は，隣の家に住むメシという女性と親しくし，毎日彼女から料理をもらっていた．料理を分配するとき，子どもにもっていかせるのが一般的だが，彼女だけはいつも自分で料理をもってきた．ところが，私が食事をはじめると毎回のように彼女の息子（推定6歳）のジョシーがやってきて，料理をねだるのである．ごく近親でもなければ，食事中の人に食べ物をねだることは，バカたちのあいだでも好ましい行為ではなく，むろん私自身もいい気分ではなかった．人目を盗んでは頻繁にねだりにくるジョシーにたいして，私もさすがにうんざりして，メシに「私は少しだけもらえばよいから，お腹を空かせて毎日ねだりにくるジョシーにごはんを十分にあげてほしい」と伝えた．それを受けて，メシはジョシーを叱り，ねだりは一時的になくなった．しかし，メシが分配してくれる頻度も量も減らなかった．この例から，バカの女性にとって，世帯内の者が多少，腹を空かせていても，そのことが分配するかどうかを決定づけたり，料理の量を調節したりすることには直接むすびつかないことがあるのだということが理解された．今思えば，彼女はいつも料理を持ってきては，私のことを気にかけてくれていた．夕食がおわると家でお互いの家族のことや先のことなど取り留めのない話をすることもあった．彼女は，そのとき，分けることの楽しさ，あるいは，ともに暮らすこと，お互いの存在を認めることを重視していたのかもしれない．

　今日，バカを取り巻く環境は，国立公園の設立，開発事業の拡大，初等教育の普及などによって，大きく変化しつづけている．カメルーンのバカ社会全体からみれば，L村はそのような影響がまだ小さい村であり，定住化・農耕化が進んではいるものの，おそらく狩猟採集生活に比重があった時代から継続しているであろう形の食物分配がなされていた．しかし，上述のような外部からの影響は，これからますます増大していくことが予想される．そのとき，食物分配のあり方やそれにかかわる相互行為は，どのように変化していくのだろうか．あるいは，そこから生まれた資源や利益の非対称性に対してはどのように対応するのだろうか，今後注目していきたい．

参 考 ・ 参 照 文 献

市川光雄（1982）『森の狩猟民——ムブティ・ピグミーの生活』人文書院.

今村薫（1996）「ささやかな饗宴——狩猟採集民ブッシュマンの食物分配」田中二郎，掛谷誠，市川光雄，太田至編『続自然社会の人類学——変貌するアフリカ』アカデミア出版，51-80頁.

岸上伸啓（2003）「狩猟採集民社会における食物分配——諸研究の紹介と批判的検討」『国立民族学博物館研究報告』27（4）：725-752.

岸上伸啓（2016）「贈与論再考——人類社会における贈与，分配，再分配，交換」岸上伸啓編『贈与論再考——人間はなぜ他者に与えるのか』臨川書店，10-38頁.

北西功一（1997）「狩猟採集民アカにおける食物分配と居住集団」『アフリカ研究』51：1-28.

北西功一（2001）「分配者としての所有者——狩猟採集民アカにおける食物分配」市川光雄，佐藤弘明編『講座・生態人類学 2 森と人の共存世界』京都大学学術出版会，61-91頁.

北西功一（2010）「ピグミーという言葉の歴史——古代ギリシアから近世ヨーロッパまで」『山口大学教育学部研究論叢』60（1）：39-56.

木村大治（2006）「平等性と対等性をめぐる素描」『人間文化』21：40-43.

黒田末寿（1999）『人類進化再考——社会生成の考古学』以文社.

ゴッフマン，アーヴィング（1980）『集まりの構造——新しい日常行動論を求めて』丸木恵祐，本名信行訳，誠信書房.

四方篝（2013）『焼畑の潜在力——アフリカ熱帯雨林の農業生態誌』昭和堂.

寺嶋秀明（2011）『平等論——霊長類と人における社会と平等性の進化』ナカニシヤ出版.

服部志帆（2012）『森と人の共存への挑戦——カメルーンの熱帯雨林保護と狩猟採集民の生活・文化の両立に関する研究』京都大学アフリカ研究シリーズ 008，松香堂書店.

分藤大翼（2010）「相互行為のポリフォニー——バカ・ピグミーの音楽実践」木村大治，中村美知夫，高梨克也編『インタラクションの境界と接続——サル・人・会話研究から』昭和堂，207-228頁.

丸山淳子（2016）「誰と分かちあうのか——サンの食物分配にみられる変化と連続性」岸上伸啓編『贈与論再考——人間はなぜ他者に与えるのか』臨川書店，184-208頁.

安岡宏和（2010）「バカ・ピグミーの生業の変容——農耕化か？　多様化か？」木村大治，北西功一編『森棲みの生態誌——アフリカ熱帯林の人・自然・歴史 I』京都大学学術出版会，141-163 頁.

Bahuchet, Serge. 1990. "Food sharing among the pygmies of central Africa," *African Study Monographs* 11（1）: 27-53.

Bahuchet, Serge. 1993. "History of the inhabitants of the central Africa rainforest: perspectives from comparative linguistics," In: Hladik, Claud M., Olga Linares F., Annette Hladik, Hélène Pagezy and Alison Semple (eds.) *Tropical Forest: People and Food*, pp. 37-54. Paris: Parthenon Publishing.

Bahuchet, Serge. 2014. "Cultural diversity of African Pygmies," In: Hewlett, Barry (ed.) *Hunter-Gatherers of the Congo Basin: Culture, History and Biology of African Pygmies*, pp.1-30. New Jersey: Transaction Publishers.

Bahuchet, Serge. and Guillaume, Henri. 1982. "Aka-farmer relations in the northwest Congo basin," In: Leacock B, Eleanor. and Lee B, Richard (eds.) *Politics and History in Band Societies*, pp.189-211. Cambridge: Cambridge University Press.

Brisson, Robert. 2010. *Petit dictionnaire Baka Français*. Paris: L'Harmattan.

Hames, Raymond. 1990. "Sharing among the Yanomamo: Part I, The effects of risk," In: Cashdan, Elizabeth (ed.) *Risk and Uncertainty in Tribal and Peasant Economies*, pp.89-105. Boulder: Westview Press.

Hewlett, Barry S. 2014. "Introduction," In Hewlett, Barry (ed.) *Hunter-gatherers of the Congo Basin: Cultures, Histories, and Biology of African Pygmies*, pp. xvii-xxix. New Brunswick, NJ: Transaction Publishers.

Kaplan, Hillard. and Hill, Kim. 1985. "Hunting ability and reproductive success among male Ache foragers: Preliminary results," *Current Anthropology* 26 (1): 131-133.

Kelly, Robert L. 1995. "*The Foraging Spectrum: Diversity in Hunter-Gatherer Lifeways*." Washington and London: Smithsonian Institution Press.

Kent, Susan. 1993. "Sharing in an egalitarian Kalahari community." *Man* 28 (3): 479-514.

Kimura, Daiji. 1992. "Daily activities and social association of the Bongando in central Zaire." *African Study Monographs* 13 (1): 1-33.

Kitamura, Koji. 1986. Behavioral bases of egalitarianism in the San society." In: Tanaka, Jiro (ed.) *A Study on Human Behavior and Adaptation in Arid Area of Africa*, pp. 23-28. Hirosaki: Hirosaki University.

Kitanishi, Koichi. 2000. "The Aka and Baka: Food sharing among two central Africa hunter-gatherer groups," *Senri Ethnological Studies* 53: 149-169.

Kitanishi, Koichi. 2003. "Cultivation by the Baka hunter-gatherers in the tropical rain forest of central Africa," *African Study Monographs Supplementary Issue* 28: 143-157.

Lee, Richard B. 1968. "What hunters do for a living, or, How to make out on scarce resources," In: Lee B, Richard and DeVore Irven (eds.) *Man the Hunter*, pp. 30-48. Chicago: Aldine Publishing Company.

Tanaka, Jiro. 2014. *The Bushmen: a Half-Century Chronicle of Transformations in Hunter-gatherer Life and Ecology*. Kyoto: Kyoto University Press.

Wiessner, Paulin. 1977. "Hxaro: a regional system of reciprocity for reducing risk among the ! Kung San," Ph. D thesis, University of Michigan.

Wiessner, Paulin. 1982. "Risk, reciprocity, and social influence on ! Kung San economies," In: Leacock B, Eleanor and Lee B, Richard (eds.) *Politics and History in Band Societies*, pp.61-84. Cambridge: Cambridge University Press.

Woodburn, James. 1982. "Egalitarian Societies." *Man*, (N.S.) 17 (3): 431-451.

Yasuoka, Hirokazu. 2006. "Long-term foraging expeditions (*Molongo*) among the Baka hunter-gatherers in the northwestern Congo Basin, with special reference to the "wild yam question"," *Human Ecology* 34 (2): 275-296.

木下 靖子

第 5 章

よろこびを分かち合う島

バヌアツ共和国の共食文化

KEY WORDS

オセアニア, バヌアツ, 食物分配, 共食, 子どもの分配

はじめに

　ヒトはなぜ分配をおこなうのか．これまでに人類学はさまざまな地域の社会・文化を対象としてこのテーマについて研究してきた．とくに狩猟採集民にみられる「気前のよい分配」，持てる者から持たざる者への分配は，平等性の高い社会の象徴である（丹野 1991；市川 1991）．しかし，あらゆる社会行動は互酬性がなければ発達しない．最初に互恵的利他行動の理論を示したのは，進化生物学のトリヴァースだった（Trivers 1971）．動物行動学の知見からドゥ・ヴァール（2010）は，チンパンジーやヒトが，他者と協力する基本には，相利共生と互恵性があることがわかるが，ヒトの方が，過去のやりとりを記憶する，努力と報酬を結びつける，信頼を築く，ただ乗りをやめさせるといった能力が比較的高く，より複雑で大規模な協力行動が可能であるという．

　人間の協力行動のひとつである分配も，この能力の上に成り立っていると考える．

ドゥ・ヴァール（2010）によると，「最後通牒ゲーム」実験(1)によって明らかにな
った，人間が不公平と感じたときに生じる「軽蔑」や「怒り」の感情は非常に強く，
人間が公平さを求めるのはこのようなネガティブな反応を防ぐためだという．つま
り，人間が自己の利益のみを最大限に求めるならば，不公平な条件であっても少な
い利益を得ようとするはずであるが，実験の結果が示しているのは，人間は条件が
不公平であると，仮に少しの利益を得られるとしても，拒否する傾向が強いという
ことである．ちなみに，オマキザルやチンパンジーも，同じように実験を行うと，他
者と自分との不公平に嫌悪を示すことがわかっている．

　また，ドゥ・ヴァール（2010）は人間が平等を志向する動機について「社会的な
脚」と「利己的な脚」があるという．「社会的な脚」とは，他者に共感すること，楽
しみ，安心，気持ちいいというポジティブな感情であり，「利己的な脚」とは，不公
平に対する嫌悪，嫉妬や羨望，憤りというネガティブな感情を指す．両方の脚が，平
等を志向する動機となり，相互行為をもとにした社会をつくる．

　人類学における分配の分析は社会における互酬性に注目し，「利己的な脚」の分析
によるものが多い．たとえばモースが『贈与論』で示した「負債の念」をはじめ（モ
ース2009），分配の受け手に発生するネガティブな感情を解消するために贈与し合う
という分析は多くの研究においてなされている．平等性を強く志向する社会である
ために，相互監視によって個人的な富の蓄積を起こさせないようにする，噂をして
悪口をいうことにより抑圧するという風間の島嶼国キリバス社会の描写や，松村の
エチオピア農耕民の社会において，潜在的な他者への「妬み」と「恐れ」が分配の
交渉を構築しているという指摘は，「利己的な脚」という一方の感情から照らし出し
た，なぜヒトは分配をおこなうのかという問いに対する答えといえるだろう（風間
2003；松村2008）．

　しかし，社会が成り立つために必要なもうひとつの特性，他者へのポジティブな
感情「社会的な脚」を基にした分配の動機を考えることも，ヒトの社会における分
配という行為について考える上で重要ではないだろうか．ゆえに，本章では「社会

---

(1)　最後通牒ゲームとは，2人の被験者にお金を分けさせることによって，行動規範を試すゲームであ
る．被験者たちは1度だけ機会を与えられる．一方がお金を自分の分と相手の分に分けて，相手にそ
の額を提示する．金額が提示されると主導権は相手に移る．相手がその申し出を拒絶すれば，お金
は回収され，2人とももらえない．実験の結果，ほとんどの文化では提示額は平等に近く，たいていは
自分：相手が6：4程の差であった（ドゥ・ヴァール2010）．

的な脚」，つまり他者への共感や楽しみ，安心や気持ちよさを軸にして，他者の自発的なモチベーションを確認し，食物分配をおこなっているということをあきらかにしたい．

　食物分配において，ヒトとチンパンジー属の進化的なつながりを考察する上で，黒田はヒトの分配について，「当たり前（分かち合うことが当然）とされながら，当たり前ではない（我欲があり葛藤がある）という二重性」を抱えているのが特徴であり，このバランスのとり方は文化によって異なっていると指摘する（黒田 1999）．つまり，ヒトの社会では，できれば自分（もしくは自分の家族）で食べてしまいたいという欲求があるにも関わらず，食べものを分かち合うことは当たり前とされる．他者の心の状態，目的・意図などを推測する心の機能，心の理論を持つヒトは，食べものを分かち合う際に，与える側がこの欲求を断念し，目の前のあなたと共有したいというモチベーションがあることが，受け取る側に伝わる．

　ヒトは他者と食べものを分かち合うことで楽しいという感情を生み，それを他者と確認し合うことができる．人は他者の心がわかる．しかし直接的な言葉のやりとりだけでは，信頼を見極めるのは難しい．「当たり前であって，当たり前ではない」という分配の持つ二重基準を越え，他者と楽しさを共有することによって，はじめて相互に信頼を置くべき相手であるという確信をえることができるのではないだろうか．そこに社会の維持と分配行為が切り離せない理由があると考える．

　食物分配のやりとりには楽しみがともなう．その場にのぞむ自己と他者の楽しみが“いまここ”で一致するようにしておこなわれる．寺嶋は，その一致の感覚は，身体的不平等をないものとしてスタートさせる「遊び」にもみられると指摘している（寺嶋 2011）．黒田やドゥ・ヴァールは，このように人を分配に駆り立てるもの，分配における「楽しさ」の理由は，進化の過程で獲得されたものとした．

　本章では，普遍的にヒトの社会でおこなわれる食物分配について，南太平洋の離島における特徴的な分配の方法を紹介することによって，平等性が比較的高い小さな共同体の維持と食物分配がどのように関係するのか考えたい．

1 調査地概要

　本章で取り上げる調査地域は，南太平洋に位置するバヌアツ共和国（Republic of Vanuatu）のフツナ（Futuna）島である．バヌアツ共和国は約80の島からなる島嶼国で，フツナ島は，首都ポートビラがあるエファテ（Efate）島から，南南東に約300km，最も近いタナ（Tanna）島からは東に約90km離れた海上に位置している．島は急峻な隆起サンゴ礁からなる台形状で，標高は666m，周囲は約4km，面積は約11km^{2}である（図5-1，5-2）．

　フツナ島には，言語学的な知見からおよそ600〜800年前にトンガ周辺のポリネシアからの移民があったと考えられている（Tryon 1996）．現在でも，サモアやトンガの言語に共通する語彙が多く含まれるフツナ語を使っており，アウトリガーカヌー（vaka）を駆使しておこなう漁撈活動をはじめ，他のポリネシアの島々と共通する文化を持っている．

　焼畑の耕地は，標高400m以下の斜面に作られている．島は急斜面が多いため，そのなかでも比較的平らな場所を選んで耕地が作られている．

図5-1　フツナ島

人びとが居住する土地は，標高30mほどの段丘に位置する．大きく分けて6つの村がある．村と村をつなぐのは細い山道で，崖に阻まれたところどころに階段がかけられている．島内に自動車や馬などの乗り物はなく，移動は徒歩である．村から海浜部に降りるときも，急勾配の細い道を歩くことになる．

　島は，空港があるミッション・ベイ地区，北西のヘラルド・ベイ地区，南東のマタギ地区とおおまかに3つのエリアに分かれる．空港の周辺とヘラルド・ベイ地区は，比較的人が多く住む．各村の人口は，50〜100人ほどで，島全体の人口は535人である（Vanuatu national statistics office census 2009）．

　各村には2〜3人のチーフがおり，チーフを集めた委員会，チーフカウンシル（FFCA；Futuna Fotoriki Chief Council）を中心に島の政治はおこなわれる．チーフは自分の村に聖地であり人びとを集める場所，マラエ（marae）を持っている．マラエは，なにもない草地であったり，村共同の台所（石焼き調理場）があったりと，各村によって形態はさまざまである．このマラエが，饗宴時に食物を分配する場所となる．また，フツナ島のチーフは2つの半族からなり，ひとつはカウィアメタ（kauiameta）という攻撃的な性格を持つチーフとされ，もうひとつはナンプルケ（nampuruke）とい

図5-2　フツナ島地図

う穏やかな性格を持つチーフである（竹川 2008）．各村には，基本的に 2 人のチーフとそのチーフが持つ 2 つのマラエがあることになる．

島の人は，みなすべて村（*mrai*）のいずれかに属することになっている．村は，大きく分けて，イパウ（イラロを含む），タロマラ，イシア，モウガ・イルンガ，イアソア（ナキロアを含む），マタギ（イマラエ，イタヴァイを含む）の 6 つになる．その所属に従って，饗宴時の分配や村別の共同作業などに参加する．所属は基本的には父方から引き継がれる．島では，婚姻後，妻方の村に夫婦で居住する場合も少なくないが，夫婦の所属は夫の所属する村である．

島民はすべてクリスチャンであり，現在，島の生活は教会の行事を中心に営まれている．一方で，キリスト教以前の祖先崇拝やアニミズムについても，キリスト教への信仰と共存する形で生活に残っている．宗派は長老会派（Presbyterian）が多数を占める．各村に長老会派の教会があるが，少数派としてキリスト教の新興宗派AOG（Assemblies of God），SDA（Seventh-Day Adventist），NTM（New Tribes Mission）を信仰するものもいる．AOGの教会はナキロア村にある．NTMの教会はイシア村にあり，ナキロア村のAOGの教会とは頻繁に教会活動を共におこなっている．SDAは一家族が近年信仰を始めた程度で，拠点とする教会建物はまだない．多数派の長老会派に対して，AOGとNTM，SDAは礼拝や行事などをしばしば合同で執りおこなっている．教会運営は各教会で独立しており，他島への教会活動の遠征や勉強会，教会建物の改修に必要な費用を寄付金で集めている．週に 1 回，日曜日の礼拝や，教会行事にともなう饗宴では，地縁や血縁とは別に，信仰する教会のメンバーシップによりおこなわれる．

本章では主に島での食物分配の事例を紹介する．島で実際に人びとのあいだでやりとりされる食物のほとんどが，日々の生業活動で得られるものである．フツナ島の生業は，漁撈と焼畑による農耕である．

カヌーをつかって釣り漁に出るのは男性に限られる．フツナ島をとりまく海流は強く，サンゴ礁が沖に発達していないため，直接外洋に面した島の海は天候の変化を受け波が高くなりやすい．とくに岬周辺は潮が複雑に変化して危険であり，カヌーは高波を避けるために艇の周辺に部品を取り付け一段高くしている．通常よくつかわれるのは，個人で所有している 1 〜 2 人乗り用の小型カヌー（*poruku*）で，集団でおこなう漁のときには，村で所有している 4 〜 5 人乗りの大型カヌー（*vaka sore*）が用いられる．近年では，船外機付き小型ボートによる擬似餌をつかうトローリン

グ漁もおこなわれている．島内では燃料が不足しがちなため，頻繁にはおこなわれないが，サワラやカマスなどの大型回遊魚を数時間で10匹以上釣り上げることがあり，現在では重要な漁法となっている．

　島の西側には深いフツナ海溝があり，島の近海は大型回遊魚が通る好漁場とされている．フツナ島には伝統的に重要視される漁がある．トビウオ漁（tutu）とラマガ漁（ramaga）である．トビウオ漁は季節的に島の周辺に寄ってくるトビウオ（save）の群れを狙って夜間におこなうものである．ココヤシの葉を束ねてつくった松明[2]を用いて船上で明かりをつくり，飛んでくるトビウオを網で獲る漁法である．ラマガ漁は，獲ったトビウオを餌にマグロ，サワラ，カマスなどの大型回遊魚を狙う釣り漁である．トビウオ漁とラマガ漁のとき，男性たちは浜に降りそこで食事や仮眠をとり漁に出る．そして，朝方になってから集落に戻ってくる．ラマガ漁で獲った魚（ramaga ika）は，「男の魚」と呼ばれ特別な扱いを受ける（竹川 2008）．内臓は浜で取り除いてはならず，必ず地面につけないようにして集落まで担いで運び，解体は女性がすることになっている．魚の肉は女性にしか分配されず，男性は食べてはならない魚となっている．男性はトビウオかその他の釣りで得たリーフフィッシュ（サンゴ礁の魚）を食べるべきとされている．

　トビウオ漁とラマガ漁には季節があるが，その他の釣り漁，モリ突き漁は周年おこなわれる．沿岸からおこなう釣り漁も盛んである．釣り漁は男性だけでなく，女性も好んで盛んにおこなう．男性は木を削ってつくった糸巻に釣り糸を巻きつけた道具（uka）を用いるが，女性は細い竹に釣り糸を取り付けてつくった釣竿（koune）を用いる．釣りの餌には，沿岸の浅瀬にいるタコや，あらかじめ夜間に集落の周辺で捕まえておいたオカヤドカリをつかう．大潮のときは絶好の磯歩きの日とされ，老若男女，子どもたちも連れだってそれぞれ獲物を入れる袋を持ち，採集や釣りにいそしむ．タコ，サザエやカニ類，小型の貝類などが採集の対象とされる．

　そのほか，罠漁としてイセエビ漁がある．パンダナスの気根をつかってカゴを編み，ナシシ（najiji）と呼ばれる罠をつくる．これを水深１ｍ程度の沿岸に設置して夜行性のシマイセエビを獲る．ナシシは男性，女性のどちらもつくり，海に設置することができる．島ではイセエビについて禁漁期を設けたり，電灯を用いる夜間の

---

(2)　現在では手製の松明の代わりにコールマンランプをつかうのが一般的であるが，ランプを所持しているものは各村に１人程であるため，漁の最盛期には松明がつかわれることが多くなる．

モリ突き漁を禁止したりして資源の枯渇を防いでいる．

　焼畑耕作の畑（*vere*）は，島の急斜面のうち比較的平面なところを選んでつくられている．畑を1年使用したあとは3〜5年休ませて再びつかうというサイクルである．主な作物は，ヤムイモ（*ufi*），タロイモ（*taro*），クワイズイモ（*naleaji*），キャッサバ（*pioko*），バナナ（*fujitoga*），サツマイモ（*fue*）などである．

　フツナ島の1年の生業活動と収穫される作物を簡単に紹介する．乾季の終わりの9月ごろ，クジラ（*tafora*）が子どもをともなって島の近くあらわれる．クジラが湾の近くでジャンプをすると大きな音が集落まで聞こえる．この音を合図に焼畑づくりが始まる．10月には雨季に入り，パウ（*pau*）の実が収穫される．11月ごろからパンノキ（*kuru*）が実をつけ，タロイモが収穫される．12月，クリスマス時期にはパイナップルやスイカが収穫される．海ではトビウオの群れがイアソア村の沖に移動する．1月はヤムイモの植え付けが始まり，マメ科のタイヘイヨウクルミ（*ifi*）が実をつける．3，4月は焼畑に植物が繁り雨季が終わる．5月はヤムイモの収穫が始まりマンダリンオレンジが実る．6月にはパンノキが実をつけ，トビウオがイパウ村の沿岸に寄り始める．8月はトビウオ漁とラマガ漁が始まる．バナナ，キャッサバ，サツマイモは，季節に関係なく通年収穫することができる．

　調査拠点は，島の西側に位置するナキロア村と北東側に位置するイパウ村である．2007年8月から2008年8月，2009年8月から11月，2010年5月から8月の間，フツナ島にのべ約1年滞在した．滞在中は島の人の家に下宿し，日常的な生業活動に参加しながら調査をおこなった．2008年の調査時には，ナキロア村の人口は45人，イアソア村の人口は55人であった．ナキロア村の成員の家系図を（図5-3），イパウ村の成員の家系図を（図5-4）に示す．ナキロア村で筆者が日常的に食事を共にし，生業活動に参加したのは，世帯AⅠ，AⅡ，BⅠである．筆者は世帯AⅡに下宿しており，島に来た当初はAⅡの家族とほとんどの食事を共にしていたが，1か月程過ぎ生活に慣れてきたころから，年齢が近い女性Acがいる世帯AⅠで食事をともにすることが多かった．イパウ村で滞在したのは，世帯GⅠ・GⅡの家である．2008年の調査時にはイパウ村の人口は大人63人，子ども36人，合計24世帯99人であった．

　フツナ島では，島内の全員に行き渡るような大規模な分配から，日常的に個人間で発生する小さな分配まで，さまざまな形態の食物分配が見られる．これらを開催の場ごとに，1）饗宴における分配，2）共同作業における分配，3）生業（日常）における分配の3つに分けて記述し，それぞれの場の分配にどのような特徴がある

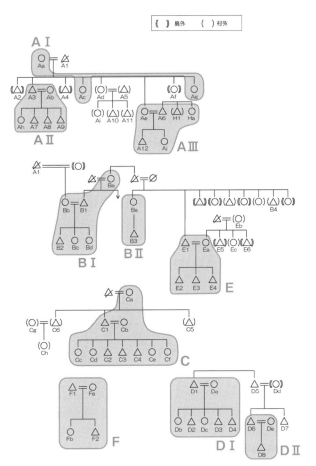

図5-3　フツナ島ナキロア村

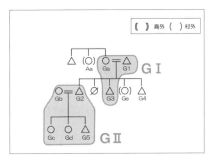

図5-4　フツナ島イパウ村

か示したい.

2　饗宴における分配

　饗宴（*kai*）は，人が集まり，演説や儀礼のあと，調理した食物を分かち合い食事を共にすることを指す．カイとはフツナ語で食物そのものを指す言葉でもある.

　2007年9月11日から2008年1月24日，3月4日から7月31日の期間に実際に筆者が参加し観察した饗宴は10回あった（表5-1）．島ではおよそ1年間に10回前後の饗宴がおこなわれていると考えられる．表には，各饗宴の規模をあらわした．「全体」と表記したものは，島の人口全体に食物が行き渡る規模の分配がおこなわれたことを示す．「村」はその村の成員全てに行き渡る規模を示す．「チーフ」は，各村のチーフや教会の牧師が集まったことを示す.

　饗宴では主催する村の人たちが中心となり，当日分配する食物を準備する．島全体の人口500人分以上の食物の準備は大がかりである．調理に必要な薪や食材は1～2週間かけて集められるが，これらの調達の計画は，饗宴の規模に合わせて，ときには1年以上前から立てられる．食物のほとんどは主催する村が用意するが，客となる村の人たちも饗宴当日に合わせて，調理した食物をココヤシの葉のバスケット（*porapora*）に入れて持って来ることがある．とくに葬儀はいつ起きるか予測できない

表5-1　フツナ島における饗宴（2007～2008年）

行事	日時	場所	規模
葬儀	2007/10/14	タロマラ	全体
アウトリーチ帰還	2007/12/17	イパウ	全体
クリスマス	2007/12/25	イシア	全体
葬儀	2008/1/2	モウガ	全体
結婚式（2組）	2008/1/9	イシア	全体
結婚式	2008/1/16	イパウ	全体
葬儀	2008/5/9	イシア	全体
収穫祭（ヤムの儀礼）	2008/5/12	イアソア	村
機材の祈祷	2008/6/5	ナキロア	チーフ
結婚式	2008/6/27	イマラエ	全体
パソコンの祈祷	2008/7/20	イシア	全体

ため，隣村の人たちが食材の提供や調理作業を手伝いホストの村に協力する．

　饗宴でふるまわれる料理のほとんどは，石焼き調理（*putoi*）によってつくられたものである．石焼き調理はポリネシアやメラネシアの全域で見られる伝統的な調理方法である（野嶋 1994）．1時間以上かけて薪を燃やし，石を十分に熱しその場をオーブン（地炉）とする．このとき焼け石は摂氏1000度に達する．薪が燃え尽き石が熱くなったら，木製の大きなトング状の道具（*ikofi*）で石をつかんで動かし，葉で包んだ食材を中心に置く．焼いた石を食材の上にも置き全体を覆う．2～3時間置くとできあがる．焼け石から出る輻射熱によって食材に火を通すという調理方法で，一度に大量の調理をおこなうことができるという利点がある．饗宴のために料理を準備するときは，前日の夜までに食材を石のオーブンに入れ終えて一晩置き，当日の朝取り出すのが一般的である．

　フツナ島では饗宴のために，マグロなどの大型回遊魚や家畜のブタ（*pakasi*），各種イモ類やバナナをすりおろして葉に包んだものを石焼きで調理する．このイモやバナナをすりおろしてから熱を通した料理は，できあがりが座布団状のケーキのようである．フツナ語でプリ（*puri*），ビスラマ語ではラプラプ（*laplap*（*Bis.*））と呼ばれる．これも饗宴を象徴する料理である．プリはできあがると一辺20cm程度の正方形に手早く切り分けられる．ココナツミルクのほのかな香りとうすい塩味で，食感はモチモチしている．いずれの石焼き調理も準備するのに半日以上かかる．人びとにとってこれらの料理は手間をかけたごちそうである．とくに島の生活においてブタを食べる機会は，ほぼ饗宴に限定される．日頃，動物性タンパク質はほとんど魚から摂取しているため，ブタ肉の味は特別であると人びとは話す．クリスマスなど大規模な饗宴の際には，石焼き調理されたブタの背脂の塊が分配される．肉の部分とは違い，背脂はその場で直接食べるものではなく，もっぱら持ち帰ってラードを取るためのおみやげであった．

　石焼き調理の他，饗宴のときに特徴的な料理は，直径50cm以上の大鍋で煮込んでつくるスープである．饗宴の規模に合わせて複数の鍋が用意される．食材はトビウオやボラ，その他の魚，ブタやニワトリがつかわれる．味付けは塩かココナツミルクのみのシンプルなものである．風味づけにネギ（*onioni*）や，バジルに似たシソ科の香草モレ（*more*）が入ることもある．大量の食材を煮込むことによって醸し出されるスープの味は饗宴のときならではのものであると人びとはいう．スープの具は，スープができあがったら取り出して別によけておく．具が魚の身の場合は，あらかじ

め分配しやすいようにパンダナスの葉 (*rou fara*) でつくった細い紐で煮崩れないように縛っておく。具の部分は分配の対象となるが、スープは分配後に食事が始まると鍋ごと中央に置かれ誰でも自由にすくって取ってよいことになる。

饗宴の調理と分配は村のマラエでおこなわれる。饗宴の当日、演説や祈祷などの儀礼が終わったあと、マラエの中央にココヤシの葉で編んだマットが敷かれ、用意された料理の数々が並べられる。このとき、ホスト側の人たちは急がず、ゆっくりとした動作で食物を運び並べていく。すべての食物を並べ終わるのには時間がかかるため、食物にハエが留まらないよう子どもたちに細長い葉を持たせてハエを追わせることもある。他の人たちは、周辺で談笑しながらのんびりと過ごす。

分配方法は、現在では2通りある。ひとつは伝統的におこなってきた方法だが、もうひとつは近年おこなわれるようになった方法であるという。どちらの分配も、ラウ (*rau*) と呼ばれる食物の山を少しずつ段階的に分配していくことを基本としている。ラウは食物を山積みにした一山のことを指すが、フツナ語で分け前や分配そのものも意味する。

まず一か所に集められた食物を7つの山に分ける。これは、島を大きく分けたときの6つの村、イパウ村、タロマラ村、イシア村、モウガ村、イアソア村（ナキロア村を含む）、マタギ村（イマラエ村とイタヴァイ村）と、島外からの客のグループがいた場合に1を足した数である。それから分けた村ごとの山を、2つに分ける。これは2つの半族、カウィアメタとナンプルケとに分けるためである。そのあと、それぞれの半族の中で世帯別に分け、世帯の中で1人ずつに分けて終了となる（図5-5）。この伝統的なやりかたに対して、新しいやりかたでは、村ごとの山に分けたあと、そこから一人分の妥当な量を決めて分けるというやりかたである。これは、クリスマスやクリスマスの直後におこなわれた結婚式などで見られた分配方法である（図5-6）。新しいやり方は、島外からの参加者の数が多い饗宴の場で選択されていた。

[事例1] 学校に初めてパソコンが来た

　　フツナ島のイシア小中学校に政府からパソコンが3台贈られた。そのことを記念し、教会の牧師たちが新しいパソコンに祈祷を捧げるための饗宴が開かれた。これは日本でおこなう「お祓い」に似ている。対象物に悪い精霊がいた場合、牧師が手をかざし神への祈りを口にすることで追い出すことができると説明される。

図5-5　村の広場(マラエ)に並べられた饗宴の食べもの

図5-6　クリスマスの食べものを分配する

午前10時ごろ，小学校の校庭に特設された場所で演説が始まった．5人が話し終えたところで11時半になっていた．演説の内容は，主に小学校が現在の場所にできるまでの経緯であった．だれが小学校の土地を提供したか，またそのときどのような反対や問題があったかなどが語られていた．

　最後の演説が終わったところで，ココヤシの葉でつくったマットが敷かれ料理が運び込まれだした．14時ごろ料理はほぼ出そろい，まず7つの山に分けられた．子どもたちが山の横に立ってハエを追い払う係をする（図5-7）．14時半には，1つの山が2つ（ナンムルケとカウィアメタ）に分けられ，さらに半族の中での分配が始まっている．主に作業をおこなうのはチーフであるが，同じ村の男性や女性4〜5人が手伝う（図5-8）．15時ごろにはようやく世帯ごとの分配の山ができあがる．実際に分配が終わり食べることができたのは15時25分だった．

　分配が終わるのを待っている間，人びとは周りにいて先ほど聞いた演説の内容や学校の先生についての噂話などをしている．料理を持ち帰るためのココヤシ葉のバスケットをつくりながらおしゃべりに興じている人も多い．分配が終わると，人が集まってきて自分の世帯の分を受け取る．この日は演説後から実際に食物が口に入るまで，ほぼ4時間かかったことになる．食事が終わって，16時5分ごろ，パソコンを設置したトタン屋根の教室にて，3人の牧師がパソコンに手をかざし15分程の祈祷をおこなった（図5-9）．

　分配にかける時間の方が，演説や儀礼をおこなう時間よりも長い．また，7つの山をつくり，次に分ける作業を始めるまでには，なにもしない空白の時間がある．しばらく準備した大量の料理を置いたままになる．山をつくるとき，食物を分けるときの動作は急ぐことはなく，ゆったりとしている．

　饗宴の分配について島の人から話を聞いていると，この伝統的な分配方法は時間がかかるから大変だという意見が多い．このような意見は首都ポートビラでおこなわれる結婚式などでの食事と比較して語られる．筆者もポートビラに滞在中，多いときは月に1〜2度の頻度で，週末におこなわれる結婚式に誘われて行った．主催者が石焼き調理をメインとした大量の料理を準備して参加者をもてなすという形式は，フツナ島とも同じだが，食事は分配ではなく，セルフサービスによるバイキング形式であった．参加者は新郎新婦へのプレゼントを手渡して祝福を述べたあと，皿とフォークを渡され，自分で料理をよそって食べる．さまざまな離島出身者が集ま

図5-7　7つのラウに分けられた食物

図5-8　一家族分ずつの
ラウに分ける

図5-9　学校の新しいパソコンの
祈祷をおこなう

る首都では，現在はこの形式が一般化しているようだった．このような街の饗宴を経験したことがあるものは，島の饗宴は分配にとても時間がかかるところがデメリットだという感想を話した．一方で，伝統的な分配方法は時間がかかるものだが，イパウ村の男性Ｇ１は「この徹底した山による分配（シェアリング *serem* (Bis.)）こそがフツナ島のよい文化を象徴していると思う」と話していた．Ｇ１から話を聞いたのは2008年で，当時バヌアツ政府の首相はフツナ島出身のニパケ・ナタペイであった．ナタペイ政権が掲げる「平等な富の分配」は，彼が島の文化を知っているからであるとＧ１は説明していた．同様の話をポートビラに住むフツナ島出身者Ａ２もしていた．時間をかけた分配は，平等を表現することと結びつけて考えられていた．

　島ではどの饗宴でも，食物が運ばれ並び始めてから，ひとりひとりに行き渡り，食事が始まるまでに２〜４時間はかかる．筆者も饗宴に参加しているとき，実際に分配が終わるのを待っている時間はとても長く感じ，しばしば空腹を我慢しなければならなかった．

　島の人たちは待つことに慣れているのかとも思っていたが，教会の寄付金を集めるためのバザー（*found rasing* (Bis.)）で，１食分50バツ[3]程度の食物が売られるときは，小銭を持った人が売り場に殺到して30分程ですぐに完売してしまうのを目の当たりにし，みんな食事を前にして待つときに空腹であるのだと知った．

　以上，饗宴における分配の特徴は時間がかかるという点があげられる．ていねいに食物を分けて山をつくることによって，「私とあなたは同じである」という平等を表現しているといえる．しかし，分配内容が均等・均質であるかという点に着目すると，最終的に手に渡る１人分が必ずしも正確に均等・均質になっているわけではない．理由は料理の種類が多岐にわたるからというだけではなく，村から半族，そして世帯まで同じ山に分けられた場合，人数の多い世帯は少ない世帯に比べて１人分のおかずの量がやや少なくなるからだ．おおざっぱではあるが，世帯の山はどれも同じ大きさである．山による分配は，必ずしも数値化して表現されるような均等・均質な分配をおこなおうとはしていないことがわかる．それを目指すのであれば，始めから１人分を定めて分けてしまう方が均等・均質に近づく．このことから，饗宴における分配は平等を表現しようとしながらも，分配された量がまったく同じであるようにしようとはしていないことがわかる．

3　共同作業における分配

　共同作業とは，個人や一世帯ではおこなえないような人手を要する作業があるとき，協力を呼びかけて人数を集めて作業することを指す．たとえば，家屋の屋根の葺き替え，数年休ませた焼畑のジャングルとなった雑木を切り払うこと，農作物の植え付けなどである．子どもたちはたいてい10代後半からは生業活動に関わることや生活に必要なことは一通りできるようになっている．フツナ島では性別による分業が顕著なのは，外洋に出る漁撈活動は男性がおこなうことぐらいで，調理をはじめとする家事，育児，焼畑耕作については，男女はほぼ同様に活動をおこなっている．

　共同作業に不可欠なのが，作業を呼びかけた主催者が用意する食物である．作業への参加者は，自分の身体と山刀（長さ約50cmの大型ナイフ）（*majira*）さえ持って行けばよいといわれる．参加者が熱心に作業をおこなっている間，主催者はその作業には加わらず，別の場所で参加者たちにふるまう食事の準備に専念していることがほとんどである．共同作業における食物の分配は，提供された「作業（*fijikau*）」への「食物（*kai*）」の返礼となっている．このことからは社会の基本ともいえる互酬性が成り立っているといえるが，実際の事例を細かく観察すると，ただ作業と食物の交換，直接的な返礼とならないように，むしろ人びとがさまざまな工夫をしていることがわかった．

　共同作業を呼びかける相手は，必要な人数や都合に合わせて，血縁，地縁，教会といった関係から選ばれる（表5-2）．ここに挙げた3つの関係は完全に独立している

表5-2　筆者が参加した主な共同作業（2007～2008年）

作業の内容	日時	場所	主催者	集まりの種類
石焼き調理	2007/9/10	ナキロア	A3	地縁（イアソア）
焼畑耕作植え付け	2007/10/25	モウガ	O1	教会（NTM, AOG）
焼畑耕作草取り	2007/11/17	タヴァイ	C1	血縁，地縁（タロマラ）
パンダナスの葉の収穫	2007/11/22	チナロア	Pa	地縁（イアソア）
焼畑耕作草取り	2008/1/21	イアソア	B1	教会（AOG），地縁（ナキロア）
ココヤシの葉の収穫	2008/4/11	タロマラ	C1	教会（AOG），血縁
屋根づくり	2008/4/18	ナキロア	C1	教会（AOG），血縁
教会建築工事	2008/4/23	イアソア	イアソア村	血縁，地縁（イアソア，モウガ，タルマラ，イシア，マタギ）

わけではないため，ところどころメンバーは重なり合っている．とくに血縁と地縁は重なるところが大きい．クリスチャンとして教会活動に熱心な島の人たちは同じ教会の所属メンバーとの関係は親密であり，共同作業を手伝うグループとなる．

　作業の内容や親しさなどによって呼びかける相手は選ばれており，たとえば，数時間程度の畑の草取りであれば近所の友人2〜3人を誘い，1日おこなうパンダナスの葉の収穫であれば10人程度を誘うが，力仕事ではないので女性を中心とした地縁のグループに声をかけるという具合である．作業に来てくれた人のために主催者が用意する食事は，作業の合間か終了後に昼食か夕食として供される．食事は1人ずつに手渡されるが，分配方法は饗宴のときと同様に，一度目の前で均等に参加者の数の山をつくって分け，それから配る．作業を提供した人に返礼として食事が差し出される．その場面では，受け取る方は「当然」という態度は決して見せず，うやうやしく受け取っている．

　　［事例2］イアソア村の教会建設作業——梁を設置する（2008年4月23日）
　9時，作業に参加する約10人がイアソア村に集まってきた．来たのは主に20〜30代の男性である．建設中の新しい教会は，すでにセメントの床とコンクリートブロックをつかった壁部分はできている．この日参加者に手伝ってもらうのは，屋根の梁（木材）を設置することである．梁を設置する場所は，地上から6m程の高さである．竹でつくられた高所作業用のやぐらは，前日までに現場監督のA3によって組まれていた．A3はこの作業について「フツナ島のこれまでのなかでも一番大きな教会で，持ち上げる梁はとても大きく重たいから，男が20人いないと運べないだろう．街にはトラックがあるからいいが，島は人の手しかないから大変だ」といっていた．

　20人の男性がそろい，10時13分から屋根の中心となる梁を引き上げる作業が始まった．やぐらに立つ人，壁の上に立つ人，梁を地上から支える人，梁を滑車によって引き上げる人，角材をつかって梁を押し上げる人などにわかれる．20人がいっせいに力を合わせて，太く重たい梁を移動させる．掛け声とともに梁をてっぺんに向けて押し上げた．梁が地面に落下したり，高所に登っている人があやまって落ちたりしては危ないので，声を掛け合いながら作業は慎重におこなわれる．イアソア村の女性や子どもたちが離れたところから，「ゆっくり！（*fariki mana*）」と声をかけながら緊張して作業を見守った．

10時47分，梁を設置すべき屋根の一番高い位置に移動させることができたが，まだ梁の向きを変えたり，固定したりする作業が続く．梁を押し上げるのに疲れた人は休憩を取る．筆者は台所で昼食をつくる女性たちを手伝う．

　13時6分，女性たちが参加者のための昼食を運んできて並べ始める．食物を並べる場所は，トタンで屋根を葺いた簡易教会である．食事はイアソア村の人たちが前日から準備してつくったものであり，石焼き調理でつくったキャッサバ料理プリ，男性たちが前日の夕方にモリ突き漁で獲った魚であるハギ類（umeume）のスープ，キャッサバをすりおろして葉に包んで茹でたチマキ状の料理ナトゥパ，バナナのナトゥパ，キャッサバを食用ハイビスカスで包んだ料理ポノバイ（ponovai pioko），炊いた米であった．1人分（1皿）が同じになるように料理が分けられる（図5-10）．魚の肉はスープから取り出されて，皿に均等に盛り付けられる．魚の切り身は分配することを見越して，煮崩れしないようにあらかじめ紐でしばってある．

　13時24分，モウガグループ（モウガ，イシア，タルマラ村），マタギグループ（イタヴァイ，イマラエ村），イアソアグループの順に，1人ずつ名前を呼ばれたら食

図5-10　共同作業の分配をするB1

事を受け取りに行く．男性たちは食物が運ばれ始めてからすでに30分ほど待っていたのだが，名前を呼ばれても機敏に動かず，ゆっくりのろのろと受け取りに行く．食事の入った皿が手渡され，もらった人から食べ始める．筆者を含め，ほかの人たちも食事を受けとる．子どもたちも父親か母親と一緒に食べる．

13時41分，現場監督であるＡ３が今日おこなった作業と今後のスケジュールについて説明を始め，みなは食事をしながらそれを聞いている．14時過ぎに解散して今日の作業は終了した．

イアソア村の新しい教会は，2008年のクリスマスに落成式をするべく１年以上工事をおこなっていた．島の一般的な家屋は島で手に入る植物素材で作られているが，この教会はセメント，コンクリートブロック，木材（角材），金属製の部品などの建築資材を首都から運んでつくっていた．完成すると島で一番大きな建築物となるという．日頃の作業は土木建築の技術を首都のカレッジで学んだＡ３が中心となり，イアソア村の男性たちと作業をすすめていたが，人手が欲しいときは近隣の村に協力を求めて助けてもらう．イアソア村の人たちは作業への参加者のために昼食を前日から準備して用意した．スープにした魚は前日にイアソア村の男性たちがモリ突き漁をして獲ったものだ．料理の分配は30分かけてていねいにおこなわれていた．スープの具である魚の肉は，一度鍋から取り出されて，１人ずつ肉が均等になるように分けられる．そのあいだ，作業に参加していた男性たちは，昼食会場の周りに集まってきて談笑しながら待っていた．饗宴のときと同様に，分配は台所など奥まった場所でおこなわれるのではなく，人びとの目に見える場所でおこなわれる．しかしながら，集まっている人たちがわざわざ分配の様子に見入ることはなく，遠巻きにして談笑に夢中になっている．配られるまでは，食物をあまり見ないようにしているようである．

参加者たちは，１人ずつ名前を呼ばれると，ゆっくりと受け取りに行く．礼を述べながらうやうやしく皿を受け取っていた．

１人分として渡される食事は，ふつうの１食分にしては多い量である．食物は昼食として供されるが，家に帰ってからも食べられるように手みやげ分も含まれている．そのため皿に盛られたスープや米飯など持ち帰りにくいものを先に食べ，石焼き調理のプリやチマキ状に茹でたキャッサバやバナナなど，葉で個装された食物を残して家に持ち帰る人が多い．

［事例 3 ］ キャッサバの植え付けを手伝う（2007年10月25日）

　 9 時ナキロア村にて，家を出ようとするＢ 1 ，Ｂｂの夫妻に会った．今から山の上の方の畑（*vere*）に行くというので，一緒に行くことになった．「今日はモウガ村の上にあるＯ 1 の畑を手伝いに行くよ」とＢ 1 がいう．

　10時27分，Ｂ 1 夫妻の長男Ｂ 2 （10歳）の畑という場所に到着した．そこでいくつかのパパイヤ（*esi*）とネギの束とキャッサバの茎を収穫する．両手で一抱え程の量のキャッサバの茎を刈り取った．キャッサバの茎はこれから行くＯ 1 の畑の植え付け用のものである．Ｂ 1 によるとこのキャッサバはライス・マニオクと呼ばれる品種で，島では人気があるのだという．イモが太くなり過ぎず，米を調理するように早く煮上がるのが名前の由来である．収穫したものを 3 人で手分けして持ち，Ｏ 1 の畑に向かって歩いている途中，モウガ村の女性Ｑａ（70代）に会った．Ｑａは自分の畑の手入れに来ており休憩をしているところだった．Ｂ 1 は持っていたネギの束をひとつかみＱａに渡した．

　10時47分，Ｏ 1 の畑に着いた．すでに畑には，Ｏ 1 （60代），妻のＯａ（50代），Ｒ 1 （60代），Ｒ 1 の長男Ｒ 2 （30代），次男Ｒ 3 （20代），三男Ｒ 4 （20代），Ｂ 1 の甥Ｂ 3 （20代），Ｒ 3 の妻Ｒｃ（20代）の 8 人がいた．それに，Ｂ 1 ，Ｂｂ，筆者の 3 人が加わり，全員で11人になった．まず取りかかったのは，30cm程掘って土を柔らかくし，雑草を取る作業であった．

　12時27分，作業を中断して昼食の時間にする．人びとは木陰に入ってくつろぐ．Ｏ 1 から，炊いた米をひと塊ずつ葉に包んだもの（約1.5合），キャッサバをチマキ状に茹でた料理ナトゥパ，ツナ缶が 1 人に 1 つずつ配られる．それに，Ｂ 1 が来るときに畑から取ってきたネギとパパイヤを切ってみんなに配った．ネギは生のまま齧る薬味として島では人気がある．昼食後，食べきれなかった食物は，各自で手近な葉を取ってきて包み直し，持って帰るようにする．食物の包みはアリにたかられないよう枝に吊るしていた．

　13時に作業を再開する．土を掘って柔らかくしたところを直径 5 cmの円形に盛り上げる．それがパッチ状に隙間なく畑全体につくられる．土を盛り上げたひとつの山に，正方形になるように 4 本のキャッサバの茎を刺し，中央に 3 粒のトウモロコシの種を植える．この植えかたはＢ 1 が今回提案した新しいやりかたで，試しにやってみるのだという．15時にはすべての植え付けが終わり解散した．筆者は再びＢ 1 ，Ｂｂ夫妻とともにナキロア村に帰った．

O1が畑作業に誘ったのは同じ教会の仲間であった．O1夫妻はNTM教会，R家とB1夫妻はAOG教会である．長老派教会に対して少数派のNTMとAOGは合同で教会活動をおこなう関係である．O1とR1は年齢も近く親しくしている．O1夫妻は60〜70代と高齢で，2人だけで植え付け作業をおこなうのは難しい．夫妻の近隣に娘夫婦が住んでいるが，今回娘は来ていなかった．O家はイシア村，R家はモウガ村，B家はナキロア村とそれぞれの家は離れているが，畑の作業に誘うことによって1日一緒に時間を過ごした．またB1は島では評判の畑作りの名人である．今回B1は新しい品種のキャッサバの茎を持参し，植え方も工夫していた．またR1の息子たちが3人来て手伝ってくれたことをO1はよろこんでいた．

　O1夫妻が準備した食事は，炊いた米とツナ缶だった．米もツナ缶も輸入品である．これらは都市部では一般的に安価な食料として食べられているが，フツナ島のような離島では日常の食卓にはあがることはめずらしい．しかしO1は自宅に商店を併設しており，石鹸や乾電池，釣り針などの日用品や，米，砂糖，缶詰などの食糧を扱っている．O1は参加者にふるまう食物として，商店で取り扱う米とツナ缶を選んだのだ．島では人に食物をふるまうときに，ツナ缶をごちそうとしてスープにつかうことはあるが，今回のO1のように，1人に1缶ずつ配ることはない．ツナ缶と炊いた米を用意したのは商店を経営するO1ならではのふるまいといえる．

　R3の妻Rcは臨月だったので，軽い運動程度に畑を歩くが，みなが作業中は木陰で休んでいることが多かった．一方作業ではR1の息子たちとB1，B1の甥のB3がとくに動いていたが，昼食のときの分配は彼らを優先させるようなことはなく，畑にいる人の人数で均等に食物の山をつくって分けた．朝，偶然B1夫妻に誘われたので参加していた筆者にも，同じように1人前が分配された．共同作業の分配においても，饗宴の分配と同じく，その場にいる人全員が参加者として同じ量を示す山をつくって分配される．主催者が用意する食事は，作業に来てくれたことに対する返礼ではあるが，働いた時間の長さや成果への評価を，分配量で表わそうとはしていない．

　［事例2］や［事例3］では，主催者が参加者のために食事を準備していることを紹介した．［事例2］では前日にモリ突き漁をしてスープをつくるための魚を準備したり，［事例3］では島では食べる頻度の少ない輸入食料を提供したりしていた．いずれも日常ではない，工夫したごちそうを準備することにより，作業の参加者によろこんでもらいたいという意図が感じられた．次の事例もそのひとつである．

［事例4］B1の畑の草取り（2008年1月21日）

　ナキロア村のB1に呼びかけられ，AcとEcと筆者の女性3人でB1の畑の草取りに出かけた．たどり着いたB1の畑には，半分はスイカ，半分はタロイモが植えられていた．4人でおこなった炎天下の草取り作業は2時間程で終わった．B1は，畑から大きなスイカを4つ選んで切ってくれた．AcもEcも一口食べては「甘くない！」と遠慮なしにいう．B1も「甘くないのは捨てて次を食べろ」という．スイカは収穫時期が少し遅れてしまったようだ．彼女たちは「結局甘くておいしかったのは1つだけだった」などと辛口の評価をいい合いながらも，スイカで満腹になった．B1はみやげ用にスイカをAcとEc，筆者に1つずつ持たせた．帰り道，別れるときにB1が「今日はありがとう」と感謝を述べた．

　日頃B家はナキロア村に住んでいるが，このときは約3週間前にB1の母が亡くなったため，葬儀を彼らの出身村であるモウガ村でおこない，そのままモウガの家で喪に服していた．B1，Bb夫妻は仲がよく，畑仕事にはたいてい2人で出かけるが，この日は葬儀に関する連日の調理作業で妻が疲れ切っているということで，B1は妻Bbを家に残し，1人でナキロア村に来て，隣に住んでいるAcらを畑の草取りに誘ったのだった．畑づくりの名人といわれるB1は，イアソア村の郊外にある自分のタロイモ畑の草取りのことがずっと気になっていたようだ．

　B1はAcらが作業を手伝ってくれたことに対してスイカをふるまい，感謝を述べた．ちょうど12月に旬をむかえるスイカは，人々にとってクリスマスを象徴する甘くておいしい果物である．B1はスイカの大盤振る舞いをしてくれた．Acらはスイカの辛口評価をしているものの，B1の心意気にうれしそうであった．

　このように共同作業における分配では，主催者はただ昼食や夕食としての食物を用意するのではなく，相手がよろこびそうなものを工夫して準備しようとしていることがわかる．相手が喜びそうな食物の演出は多岐にわたる．次の事例は，子どもたちを集めて作業をおこなったときのことである．相手は子どもたちであるが，かれらがよろこびそうな食物が用意されており，大人との共同作業とまったく同じように分配をおこなっていた．

［事例5］子どもたちの好きなもの（2008年4月26日）

　ナキロア村にてA3は新しい家をつくっていた．アナイチュム島で中学校の教師をしている弟のA2が，来年はフツナ島の学校に赴任するというので，A2の家を自分の家の隣につくり始めたのだった．A2の希望で，家屋の形はフツナ島の伝統的なものであるが，A3は地面にはコンクリートをうつことにした．

　この日の作業は，海岸からあらかじめ運んでおいた白い砂とセメントに水を混ぜてコンクリートをつくり，木枠を取り付けた箇所に流し込んでコテでならすというものであった．A3はその日，子どもたちを中心に手伝ってもらうことにした．作業に参加したのは，A3の妹Ag（16歳），長女Ah（5歳），近所に住むCe（5歳），Ec（30代）と筆者で，みな女性である．作業内容は，砂とセメントを混ぜ続けコンクリートをつくることである．交替で砂を運んだり，木の棒でコンクリートをかき混ぜたりした．これらは力仕事であるが，AhやCeは楽しそうに砂を運んでいた．子どもたちは働きもので，バケツリレーのチームワークもよい．セメントの入った袋など重たいものを持ち上げる場面では，年長のAgとEcが活躍した．A3は作業を指示しながら，コンクリートが固まる前にコテをつかって水平にならした．作業は午前中の約2時間をつかっておこなわれた．

　午後，A3は前日畑から採ってきていたトウモロコシを大鍋で茹で始めた．茹であがったところに風味づけにココナツミルクを入れ再び火をかける．トウモロコシとココナツミルクの甘い匂いがただよう．これを作業を手伝ってくれたみんなにふるまった．島ではトウモロコシは主食のイモ類のようにたくさん栽培されていないが，甘味があるので間食としてとても人気がある．子どもたちはA3のトウモロコシにとてもよろこんだ．

　A3は，子どもたちに対しても大人にするのと同じように食物を用意してふるまった．筆者はA3に，「今日は子どものチームだね」というと，「子どもの方が大人より頼みやすいし，しかも働きものだからいいんだ」という．大人に作業を頼むときは，だれを誘うかなど気をつかうこともあるようだ．A3は返礼としてトウモロコシという子どもたちの歓声が上がるものを選んで用意していた．

次はさらに食物の準備に「よろこび」だけでなく「おもしろさ」を演出しようと
した事例である．

[事例6] 一晩中ブッシュを歩いて獲ったカニ（2007年11月22日）
　11月21日の20時ごろ，「明日はイアソア村の女性Pa（60代）のための作業があ
るから，今からチナロアに行こう」とAcに誘われ一緒に出発する．チナロアは
ナキロア村から歩いて45分程のところにある海岸である．イシア村のOb（30
代）も一緒に行く．道は暗いので，乾燥したココヤシの葉を束ねてつくった松
明に火をつけて歩く．
　チナロアに着くと，Paと夫のP1（60代），Pa夫妻の次男A5（20代），Eb（70
代）[4]がいた．A5がココヤシの葉を切って数本持ってきたので，それをつかっ
て女性たちは寝床用のマットを編み始めた．チナロアの海岸には崖が風雨によ
って削られてできた窪みがあるので，みなそこに集まって寝る．窪みの下は雨
が降っても濡れないようになっている．
　翌朝5時ごろにみな起床し，6時に作業する場所に移動する．Paのための作
業とは，パンダナスの葉を刈り取ることであった．パンダナスの葉は，女性た
ちがバスケットやマットなどの日用品をつくる材料である．フツナ島では白っ
ぽく乾いた葉を集めて集落まで持ち帰り，葉のふちにあるトゲと葉脈を切り取
ってから保存する．海に近いPaの斜面の土地にはパンダナスばかりがぎっしり
と生えていた．女性たちによると，海風を受けて育つパンダナスの葉は，長く
丈夫で色も白く質がよいものであるという．
　7時にA5とP1がみなが作業をしている場にあらわれた．2人は焼いて真っ
赤になったトゥパ（tupa）と呼ばれるカニと，同じく焼いて調理したバナナを袋
（30kg用の米袋）に詰めて持ってきた．トゥパは1匹が大人の拳ぐらいの大きさ
である．Acが手伝って，運ばれてきた大量のトゥパの胴体とハサミ，足をバラ
バラに解体する．そして9つの山をつくって同じ量ずつ分け始めた．できるだ
け均等になるように，ハサミや胴体を分けているようだ．最後にバラバラにな
っている足も分けた（図5-11）．バナナも同様に分けられた．バナナは朝食には

---

(4)　Ebはイアソア村の人で，ナキロア村に滞在することもあるが，普段はイパウ村の親戚の家に住ん
　　でいる．このときはナキロア村のAaの家に滞在していた．

図5-11　バラバラにされて分配されるカニ

図5-12　オオハマボウ(burao)の大きな葉にのせて分配された
1人分のカニとバナナ

多すぎる量であり，昼食の分も兼ねたものだった．そのとき参加者の人数は全員で7人であったが，あとから合流する予定の女性2人の分を足して，9つに分けていた（図5-12）．

　参加者たちはA5が袋から焼いたトゥパをどんどん取り出すのを見て驚いていた．トゥパは陸生のカニで夜行性である．これだけの量のトゥパを獲ってきたということは，A5とP1は一晩中松明を持ってブッシュの中を歩き回っていたということがわかるからだ．トゥパは見た目の割に食べる肉の部分が少ないため，薄暗くなってきた夕方，畑の帰り道などで見つけたら獲って帰ろうという，間食のような食物である．

　女性たちは「A5もP1も夜な夜な歩き過ぎよ！」と笑う．みんなこれを話題にしながらおしゃべりを続け，朝食としてトゥパとバナナを食べた．朝食後，パンダナスの葉をとっては束にする作業を続ける．その作業は15時30分までおこなわれた．昼食休みは各自適当に朝食の残りを食べていた．15時40分ごろ，P1が茹でたてのキャッサバをイアソア村から運んできた．また朝と同じように山をつくって分ける．そうしていると再びP1の袋からトゥパが取り出され，ま

た目の前で分けられ始めた．女性たちは「まだあったの！」と驚いている．作業は終了となり，みんなで分けられたキャッサバとトゥパを食べる．「このキャッサバおいしいけど，なんていうキャッサバ？」とたずねる女性に対して，「ちょっと前にタナ島から持って帰ってきて育ててみた新しい品種のキャッサバだよ」とP1が答えた．

　食事を終えたあとは，束にしたパンダナスの葉をみな背負ってイアソア村まで運んだ．女性たちは大きな束を背中に担ぐため，後ろから見ると葉の束が歩いているように見える．ときどき休憩をとりながら帰るなか，「今日は一日中トゥパを食べ続けた変わった日だった！」と笑って語り合っていた．

　［事例5］〜［事例6］では，主催者が用意する食物について，作業の参加者に驚きや楽しみを感じさせるように工夫していることがわかる．共同作業の主催者にとって，用意する食物の演出は，工夫のしどころであるといえる．P1はカニだけでなく，キャッサバに関しても珍しい品種を用意して話題を提供していた．とくに共同作業中はおしゃべりをしながら手を動かすという状況が多いので，このような話題提供は作業を楽しくするために重要である．その日の参加者がよろこんだりおもしろがったりしてくれそうなものを主催者は準備している．

　しかし，次の事例は，主催者が「驚かせてよろこばせよう」と用意する食物に関して，少しやりすぎてしまった例である．

　［事例7］イアソア村の若者がつくったごちそう（2008年4月28日）

　［事例2］で紹介したとおり，当時はイアソア村では教会工事の作業が連日おこなわれていた．この日も，ナキロア村からA3が来て，イアソア村の男性たちに指示をしながら作業を進めていた．女性たちはトタン屋根の仮設の教会に集まって，ココヤシの葉のマットを編んでいた．

　両方の作業を見ていた筆者に，N2（20代）とS1（20代）の2人から今から食事の準備をするから一緒にやろうと声がかかった．今日は2人が参加者にふるまう料理を担当しており，石焼き調理をおこなうという．材料を見に来いというので呼ぶ方に行くと，石の上に8匹のオオコウモリ（*peka*）が転がっていた．オオコウモリについては，それまで子どもが遊びで獲って間食として食べているのは見たことがあったが，たくさんの量を石焼調理しようとしているところ

図5-13　オオコウモリを料理する

は初めて見た．2人が昨夜パチンコ猟で獲ってきたものだという．コウモリ猟
は月明かりのある夜に出かける．猟に使用するパチンコ（*maka*）はY字型の木
とゴムでつくった手製のものである．弾（*vatu maka*）には，島の東側のフシア
イという海岸で拾う直径約3 cmの球状の石を用いる．子どもも大人も男性は島
を歩くときに，獲物を見たらいつでも撃てるようにパチンコを首にかけている
ことが多い．獲物は小鳥やコウモリのほか，野生化したニワトリも撃つ．N2
とS1はコウモリの皮をきれいに剥ぎ，タライに入れた水で洗った．2人は皮
を剥ぎながら「乾季で寒い今ごろのコウモリは，脂肪がたくさんついているか
らうまいはずだ」という．確かにコウモリは比較的大きかった．コウモリを解
体しながら，ふつうは捨ててしまう翼の部分（見た目は黒いビニルのようである）
を残している（図5-13）．どうするのかと尋ねると，「新しいスタイルを試すた
め」という．コウモリの肉と，タロイモとバナナの皮を剥き，拳ぐらいの大き
さに乱切りしたものを，包み焼き用の葉に置き，ココナツミルクを回しかけた[5]．

---

(5)　肉や魚，バナナやイモ類など，さまざまな食材を乱切りにし，ココナツミルクをかけて葉で包み焼く

第Ⅱ部
分配のエスノグラフィー

肉の臭み消しということで，ネギも多めに入れる．そしてS1は最後にとっておいたコウモリの翼をデコレーションするように置いた．これらを全て葉で包み，石焼き調理した．3時間たったら完成だと，2人とも満足げである．石焼き調理場からはココナツミルクの焼けるよい匂いがしてきた．

N2とS1は3時間後に取り出して，作業をしていたみんなが休む場所に料理を運んで行った．包んでいた葉を取り除いて出てきた黒いものに，みんな眉をひそめる．「なにこれ？」と尋ねる人に2人は「ペカ（コウモリ）だ」と得意げに答えた．「えー，ペカを石焼き調理したの！」と，あきれる人が多い．辺りには，できたての料理のよい匂いが漂っているが，参加者の半数以上は，「あまり好きじゃないから」といって手を出さなかった．現場監督のA3も断っていた．

実際にコウモリの肉の味は，血合いの多いニワトリの肉といった感じで特別臭みが強いわけではないが，日常的に魚を好んで食べるフツナ島の人は，獣肉全般を苦手とする人が少なくない．とくにコウモリは好き嫌いがわかれるようだ．しかし，料理をつくった2人は食べない人がいるのは想定内で，むしろあきれたり驚いたりする反応がもらえて満足な様子であった．ちなみに，村の女性たちが魚のスープなどをメインとした料理を準備していたので，A3をはじめコウモリが苦手な人たちはそちらをもらって帰った．

ここまで紹介した事例では，共同作業の主催者は，参加者がよろこぶような食事を用意していることがわかったが，［事例7］では作業参加者を「驚かせて喜ばせる」だけではなく「驚かせてあきれさせる」という演出をしていた．N2とS1は，参加者たちの驚く様子を想像して調理作業をおこなっていた．共同作業の返礼として主催者は食事を用意するが，できるかぎり，参加者がよろこぶものや楽しめて話題になるようなものを提供していた．主催者は共同作業の日そのものが楽しいと思われるようにしようと努力しているようにも考えられる．

共同作業をおこなう際に提供する食事の内容や，いつ出すかといったタイミングなどを主催者が入念に計画を組み立てているのに対して，参加者の方は身体ひとつとナイフのみを持って行けばよいという気軽さがある．参加者はその日作業をおこ

調理法はプニア（*punia*）という．プニア（*bunia*）はビスラマ語でも同じ調理法を指す．バヌアツで一般的な伝統料理とされている．

ないながら，参加者同士でおしゃべりをして過ごすことができる．そのため共同作業には，日頃頻繁に顔を合わせる近しい人だけでなく，共同作業の機会によって遠くの人と久しぶりに会い親交を深めるという面もある．参加者たちは，作業によって身体を動かす時間と食物を分配し食べるという時間を共有している．

4 生業活動にともなう分配と子どもの分配

　島の人たちは，斜面を登り焼畑耕作をし，海に降りて漁撈活動をおこなう．こうして自分たちの手で日々の糧を得ている．だれもが自分の生業活動によって生活に十分な食物を得ることができるが，人びとは手にした食物を他者に贈りあう．

　フツナ島では，男性がアウトリガーカヌーか船外機付きボートでリーフの外に行き大型回遊魚を狙うトローリング漁，ラマガ漁をおこなう．とくにこの漁で得られるマグロ，サワラ，カマス類は「男の魚」と呼ばれ，他の人への分配の対象となる（竹川 2008）．そのほか，夜間の漁で得られるトビウオ，昼間の釣り漁やモリ突き漁で得られる各種のリーフフィッシュなど，漁撈の腕のよい男性はたくさんの魚を獲り，それをほかの人に分ける．トビウオは「男の魚」とよばれ，伝統的に分配方法が決まっている．また基本的には「見られたら与える」ということがおこなわれている．魚を持っているところを見られたら，見た人に与えてしまう．また，与えるときに男性はそのことを誇示しないようにするという特徴があり，与える際に様々な工夫をおこなっている．

　　[事例8] ラマガ漁で獲った大型回遊魚を分ける（2007年11月5日）
　　　朝6時，昨夜から朝方にかけてまでカヌーで沖に出ていたB1が帰ってきた．B1は，優れた漁撈の技術を持つと語られる人物である．そのためB1は魚を分配する機会が比較的多い．B1は専ら一人用の小型カヌーに乗り釣り漁に出かける．8 kg程のマグロ（uorukago）を1人で釣ったという．トビウオを餌に大型回遊魚を狙うラマガ漁で獲る魚には禁忌が多い．浜で内臓を抜いたり，地面に直接置いたりしてはならないため，B1はマグロをロープで吊るして肩に担ぎ，村に持って帰ってきた．
　　　妻Bbと，Acが知らせを聞いてナイフを持って来た．禁忌に従ってラマガ漁

の魚は女性しか解体できないとされる．B1は石焼き調理をするために，薪を集め石を焼き始めた．6時54分，BbとAcの女性2人によって解体が始まる．まずハラミを切り取り，内臓を抜く．身に切れ目を入れ，リアイ（*liai*）と呼ばれるバショウの葉でマグロを2〜3重に包む．肉から出る余分な脂を葉に吸い取らせ，肉をおいしくするため，包み込むときにナマシ（*namasi*）とよばれる食用の葉をマグロのまわりに詰める．最後にココヤシの葉でカゴを編む要領でマグロを包む．見た目はマグロのミイラのようである．これはフツナ島の伝統的な調理方法で，他の島では見られない独特なものだ．

7時33分，葉で包んだマグロを焼いた石の上に置き，その上にも焼いた石を乗せて全体を覆う．7時52分には石を乗せ終わり，そのまま置いておく．

17時35分，包みを取り出す．朝と同様，BbとAc，B1で作業をおこなう．マグロはおいしそうに火が通っている．切れ目にそって肉を骨から外すと，ひとつの肉の塊は大人の拳の程の大きさになる．これを，オオハマボウの葉をつかい，ひとつずつ包み紐でしばる．作業をしていると，ナキロア村の子どもたちが集まってきて，崩れた身の部分や肉がすこし付いた骨の部分などをBbやAcからもらって食べる．

17時53分，全ての肉を葉で包み終わると，B1は地面に敷いたココヤシのマットの上でそれを分け始めた．包みは全部で約20個ある．B1は，ラマガ漁の禁忌に従って，ナキロア村の女性の数で分けるという（図5-14）．「Ea, Da, Bb, Ba, Ac, Ae, Aa, Be, Y（筆者）……」とB1は女性たちの名前を唱えながら，分配の山をつくる．そのうち「BbとBa」「AeとAa」「Acと筆者」は同じ家として，2人でひとつの山となる．その3つの山と，Ea, Da, Beの山がそれぞれひとつずつあり，合計で6つの山がつくられた．他の村に滞在するため一家でナキロア村を離れていた，C家（CaとCb），DⅡ家（De），F家（Fa）の4人は勘定されなかった．魚の塊のひとつひとつは大きさが不揃いなために，山の大きさができるだけ同じになるよう，B1は包みをあちらこちらに動かしながら均等にし，約20分かけて，ていねいに作業した．

しかし，ようやくB1が納得する山が完成したと思ったところに，隣のイアソア村のPb（14歳）が学校帰りでナキロア村を通りかかり，ちょうどB1が分配をしている場所の前を通る形となった．急いで通り過ぎようとするPbに，B1は「待ちなさい」といって，つくったばかりの山を全て崩して，改めて7つの

図5-14　マグロを分配するB1

山につくり替えた．そして「Paの分」といって，分けなおした山から，一山分の魚の包みを渡した．PaはPbが一緒に住む彼女の祖母の名前である．Pbは「ありがとう」といってイアソア村の方に帰った．

　適当に分けるのではなく，最初から山をつくりなおすB1の行動を興味深く筆者が見ていると，「見た人には，あげるものだ」とB1がいう．そのあと，その場にいたナキロア村の女性たちは包みを受けとった．その場にいなかった女性の分は，B1が自分の子どもたちに届けさせた．マグロはその日の夕食と翌日の朝食に熾火で焼いて食べた．

　B1が獲ってきたマグロは「男の魚」と呼ばれるラマガ漁による特別な魚で，島では取り扱いに関していろいろな禁忌がある．女性しか解体できず，また女性しか口にしてはならないといわれている．キリスト教が島に入って以来，それらの禁忌は必ずしも厳密に守られているわけではないと人びとが説明するとおり，実際に島の男性たちが「男の魚」を食べているところはふつうに見られた．しかし，事例のとおり実践されている禁忌もまだ多数ある．たとえば，身体の不調や病気のときには，まず島に住むという精霊の悪さが疑われることから，島の人にとって精霊とキリスト教の力は緊張関係にあるともいえる．

　B1は禁忌による分配のやりかた（村の女性の数で分ける）に従いながら，状況に合わせて変更した．見た人に分けないということは，よくないという判断である．また，魚を配る際に，子どもに届けさせるというのは，他の魚を分けるときにも人びとに共通する，ふるまいの特徴である．

　畑からや海からの村への帰り道，自分が手に入れた食物を持って歩いているとき

に，ふいに他者に出会い，そこで「今日は何をしてきたのか」という会話を交わすと，人びとは必ず持っている食物を分け与えるのが常であった．Acに同行して畑や海に行くことが多かった筆者は，Acがナッツ類やフルーツ類についてはほぼ持っているときは分け与え，逆に相手が持っている場合は「分けてよ」と言ってもらっているところをよく目撃した．Acはそのことを指して「見られることは，フォース（fos（Bis.））である」と説明した．フォースは英語のforceに由来するビスラマ語で，相手にはたらく強制力を指す言葉である．人びとは見られた限りは，惜しむ姿を見せることはなく，気前よく差し出す．そのため，Acは，村に持って帰りたいと思う熟れたマンゴーなどのフルーツを採取したときには，筆者の持つ袋に無理やり押し込んだり，またはフルーツの上にキャッサバを積んだりと，道で会う人に覗き込まれても容易に見えないように隠していた．

この食物を見られたら分けるという行動は，大人だけではなく子どもたちのふるまいにもよく見られた．

子どもたちは，だいたい4〜10歳で異年齢集団をつくり集落とその周辺を遊んで回る．10歳以上になると，大人の生業活動の手伝いが可能になるため，そのころには子どもたちだけで山や畑に果物を探しに出かけたり，浜に釣りに出かけたりするようになる．とくに男児は，手製のパチンコをいつも首に下げ，モリや釣り道具を作る．女児も釣り道具をつくる．子どもたちはこのように自分で準備した道具を持ち寄り仲間とともに山や海に出かけて狩猟採集することを遊びとしており，それによって得られる食物を間食することを楽しんでいる．子どもたちは仲間で行くピクニックにおいても，大人がやっているのと同じく，山をつくってその場の参加者に分配をおこなう（図5-15）．

筆者にとって島で初めて食べる果物は，たいてい子どもたちがくれたものである．観察していると，筆者だけではなく他の大人たちも子どもたちから食物を分けてもらう場面は多く，道でばったり会った子どもたちに対して大人が「ちょうだい」といって，持っている果物類をもらうことがよくあった（図5-16）．

子どもしか獲らない食物もある．ポポトゥ（popotu）と呼ばれるスナホリガニで，これは，波打ち際の砂浜に潜っている体長1cm程の甲殻類のなかまである．子どもたちは，漁から帰ってきた大人から魚の内臓などをもらって，ポポトゥ獲りを楽しむ．内臓を砂浜に投げて置き，しばらく静かに待つとポポトゥがそれを食べようと砂から出て来る．わずか数mmほどの身体の一部が見えたら，すばやく手でそれを掴む．

図5-15　ピクニックで食物を分け合う子どもたち

図5-16　子どもが持っていたバナナをねだる大人（右）

ポポトゥ獲りには「もぐ
ら叩き」のような要領が
必要なのである．子ども
たちは獲ったポポトゥを
空きビンなどに入れて貯
める．ある程度集まった
ら，ココヤシの葉の芯に
ひとつずつ刺して串をつ
くり，それを焚火で焼い
て食べる．ポポトゥには
肉がほとんどなく，小エ
ビのような味である．島
でポポトゥを獲っている

図5-17 子どもが自分でつくったポポトゥの串焼き

大人は見たことがない．手間がかかる上に，食物としてはほとんど量がないからで
ある．しかし，子どもたちにとってはポポトゥ獲りは遊びと間食を兼ねた楽しみで
ある．筆者や大人に串に刺して焼いたポポトゥを子どもが持って来てくれたことが
ある（図5-17）．いろいろな食物を見せにきてくれる子どもたちからは，自分たちが
遊びで得たさまざまな食物を，大人も欲しがってくれれば，よりおもしろみを感じ
るという様子がうかがえた．子どもたちにとっても，食物はすでに社会性を帯びて
いることがわかる．子どもたちは，分配に付随するコミュニケーション，つまり他
者の欲求を推測し，それに応えることを狩猟採集を模倣する遊びの中で身につけて
いる．

5　考察

　以上，フツナ島でみられる食物分配の事例について，饗宴，共同作業，日常の生
業と生活の場面ごとに分類し概観してきた．

　ひとつ重要な特徴として，饗宴をはじめ，その他のあらゆる分配にも共通するこ
とは，ホスト（分配する食物の所有者）が明確になっているという点である．島で行
われる食物分配の様子から，人々が食物（資源）を平等に共有しているように見え

るかもしれない．しかし，実際には島の人たちが共有する資源というものはなく，畑，海浜，土地，そこから発生する収穫物や家畜など資源のすべてには厳密に所有が認められている．この所有があってこそ，人々が積極的に分配，「与える」「受ける」というやりとりを行うことができると考える．

どの分配場面でも特徴的に見られたのは，山をつくって分けるという方法だった．そこで基本的に重要視されているのは，1）みなに見えるようにすること，2）その場にいるもの全員を対象者とすること，3）均等に分けること，である．そして，1）〜3）を実践するために，時間は惜しみなく使われる．食物を一度みなの前に集め，等分するという方法は，分配の場にのぞむ前提として，すべての参加者どうしを対等な状態に置くことを意味すると考える．この対等性，「わたしとあなたは同じである」ということは，分配が始まってから終わるまでの間，一貫して表明されている．この分配があらわす平等性の特徴は，即時的であるといえる．分配によって他者と対等な関係を確認するが，それをルール化された規範や制度として維持し続けるのではなく，分配をおこなうごとに，他者と対等な関係と"なる"のである．それゆえに，島の人が全員集まる葬儀や結婚をはじめとする儀礼や祭りにおいて，膨大な資源と時間を用いて，饗宴＝食物分配をおこない，祝福を共有するのである．

分配の「楽しさ」とは，わたしとあなたが対等である状態をふまえて，その相互行為の場に参加しているという事実から生み出されていると考える．その楽しさが，人が分配をしようとすることの根源的な動機となっている．

饗宴の分配において，等分され刻々と小さくなっていく食物の山は，島の中のひとつの村，村の中のひとつの半族，半族の中のひとつの世帯，世帯の一員としての私に分けられる．それにより，それぞれの山の成員と対等な状態であることを了解できるようになっている．ここで重要なのは，結果的に他者と比して正確に同量を得ることではなく，ひとつの食物の山を均等に分けるという過程そのものである．そのために大規模な饗宴であるほど，分配そのものにかける時間が数時間に及ぶのだと考える．寺嶋は『平等論』において，平等は，平等であるという静的な状態ではなく，平等にするという動的な視点から捉える必要があるという（寺嶋 2011）．饗宴における分配の事例から，人びとが重要視しているのは，この動的なプロセスであることがわかる．島の分配における動的なプロセスとは，他者との対等な条件を受け入れ，分配に参加し，分配を受けるというものであった．

この分配が成り立つ過程は，遊びの空間が成り立つ過程と類似している．人びと

が分配行為に乗り出す動機は，遊びに興じる動機と同様の楽しさのためではないかと考える．寺嶋は，遊びは他者に強制できないという点を挙げ，遊びと平等との関係を示唆している（寺嶋 2011）．分配も遊びと同様に，この強制を回避するという態度を相手に表現していると考える．

共同作業では，手伝ってもらう主催者と誘われて集まる参加者というふたつの立場がある．主催者は，作業を自分のためにおこなってもらう参加者に対してその日の食事を用意する．作業することに対して食物を返礼するという互酬性が成り立っている．生業活動による食物の調達と調理作業が一日の大半を占める島の生活にとって，その日の食事が用意されているということは，参加者が日課をこなす必要性から解放されることを意味する．それゆえ，主催者が自分のために人を集めるには，その日の食事をきちんと用意しておくことが大切である．

しかし，ただ食事が用意されているというだけではなく，共同作業において主催者が用意する食物は，ちょっとした驚きや楽しみを提供するように工夫されていた．正統的なごちそうといえる石焼き調理による料理から，スイカまでさまざまであった．一晩中ブッシュの中を，松明の明かりをたよりに歩き回って獲った夜行性のカニや，オオコウモリなど，作業の参加者たちの面前に大量に並べられてみなを笑わせ驚かせた食物は，その後の作業中にも話題になっていた．主催者は，そのときの参加者の好みに合わせることで効果をあげていた．作業への返礼といえる食物ではあるが，参加者にただ報奨として与えるわけではないことがわかる．誘った参加者に合わせて準備された，楽しさやおもしろさ，驚きを演出した食物は，人びとが食物分配の場で，与え手に強制力＝権力が生じることを徹底して回避しようとする努力を示していると考えられる．生業における分配も同様に，与え手は常に謙虚に与えることを誇示しないようにふるまう．日常的な場面では，「ほしい」と交渉する受け手の方が，強気にふるまうのである．

最後に，子どもたちの分配の事例について紹介した．子どもたちは日々の遊びを通じて食物を得る技術を習得していた．亀井はカメルーン共和国の狩猟採集民バカ・ピグミーの子どもたちの事例から，「遊びと生業活動の両方にスライドしうる活動領域を豊富にもっていることが，森に暮らす狩猟採集民の子どもたちの特権と言えるのではないだろうか」と述べている（亀井 2010）．本章のフツナ島の子どもたちも同様に，遊びと生業活動の両方にスライドしうる活動領域を豊富にもっていた．さらに，自分の手で得た食物を間食として食べたり，仲間と分け合ったり，ときに大人

にも「ほしい」と言われたら分け与えるなど，分配というふるまいを身につけていた．

　食物を分配することは，食物があらわす楽しさやおもしろさ，驚きをもとに，他者との間に即興的な共感を得ることではないかと考える．食物を惜しみなく分け合うという行為は，島で見られる日常的な事例から「人として当然である」と思われる．しかし，同時に分配の受け手はそれを当然のようにやり過ごしてしまってはならないという，応答が期待される行為でもある．この応答とは，受け手が嫉妬や負債の念といったネガティブな感情を抱くことなく「あなたと共在したい」という与え手の動機を受けとめ，それに答えることである．

　本章は，「食物分配における内発的動機を生み出す一致の感覚──バヌアツ共和国の事例から」（木下 2013）をもとに，書き直したものである．

参 考 ・ 参 照 文 献

市川光雄（1991）「平等主義の進化史的考察」田中二郎，掛谷誠編『ヒトの自然誌』平凡社．11-34頁．

風間計博（2003）『窮乏の民族誌──中部太平洋・キリバス南部環礁の社会生活』大学教育出版．

亀井伸孝（2009）『遊びの人類学ことはじめ』昭和堂．

亀井伸孝（2010）『アジア・アフリカ言語文化叢書49　森の小さな〈ハンター〉たち──狩猟採集民の子どもの民族誌』東京外国語大学アジア・アフリカ言語研究所．

岸上伸啓（2003）「狩猟採集民社会における食物分配の類型について──「移譲」，「交換」，「再・分配」」『民族学研究』68（2）：145-164．

北西功一（2004）「狩猟採集社会における食物分配と平等──コンゴ北東部アカ・ピグミーの事例」寺嶋秀明編『平等と不平等をめぐる人類学的研究』ナカニシヤ出版．53-91頁．

木下靖子（2013）「食物分配における内発的動機を生み出す一致の感覚──バヌアツ共和国の事例から」北九州市立大学大学院社会システム研究科提出学位論文（博士）．

黒田末寿（1999）『人類進化再考──社会生成の考古学』以文社．

竹川大介（2002）「結節点地図と領域面地図，メラネシア海洋民の認知地図」松井健編『核としての周辺』京都大学学術出版会．159-193頁．

竹川大介（2007）「外在化された記憶表象としての原始貨幣──貨幣にとって美とはなにか」春日直樹編『貨幣と資源』〈資源人類学 5〉，弘文堂．

竹川大介（2008）「禁忌と資源──人はいかに自然を説明するか」岸上伸啓編『海洋資源の流通と管理の人類学』明石書店．

丹野正（1991）「「分かち合い」としての「分配」──アカ・ピグミー社会の基本的性格」田中二郎，掛

谷誠（編）『ヒトの自然誌』平凡社．35-57頁．

寺嶋秀明（2004）「人はなぜ，平等にこだわるのか——平等・不平等の人類学的研究」寺嶋秀明編『平等と不平等をめぐる人類学的研究』ナカニシヤ出版．3-52頁．

寺嶋秀明（2007）「からだの資源性とその拡張——生態人類学的考察」菅原和孝編『身体資源の共有』〈資源人類学09〉，弘文堂．29-58頁．

寺嶋秀明（2011）『平等論——霊長類と人における社会の平等性の進化』ナカニシヤ出版．

ドゥ・ヴァール，F．（2010）『共感の時代へ——動物行動学が教えてくれること』柴田裕之訳，紀伊國屋書店．

野嶋洋子（1994）「石蒸し焼き料理法の諸相——オセアニアにおける調理の民族考古学的研究にむけて」『民族学研究』59（2）：146-160．

松村圭一郎（2007）「所有と分配の力学——エチオピア西南部・農村社会の事例から」『文化人類学』72（2）：141-164．

松村圭一郎（2008）『所有と分配の人類学——エチオピアの農村社会の土地と富をめぐる力学』世界思想社．

モース，M．（2009）『贈与論』吉田禎吾・江川純一訳，ちくま学術文庫．

Crowley, Terry. 2003. *A New Bislama Dictionary 2nd edition*, University of South Pacific.

Dougherty, Janet W.D. 1983. *West Futuna-Aniwa:An introduction to a Polynesian Outlier Language*, University of California Press.

Trivers, R.L. 1971. The evolution of reciprocal altruism, *Quarterly Review of Biology* 46: 35-57.

Tryon, Darell. 1996. "The Peopling of Oceania: the lingustic evidence." In Bonnemation, Joel et al（eds.），*Art of Vanuatu*, pp.54-61. University of Hawaii Press.

Vanuatu National Statistics Office. 1999. *Census Report National Statistics*, Office Vanuatu.

Vanuatu National Statistics Office. 2009. *Census Report National Statistics*, Office Vanuatu.

砂野　唯

第 **6** 章

富を蓄えつつ分配する人びと

エチオピア農耕民の地下貯蔵庫

KEY WORDS

生存維持基盤, 富の蓄積, 贈与, 互酬性, 交換, 環境適応, 平準化

はじめに

　サハラ以南の農耕社会は，経済化やグローバル化の影響を受けつつも，今でもゴラン・ハイデン（Hyden 1980）が「情の経済」と形容する家族・親族関係を基本とする「平準化のメカニズム」を基盤として成り立っている．アフリカでは，家族労働を基本とし，家族が生きていくのに必要な食料や財を持続的に得ることが，何より優先される．そのため，労働で得た食料や財は，親族や地縁関係に基づいて互酬的に分配される．アフリカの狩猟採集社会では，得られた食物を分配することは，全く当然のこととして実行される（田中 1994）．アフリカ農耕民社会でも，日常的に食料を分配する「食物の平準化」がみられる（掛谷 1994；掛谷・伊谷 2011）．人びとは，「最小生計努力」のもと，余剰生産を避けて食料を生産し，不足する食料は分け合うことで補い合う．

　アフリカの人びとは，低い人口密度のもと，広大な土地での狩猟採集や移動耕作を実施することで，植生や地力を回復し，持続的に環境を利用している．彼らは，自然利用のジェネラリストであり，農耕や狩猟，漁撈，採集を組み合わせた最小限の

労働によって，自分たちが生きていけるだけの食料を得て，それを分配する生活スタイルをとる．アフリカでみられる食料や財の蓄積を避け，必要な分量以外を分配する行為の根底には，市場経済的な利益よりも，人間関係の形成・再生産を優先するという価値基準がある．掛谷（1974, 2011）は，これら「最小生計努力」や「食物の平準化の傾向性」という生活原理を背後で支えるのは，祖霊や精霊，「妬み」や「恨み」に起因する呪いへの恐れであるとしている．

　一方，アフリカ大陸の70％は乾燥・半乾燥地に位置しており，降雨量が少なく不安定なため，たびたび干ばつにみまわれるという過酷な環境である．とくに，エチオピアでは，20世紀に入ってから2回の大飢饉が生じており，数万人の餓死者が出た．飢饉を避けるためには，食料の備蓄や輸送経路の確保が必要である．古代ローマ帝国は，食糧の備蓄を怠ったことが滅びの一因となった（フレイザー 2013）．インフラが未整備で社会情勢が安定しないなどの理由により，輸送による供給が難しい地域では自分たちで食料を確保しなければならず，飢饉に備えて「蓄える」必要がある．

　エチオピアで広く使われるのはゴタラ（gotala）と呼ばれる地上貯蔵庫であるが，一見して穀物が蓄えられていることがわかり，強請や盗難に遭いやすい．日本の米蔵のように，エチオピア農村でも穀倉は富の象徴とされるためである．一方，エチオピアのデラシェ特別自治区（Dirashe Special Woreda）で暮らすデラシャ（Dirasha）とハラリ州（Harari People's National Regional State）で暮らすオロモ（Oromo）は，ともに地下貯蔵庫にモロコシ（*Sorghum bicolor*）を蓄えて食料を確保する．地下貯蔵庫は地上からでは，どこに貯蔵庫が造られているのか，中にどれくらいの穀物が蓄えられているのか分からない．本章では，「富」である穀物を人目に触れずに蓄えることができる地下貯蔵庫をもつデラシャとオロモが，どのように富を蓄積（食料を貯蔵）しながら，「恨み」や「妬み」を回避しているのかを検討する．また，どのように富を蓄えることが承認される社会が成立しているのかを考察する．

図6-1　調査地の位置

1　貯蔵庫を公開して富を蓄えるデラシャ

1 ──── デラシャとは

　デラシャとは，どのような人びとなのだろうか．イタリア人の歴史家コンティ＝ロッシーニが「民族の博物館である」と言い表したように，エチオピアは80以上の民族が暮らす多民族国家である（宮脇・石原 2005）．連邦民主共和国政権（1991年から暫定政権として，1995年から正式な政権として樹立した）は，代表的な民族の居住地域をもとに，国内を9つの州に分けて連邦制を導入し，民族性を尊重した統治方針をとった．その1つである南部諸民族州（Southern Nations, and Nationalities, and People's Region）には45以上の民族が暮らし，デラシェ特別自治区には東クシ系の農耕民デラシャが暮らしている（図6-1）．2008年に実施された南部諸民族州の統計調査によると，面積約1,500km²のデラシェ特別自治区には約13万人が居住している．デラシェ地域の行政機関がおかれているのはギドレ（Gidole）という町で，首都アジス・アベバ（Addis Ababa）から南西に550km，最寄りの都市アルバミンチ（Arba Minch）の南50kmに位置する．デラシャの全ての村はギドレから徒歩で1〜4時間の距離にある．
　デラシャ社会は，長男が全ての財産を相続する．そのため，次男以降は独立して

図6-2 モロコシを脱穀するデラシャ

からも，食べていくのに十分な畑とポロタと呼ばれる地下貯蔵庫をもつまでは一人前と認められない．デラシェ地域の村落には40〜200世帯が存在する．どの村でも父系継承で成り立つ9つのクランが存在している．クランは外婚単位であるが，共住単位やその他の生業活動における単位として機能しておらず，クランによる優劣は見られない．村々は，デラシェ特別自治区の行政が決めた政治体制で運営されているが，それとは別に，アパオラ（apaora）と呼ばれる有力者を頂点とし，中心となるシャンナ（shanna）と呼ばれる古老たち，その他の男性たちからなる伝統的な政治機構も存在する．行政の法律を基盤としつつも，村に暮らす男たちがモッラ（mora）と呼ばれる会議所で話し合って，細かな村の運営方針を決めたり，裁判をおこなっている．

デラシェ地域は，チャモ湖の湖岸から続く標高約1,000mのセゲン渓谷平野と，標高2,561mの山頂をもつガルドゥラ山塊の急峻な丘陵からなる．標高約1,800m以上の山頂付近の斜面をアムハラ語で「高地」を意味するダガ（dega），山の裾野や平野を「低地」を意味するコラ（kola）と呼び分けている．本章ではコラについてのみ取り上げる．コラは乾燥していて気温が高く，エチオピアの気象庁によると，1985〜2005年の年間降水量の平均は780mm，最高気温の平均は31℃，最低気温の平均は17℃であった．デラシェ地域には，12〜1月の乾期を挟んで，年に2回の雨期があり，雨期と一致する2〜7月の作付け期には平均500mm，8〜11月の作付け期には平均280mmの降雨がある．しかし，降雨は不安定で，ほとんどの年で平均の降水量を下回る．本章で対象としたのは，20世紀

図6-3　酒を飲んで食事を摂るデラシャ

後半の集住化政策によって平野に造られたA村と，16〜17世紀以降に山塊斜面に造られたとされるO村である．ともにコラに位置し，アパオラが暮らしている．

　デラシャは，乾燥に強いモロコシを二期作してきた．しかし，近年の急速な経済発展によって農村でも貨幣の必要性が増し，1990年頃から少しずつ，雨さえ降れば収量が高く栽培が容易なトウモロコシ（*Zea mays*）を換金作物として，モロコシと二毛作する世帯も出始めた．A村ではモロコシとトウモロコシの二毛作が定着しているが，O村では今でもモロコシを二期作する世帯が多い．収穫したモロコシは脱穀し（図6-2），当面必要な分は地上貯蔵庫のウングラ（ungla），それ以外はポロタ（polota）と呼ばれるフラスコ型の地下貯蔵庫に貯蔵する．ポロタについては後で詳しく述べる．ウングラには3ヵ月分くらいの食料となるモロコシを確保しておき，空になるとポロタを開けてモロコシを取り出し，ウングラに移す．ちなみに，トウモロコシは防虫剤と一緒に地上貯蔵庫ゴタラに入れられるか，ポロタに入れて貯蔵されるが，いずれも1年間ほどしかもたない．

　デラシャはモロコシから造ったパルショータ（parshot）と呼ばれる酒を造り，そ

れをほぼ唯一の主食としている（図6-3）．パルショータの材料であるモロコシは，彼らにとって唯一無二の食材と言っても過言ではない．デラシャは土着の精霊宗教と混合した信仰をもち，70％以上はプロテスタント，次いで多いのがエチオピア正教徒である．人びとは，神とともに，精霊や祖先の霊，呪いを信じている．デラシャが信じるプロテスタントは飲酒を禁じているが，人びとは「パルショータは『酒』ではなく，『食事』だから大丈夫だ」と語る．デラシャは，「パルショータを毎日飲めることが，幸せだということだ」と語っており，その暮らしぶりは私から見ると質素である．それは，数多のポロタをもつアパオラも同じである．アパオラの豊かさを感じるのは，モロコシで作られたパルショータを毎日飲み，それを頻繁に訪れる客人に振る舞うところくらいで，それ以外は他の村人と変わるところがない暮らしぶりであった．

2 ┄┄┄┄ ポロタとは

　ポロタを上から見るとただ穴が空いているだけのように見えるが（図6-4），内部はずんぐりしたフラスコの上に短い円柱を積み重ねたような形をしている（図6-5）．ポロタにモロコシを貯蔵する際には，フラスコ状の部分にモロコシを入れ，円盤状の石で入り口に蓋をして，蓋の隙間から水が入らないように粘土で塞ぎ，その上から土をかぶせて完全に埋め戻す．こうして密閉されたポロタは，地上からはどこにあるのかわからない．ポロタの穀物を入れる部分は，最大直径1.4〜2.2m（平均1.7m），深さ1.9〜2.6m（平均2.1m），容積約2,200ℓであり，モロコシを約1.7t入れることができる（砂野2019）．ポロタは入口が小さく内部が広がった構造なので，地表面から浸透してきた雨水が貯蔵穴内部に入り込みにくく，多くの穀物が収納できるようになっている．

　ポロタからモロコシを取り出す作業は，男性が二人一組でおこなう．1人の男性が入り口の縁に立ち，もう1人の男性がポロタの中に入る．中に入った男性は，竹を編んで作った籠にモロコシを入れて，外に立つ男性に手渡す．この作業を何度も繰り返してモロコシを取り出していく．必要量のモロコシを取り出し終わると，ポロタの中にいる男性は入口に向かって両手を伸ばし，もう一人の男性がその手を掴んで引っ張り上げる（図6-6）．そして再び，石と土を被せてポロタを密閉する．

　ポロタは，デラシェ語でオンガ（onga）と呼ばれる難透水性の土層が地表近くに

図6-4　地上から見たポロタ

フラスコ型
ポロタ、ボッラ

三角錐型
ボッラ

図6-5　地下貯蔵庫の外観

図6-6 ポロタから出るところ

存在している場所にしか造られない．オンガは，地質学的にいえば母岩が定容積風化（岩石が水や空気と接することで，容積は変わらずに性質だけが変化する化学的風化）した土層で，構造が緻密でありながら，先端に尖った金属がついた堀棒などで比較的簡単に加工できる．一度造られたポロタは，壊れないかぎり何世代にもわたって長男に引き継がれていく．長男以外の男性は，結婚し，独立してから自分でポロタを造る．デラシャは，ふつう1〜6個（多くは2，3個）のポロタを所有するが，極めて裕福で村を超えて地域からも尊敬を集めるアパオラは20〜30個ものポロタを所有していると言われている（砂野 2019）．

　ポロタでは数年にわたってモロコシを貯蔵することが可能で，質の良いポロタでは20年間もモロコシを貯蔵できるとデラシャは言う．モロコシを貯蔵したポロタの中の空気の調査をしたところ，酸素濃度が2.7%，二酸化炭素濃度が16万 ppm であった（砂野 2019）．外気は，酸素濃度が21%，二酸化炭素濃度が380ppm であることと比べると，ポロタの中は酸素濃度が極めて低く，二酸化炭素濃度が極めて高い．人間が数分で死に至るほど低い酸素濃度は，害虫の食害や好気性細菌の発生を防いでいる．また，穀物やマメ類のなかには，二酸化炭素濃度が高い空間に入れると，種子中のタンパク質と二酸化炭素が物理的に結合して，品質の劣化が抑えられるものがある．ポロタに入れられたモロコシも，ポロタ内が高二酸化炭素濃度になったことで，種子中のタンパク質と二酸化炭素が結合し，内的劣化が抑制されると考えられる．

　デラシェ地域の気候は不安定で年2回の雨期があるが，平均を下回ることがほとんどで，作物の生育に必要な300mmにも満たないことが多々ある．そのため，耐乾性に優れたモロコシですら収量は安定せず，収穫量が消費量を下回ることが多い．そこで，デラシャは数年に一度，降雨に恵まれて豊作となると，高い貯蔵機能をもつポロタでその年に収穫したモロコシを数年単位で貯蔵し，不安定な気候に対応して

いる．ポロタは凶作の備えという他に，抗争に伴う穀物の焼失や火事場泥棒による盗難を防ぐ役割も担っている．デラシャは，昔から土地をめぐって周辺に暮らす牧畜民や農耕民と争ってきた．現在はデラシャ同士でも争うようになってきている．2008～2009年に，同じデラシャが暮らすO村とK村の間で揉め事が起こっており，O村の住民がK村を焼き討ちするという事件が起こった．ポロタは地下にあるので，穀物は盗難や焼失からまぬがれた．焼き討ちの後，K村の焼け跡を見渡すことができる対面の山側から，日中のK村の焼け跡の様子を10日間にわたって観察したところ，K村の元住民が10～20人の集団を作って何度もK村の焼け跡を訪れ，ポロタから穀物を取り出していた．19世紀末にエチオピア帝国の支配を受けたときに，デラシャはポロタの在処や容積が地上からはわからないことを利用して，税金をごまかしていたという昔話が残っている．20世紀にエチオピア全土で数万人の餓死者を出した大飢饉が2回も起った．生産性が低いとされるデラシャであるが，一人の餓死者も出なかったという．

3……… ポロタを造る場所

ポロタはどこにでも造ることができるわけではない．ポロタを造るのに適した場所は，地表面から深さ30～100cmまでが透水層で，その下に難透水性の土層であるオンガがなければならない．どの村でも，このような条件を全て満たす場所は限られており，デラシャは適した場所であれば他人の敷地であってもポロタを造る．ポロタを造りたいと頼まれた人は断ってはいけないというのが，暗黙の了解である．

[事例1] 他人の敷地にポロタを造る

A村のAdは2つ目のポロタを造る場所を探していた．ボロボロ（boroboro）と呼ばれるポロタを造るのに適した場所には，すでにたくさんのポロタが造られていたため，2つ目は別の場所に造ることにしたのだが，Adや彼の父，兄弟の敷地や畑は，ポロタを造るのに適さなかった．たまたま，Adの家に来ていた父方の叔父aBが，「Eの家の庭には良いオンガがある．あそこに造ったポロタは，中に入れたモロコシが美味しくなるんだ．Eは庭に2つポロタをもっているが，まだポロタを造る場所はあると言っていた」と告げた．しかし，Adは，「Eは25歳以上も年上で，家も離れているから，あまり交友がない．いきなりポ

ロタを造らせてくれなんて，失礼なので頼めない」としぶった．すると aB は「じゃあ，今から一緒に E に頼みに行こう．E とは家が近いし，E の息子とは親しいから」と申し出た．そこで，aB と Ad は E の家へ向かった．

E の家を訪れ，E と 20 分ほど世間話をしてから，aB は「Ad が 2 つ目のポロタを造る場所を探しているんだ」と切り出した．すると E は，「一番はボロボロだ．二番目はモッラ（男たちの寄り合い所）の近くだ．K の家の前の道も良い」と答えた．10 分ほど候補地について話していたが，誰も「E の庭」を候補として挙げない．話題は新しく生まれた子供やヤギの値段のことへと移り，「E の庭」についての話が出ないまま，Ad と aB は E の家を辞去した．それから数日間，Ad は自分でもポロタを造る場所の候補を見て回ったが，結局 E の庭が一番良いという結論に達した．

5 日後，Ad は aB と一緒に再び E の家を訪ねた．15 分ほど世間話をしてから，aB が「Ad はあなたが勧めてくれた場所を全部見てみたけれど，一番 E さんの庭が良かったと言うんですよ」と話した．Ad も，「E さんの庭は素晴らしいです．あそこにポロタを造ることができたら，裕福になれそうです」と言った．2 人がしばらく E の庭のオンガを讃えていると，E は「では，ここにポロタを造ると良い．オンガはみんなのものだ」と答えた．Ad と aB は E に感謝し，翌日から早速ポロタを掘り始めた．Ad は E の庭に造ったポロタを今でも使っているが，ポロタに穀物を出し入れするときに，E に許可を取ったり，穀物を渡したりしている様子はなかった．

E は自分の敷地がポロタを造るのに適していたとしても，自分から敷地内でポロタを造るように勧めはしなかった．しかし，Ab がそこに造りたいという希望をはっきりと口にすると，断ることはなかった．さらに，E は aB と親交があったが，Ad 本人とは親交がほぼなかったにも関わらず，敷地内にポロタを造ることを許した．そして，両者の間には，それによる優劣関係や土地使用料の支払いなどは発生していないという．

デラシェ地域では，どの村でも他人が勝手に自分の敷地に入ってこないように，家の周りに生垣や石垣を張りめぐらせて，私有地の領域を明示している．畑においても同様で，畑の周りは生垣で囲われ，自分と他人の土地の境界が明確にされている．デラシャ社会における土地所有は，かなり厳格で明示的である．デラシャは，親族や知人はおろか，独立後は兄弟であっても，無償で自分の敷

地や畑を使わせることはない．しかし，地下に関しては，敷地の所有者による利用の独占権がなく，ポロタに適した場所は村人全員に開かれているといってよい．A村で調査した50世帯のうち34％にあたる17世帯が他人の敷地内にポロタをもっていた．彼らに敷地の所有者との関係をたずねると，17世帯のうち71％にあたる12世帯は祖父母や両親，兄弟，従兄弟などの親族関係で，残りの5世帯は仲のよい近隣住民であった（砂野 2019）．デラシャは，「ポロタを造りたいと頼まれたら，村人であれば誰でも許可するものだ」と口々に言う．しかし，全く面識のない者に「敷地内にポロタを造らせて欲しい」と頼むのは，避ける人が多い．知り合いの方が頼み易いため，A村では自分の敷地内に造られたポロタの多くが，親族や知人のものとなっている．

　村からはるか遠く離れた平地の畑にポロタを造る者も多い．A村で調査した50世帯のうち16％にあたる8世帯は，自分の家から歩いて1時間半から2時間半かかる畑にポロタを造っていた．その理由を尋ねると，「良いオンガがあるから」と答えが返ってきた．1つ目のポロタは村内に造り，2つ目や3つ目のポロタは畑に造ったとのことであった．トウモロコシ栽培が盛んなA村のように，デラシャの中にも地上貯蔵庫ゴタラをトウモロコシの貯蔵に使っている村がある．これらの村々では，ゴタラは自分の敷地内に造られており，他人の敷地や家から離れた場所に造るポロタとは対照的である．

4 ……… 富の公開が推奨される文化

　ポロタを造るのに適した場所は限られるので，適した場所には複数のポロタが密集して造られることになる．A村では，ボロボロと呼ばれるポロタ集合地帯に，数十個のポロタが造られている（砂野 2019）．ボロボロは，周りに木や家など遮るものがないオープンスペースである．また，村人が湧き水を汲みに行くときの通り道で，人目に付きやすい．そのため，ポロタを造ったり，ポロタから穀物を出し入れする様子を容易に観察することができる．村人は，ボロボロにあるポロタの場所や所有者についてよく把握している．ボロボロにあるポロタの中から10個のポロタをランダムに選び，その所有者が誰なのかを20歳以上の男女それぞれ10人ずつに質問したところ，全問正解したものが14人，9個が3人，8個が1人，7個が2人という高い正解率であった．年齢が上がるほどポロタの場所と所有者について詳しく把握し

図6-7　衆人環視の中穀物を取り出す

ているようで，50代半ばの男性はボロボロに造られたポロタのうち24個の場所と，中に入っている穀物の種類と量をおおよそ把握していた．

　アフリカだけではなく，ほとんどの社会では，富は「妬み」や「恨み」，「ねだり」を避けるために隠される傾向にある．しかし，デラシャはポロタから穀物を出し入れする際に隠す様子はなく，親しくない者や見知らぬ者が近づいても嫌がらない（図6-7）．むしろ，目立つ場所にポロタを造ることを好む傾向がある．それは，ポロタが穀物の備蓄のために欠かせないというだけではなく，デラシャの社会・文化と深く結びついていることに関係する．

　　［事例2］ポロタを造ると一人前

　　A村のDaは三男で，3年前に結婚したときに親に家を建ててもらったが，ポロタは与えられていなかった．この年はたくさんのモロコシを収穫できたので，ポロタを造ることにした．しかし，ボロボロにはすでに複数のポロタが造られており，残るスペースはわずかしかなかった．一方，Daの父の庭はポロタを造るのに適しており，Daの父もボロボロと庭に1つずつポロタを造っていた．Daが父に相談したところ，Daの父は，「初めてのポロタを目立たない場所に造る

のは良くない．まだスペースがあるのだから，ボロボロに造りなさい」と勧めた．アドバイス通り，Daはボロボロにポロタを造った．ポロタを造っている最中には，入れ代わり立ち代わり村人が現れて声をかけたり，作業を手伝っていた．「Daが初めてのポロタを造っている」という情報は，その日のうちに村人に共有されていたという．数日後，村内のモッラで壊れたままの井戸を直すかどうかについて，話し合う会議が開かれた．Daは，それまで古老たちや壮年の男性たちから離れて，他の若い男性たちと一緒に話を聞いていたが，その日からは発言権のある壮年の男性たちと一緒に会議に参加するようになった．

デラシャ社会では，基本的にポロタや畑，家屋，家畜などの財産は，すべて長男が受け継ぐ．長男以外の男性がポロタをもてるのは，開墾や購入によって畑を広げ，蓄えるだけの収穫量を得るようになってからである．ポロタをもつことは，家族を養う力がある一人前の男であると示す誇らしいことである．ポロタを人目に付く場所に造ることで，ポロタをもったことが認知され，一人前の男として扱われるようになる．ポロタの所有は男性たちの誇りであるため，あえて隠すという発想には至らないのかもしれない．

5 ⋯⋯ 富を分配する

デラシャの男性は，ポロタをもつことによって，蓄えるだけの財があることを宣言し，周りから一人前と認められる．デラシャは，富める者に対して嫉妬しないのであろうか．実は，デラシャ社会には，財産を公にしつつ，嫉妬を回避する食料の贈与システムが備わっていた．

［事例 3］ポロタを初めて造ったときの振る舞い酒

デラシャの男性にとって，ポロタの所有は冠婚葬祭に並ぶほど重要な人生の一大行事である．初めて造ったポロタに穀物を入れるときは，お祭りのようになる．Daはボロボロに造っていた初めてのポロタが完成したので，収穫したモロコシを入れることにした．朝10時にDaは友人から借りた2頭のロバを連れて，妻と3人の兄弟たちと一緒に畑に向かい，脱穀したモロコシを袋に詰め，ボロボロのポロタまで運んだ．

ボロボロに着くと，ポロタを造るのを手伝っていた男性たちやその家族，Da
の父の知人たちが集まっていた．Daとその妻の親族たちは10〜20ℓのパルショ
ータが入った容器をDaのポロタまで運んできており，まずは畑から戻ってきた
Daたちにジョッキに注いだパルショータを飲ませた．その場にいた男性たちも，
一緒にパルショータを飲み始める．Daの兄は，Daの肩をたたきながら，「これ
でDaも一人前だ」と言った．集まった人びとは，「見事なポロタだ」，「お前の
モロコシと家族を守ってくれるだろう」と，ポロタの出来栄えを讃えていた．男
性はパルショータを飲んで騒ぎながら，モロコシをポロタに入れた．作業が終
わっても，人びとは1時間以上その場に留まり，パルショータを飲み続けてい
た．初めはDaを含めて11人しかいなかったが，次々に人が集まり，最も多いと
きには24人が一緒にパルショータを飲んだ．このときのパルショータは，Da以
外の親族から提供されたものであった．その後，しだいに人が減っていき，気
が付くとDaの妻も消えていた．しばらくして，Daが「そろそろ場所を移そう」
と，その場に残っている人びとに移動を促して，自分の家に連れて帰った．

　Daの家に着くと，庭に大勢の村人が集い，ジョッキに入ったパルショータを
飲みながら歓談していた．Daの妻と彼女の母，その姉妹，Daの母たちは，帰
ってきたDaたちにジョッキに入ったパルショータを手渡した．彼らはそれを受
け取ると庭に出て，すでに飲んでいる人びとの輪に加わった．その後，昼過ぎ
までの約4時間，パルショータが振る舞われ続けた．ここで提供されたパルシ
ョータは，Daとその父のモロコシで造ったものであった．この日，Daの家で
パルショータの振る舞いを受けた人の内訳は，Daや彼の家族と親しい人が16人，
それほど親しくないと思われる人が25人であった．Daも家族も，あまり親しく
ない者が来ることを歓迎していた．「大勢が家を訪れてパルショータを飲むと幸
運になれる」と言うのである．

　ポロタをもつことは，蓄えるほどの余剰をもつことを意味する．Daやその家族は，
パルショータを不特定多数に対して振る舞うことで，ポロタをもつことへの承認を
求め，ポロタをもたない若い男性たちからの嫉妬を回避していると思われる．

6 ……… 富を蓄え循環させる

　デラシャにとってパルショータは最も好ましい，ほぼ唯一の食事である．ポロタを造るとき以外にも，収穫期にポロタを空にするときには，ポロタに入っていた最後のモロコシを使ってパルショータを振る舞う．

　　　［事例4］ポロタに新しいモロコシを入れるときの振る舞い酒

　　　Rは3つのポロタを所有している．そのうちの1つには，わずかなモロコシしか入っていなかった．そこで，2009年8〜11月の作付期で収穫したモロコシをそのポロタに入れる前に，中のモロコシを全て取り出した．取り出したモロコシの重量は38 kgだった．

　　　孫息子の嫁のShは，ポロタから取り出したモロコシを使ってパルショータを造った．普段は倹約家のRがShに，「少ないのはいけない．いつもの4倍は造りなさい」と指示した．Shは，その通りに普段の4〜5倍の量のパルショータを仕込んだ．パルショータができた日には，親しい人はもちろん，普段はRの家を訪れない人まで訪ねてきた．パルショータがなくなるまでの2日間，計28人の村人が訪れた．中には，時間をおいて日に何度も訪れる人や，長居をして飲み続ける若者や青年もいた．

　モロコシの収穫期のシーズンには，わずかしかモロコシが入っていないポロタをさらえる光景が何度か見られた．モロコシを空にした家は，必ずパルショータを振る舞った．この収穫期の振る舞い酒は，独立しても十分な広さの畑やポロタをもたない男性に食物を分配することになっている．また，それ以外の人びとへの振る舞い酒は，関係性の構築に繋がっている．この時期は収穫期であり，たいていの人びとの手元には十分な穀物があるので，わざわざパルショータを振る舞ってもらう必要はない．そして，振る舞われた人も，いずれは自分がポロタを空にするときに，パルショータを振る舞う．パルショータを振る舞うのは，ポロタに蓄えたモロコシが残り僅かとなり，収穫したモロコシと入れ替えるときである．そのため，パルショータを人びとに振る舞うのは数年おきである．空になる時期は，各世帯の収穫量やモロコシの消費状況によって異なる．この振る舞い酒のやりとりは，数年単位でのゆるやかな食料の交換となっている．レヴィ＝ストロース（2000）は，様々な交換

の組み合わせが社会を構成する原理であり，交換こそが社会を構成する根源的現象としている．デラシャのポロタから取り出したモロコシで造ったパルショータの与え合いは，個人—個人の関係の上に成り立っているわけではない．しかし，デラシャの振る舞われたパルショータを数年後に振る舞い返すという行為の繰り返しは，個人と社会の関係性の形成・再生産につながっている．

7ⵌⵌⵌⵌ 富の贈与が莫大な蓄財と権力者を生む

　デラシャは，富の象徴であるポロタを目立つ場所に造って，そこに蓄えられた穀物の量を公にする．そして，ポロタを新しく造ったり，収穫期に中のモロコシを入れ替える際は，必ずパルショータを振る舞う．富（モロコシ）の所在を公にし，一部の富を分け与えることで，ポロタをもつことをお互いに認め合っている．ポロタは富の分配のツールであることは確かだが，数年にわたって穀物を貯蔵できる貯蔵庫であるゆえに，富める者や社会的特権階級を作り出すことにもなっている（砂野 2019）．

　デラシャの男はポロタを所有しようと努力しており，ほとんどの世帯は 1 個以上のポロタを所有する．しかし，両親からポロタを相続できる長男以外の男性がポロタをもてるようになるのは，自分の畑から蓄えるほどの収穫が得られたときであり，長い間ポロタをもてずにいる者もいる．ポロタをもっていない者は凶作への備えがない．通常は，備えがない者には親族が穀物を分け与えるのだが，数年間も深刻な凶作が続いてしまうと，親族にも援助する余裕がなくなってしまう．そのようなときは，余剰のポロタをもつ者たちが，ポロタを開けて無利子・無期限でモロコシを貸与してくれる．

　デラシェ地域には，20〜30個ものポロタを所有すると言われるアパオラと呼ばれる人びとがいる．デラシェ地域に存在する 9 つのクランの首長のうち，4 つのクランの首長がアパオラである．元々，全てのクランの首長たちは，自分が暮らす村落付近一帯の有力者として存在しており，村長たちと共に村の運営に関わっていた．また，ポルダ（porda）と呼ばれるデラシェ地域を治める王に助言し，地域の統治にも関与していた．しかし，19世紀のエチオピア帝国と20世紀末の社会主義政権（デルグ）の支配によって，伝統的な政治系統・階層は失われていった．そのようななか，うまく時の行政機関と関係を築きながら，農村開拓によって所有地を増やし，権威を増したのがアパオラたちである．

現在のデラシェ地域の村々は，デラシェ特別自治区の行政法によって運営されている．それと並行して，村内では，伝統的なアパオラを頂点とし古老を中心とした政治運営もなされている．それぞれの村では，定期的にモッラと呼ばれる集会所で，男性たちによって村の運営について話し合われている．ここでのアパオラの発言権は絶大で，最後に必ずアパオラの意見が求められる．また，アパオラは，村人から絶大な信頼を寄せられ，行政の役人にも顔がきくため，村だけでなく地域内の様々なもめごとを解決しており，地域住民や役人から頼りにされている．

　広大な農地を所有するアパオラは，深刻な凶作のたびに，自分のポロタを開けて，モロコシを無利子・無期限で村人に提供してきた（砂野 2019）．一度に全てを返すのは難しいので，モロコシを分けてもらった村人たちは，数年から十数年かけて少しずつ返済することになっている．しかし，モロコシを借りた者は，貸与されるモロコシを「贈り物」と表現している．また，アパオラがモロコシの返済を迫ることはなく，貸与したモロコシの回収率が低くても気にしていないように見えた．70歳以上だと思われる男性Rは，これまで3回アパオラからモロコシを「借り」ており，その量はおおよそ50 kg以上になるが，返したのは2回目に借りた10 kgのみだと語った．話を聞いた30世帯のうち，19世帯も同様の返財状況であり，11世帯は全く返していないが，問題にはなっていない．モロコシを返していなくても，凶作のときにアパオラはモロコシを貸してくれるという．このように，一応の「返財」の義務はあるようだが，ほぼ機能していない．村人たちは，「借りた」と言うが，その実態は「もらった」というべきだろう．

　このように，莫大な富をもつアパオラは，凶作の際には，食糧を分け与えて，村人の生存を保証する役割を担っている．モース（2014）は『贈与論』の一節で，一見，自発的に行われる贈与は，実際のところ全くの義務によってなされ，この義務を果たし損なえば，場合によっては，私的な戦争，もしくは公的な戦争になるほどであると述べている．凶作の際のアパオラの贈与には，富める者の義務という強制力が働いている．たびたび凶作に見舞われるデラシェ地域の気候条件が，アパオラという莫大な富をもつ者の存在を肯定させていると考えられている．サーリンズ（1984）は，返礼を期待することなく惜しみなく与えるような一方的な財物の流れを「一般化された互酬性」と呼んでおり，「一般化された互酬性」では与え手と貰い手の間に，社会的ランクや権力差を生み出すメカニズムがあるとしている．実際，デラシャ社会において，いざというときに村人に食料を分け与える役割をもつアパオラの権威

は絶大である（砂野 2019）．村で起こったもめ事が解決しないときや，村内会議の最終決定には，必ずアパオラの意見が尊重される．アパオラは親族の助けを借りても管理しきれないほど広大な畑を所有しており，播種や収穫の際には人手を募る．その畑仕事に労賃が支払われることはないのだが，アパオラが声をかけると大勢の若い男たちがすぐに集まってくる．彼らの大半は，長男以外である．過去にアパオラからモロコシを借りた経験がある者もない者も，等しく進んで作業に参加する．そこには，干ばつのときにアパオラからモロコシを貸与してもらえる関係を築こうとする思惑があるのかもしれない．

　アパオラに凶作の時にモロコシを分け与えること（人びとは貸与としているが）について話を聞くと，「穀物を貸すのは（アパオラとして）当然のこと．貸した穀物を返せと迫るのは無礼だ．返されなくても，自分は気にしない」と言う．若者が労働力として集まることについては，「デラシャの男が自分のもとに集まるのは当然である．皆はデラシャという家族なのだから」と語る．モロコシの贈与も，若者による労働力の提供も，当然のことと考えているようだ．アパオラのもつ広大な畑は，実質的には彼らの働きによって維持・管理されている．交換可能なモノと交換不可能なモノの存在に注目したモーリス・ゴドリエ（2004）は，「贈与とは受け取ることが義務であると考える人に対して，自分の所有物である何かを，自分の意思で移動させることである」と定義している．そして，贈与は与え手と貰い手の間に，分与を通した「連帯の関係」と「負債を通した優劣の関係」の二重の関係を生み出すとしている．アパオラによるモロコシの分与は多数のポロタをもつからこその余裕で，他のデラシャには当てはまらない．アパオラはモロコシの分与を通して，村人との連帯関係を強めつつ村人に貸しを作り，アパオラのもつ権威と富の承認という返礼を得ていると言える．

2　貯蔵庫を隠して富を蓄えるオロモ

1……ハラリで暮らすオロモについて

　オロモとは，主にエチオピア中南部オロミア州（Oromia Regional State）に居住するオロモ語を話す人びとで，2016年の時点でエチオピアの総人口の35％を占めていた．

現在も人口が増加し続けており，国内で最も人口が多い民族である．国内のみならず，隣接するケニアやソマリアに暮らしているオロモもいる．彼らの主な生業は農業で，牧畜も並行しておこなっているものもいる．ボッラ（bora）という地下貯蔵庫を利用するのはハラリ州からディレ・ダワ自治区（Dire Dawa），オロミア州東部にかけて居住するオロモだけである．ここでは，ハラリ州に暮らすオロモについて述べる．

　ハラリ州は，エチオピア南部から中南部・西部を占めるオロミア州の中の東部に位置する．ハラリ州の州都ハラール（Harar）は，首都アジス・アベバから東へ520km，標高1870mの地点に位置し，周囲には平野や緩斜面が広がる（図6-1）．首都を結ぶ長距離バスの本数は多く，1日で移動することができる．ハラールは2006年に「歴史的城塞都市ハラール・ジュゴル」として，ユネスコの世界遺産に登録されており，中世からイスラム教の「第4の聖地」，そしてエチオピアとアフリカの角やアラビア半島を結ぶ交易地として栄えてきた（図6-8）．詩人アルチュール・ランボーが愛して滞在した街として，また，ハイエナマンによるハイエナへの餌やりショーなどで有名であり，多くの観光客が訪れる．ハラリ州の面積は国内の州のなかで最小の334km^{2}であり，2007年の国勢調査によると人口は約18万人で，そのうち54％は都市に暮らし，残りは農村に暮らしている．地域内の村落は50〜400世帯で構成されている．最大の民族はオロモで約56％を占める．ハラリ州は半乾燥地に位置し，エチオピア気象庁によると年間気温の平均は19℃，最高気温の平均は26℃，最低気温の平均は13℃，年2回の雨期には平均720mmの降水量がある．農村に暮らすオロモの主な生業は農業で，基幹作物であるモロコシを二期作している．収穫した穀物は，地下貯蔵庫であるボッラに貯蔵し，必要に応じて取り出して使う．

　ハラリやディレ・ダワに暮らすオロモは，モロコシの粉末を水で溶いて2〜3日かけて乳酸発酵させてから，石版に円を描くように流し込み，クレープ状に焼き上げたインジェラ（injera）を主食とする．通常，インジェラはテフ（*Eragrostis tef*）でつくられるが，ハラリやディレ・ダワ周辺の農村ではモロコシで作られていた．経済的に余裕があるときは，購入したテフやコムギ（*Triticum aestivum*）にモロコシを混ぜてインジェラを焼く．他にも，モロコシの粉末に水を加えて練り，石版で両面を焼いた無発酵パンや，モロコシやトウモロコシの粉末に水を加えて練った生地に豆を包んで揚げたサンブサ（sanbusa）なども朝食やおやつとして食べられる．肉を食べることは稀で，普段はモロコシやイモ類を主食，豆類や根菜を中心とした野菜を副

図6-8　ハラールから見た景色

食とする．他にも，換金作物であるコーヒー（*Coffea arabica L*）やチャット（*Catha edulis*）を栽培している．コーヒーはハラール・コーヒー，チャットはアオダイ・チャットと呼ばれ，それぞれ高級品として有名である．チャットは，イスラム教の儀礼に不可欠で，宗教と関連して昔から栽培され，イエメンにまで輸出されてきた．ハラリ州はイスラムの聖地として栄えてきた歴史があり，イスラム教徒（ムスリム）は全人口の約70%，次いでエチオピア正教徒が占める．対象としたC村とAk村は，州都のハラールやエチオピア第二の都市ディレ・ダワから近距離であるため，ここ十数年のグローバル化や経済発展が著しく，生活が急速に変わりつつある．

2……… ボッラとは

ハラリでは，ゴタラと呼ばれる地上貯蔵庫を滅多に見かけない．人びとは，オロモ語でボッラと呼ばれる地下貯蔵庫に穀物を貯蔵する．前述したように，ボッラはハラリ州からディレ・ダワ自治区，オロミア州東部にかけての元ハラルゲ州（Harerge

Regional State) 一帯で使われている．これらの地域は乾燥・半乾燥地に位置しており，木材が不足している．木材を使わずに造れることが，ボッラの利点の1つである．ボッラの中に，アシスタントの男性に入ってもらい，メジャーで内部を計測した．ボッラを横から見ると，ポロタのようなずんぐりしたフラスコ型，あるいは円錐の上に短い円柱を積み重ねたような形をしている．円柱の上端が地面で，ボッラ全体は地中に造られている（図6-5）．穀物を入れる部分の大きさは，フラスコ型が直径0.8～1.7m，深さ1.2～2.9mであり，円錐型が直径1.2～2.8m，深さ1.5～3.2mと大きさに幅がある．フラスコ型と円錐型が存在しているが，主流はフラスコ型で，その多くは直径約1.0m，深さ約1.7mであり，このサイズが収穫したモロコシを貯蔵するのに適した容量のようであった．ボッラでは1～3tのモロコシを貯蔵することができるが，いっぱいになることはあまりないという．

　ボッラから穀物を取り出すときは，入り口の縁に立った男性に，腕を掴んで中に下ろしてもらう．大きいボッラでは，入り口から庫内に梯子を入れるか，ボッラの壁面に造った凹みに足をかけて出入りする．ボッラに入る前には，30分以上前に蓋を開けておき，入り口から腕を突込んでシャツを振り回すか，入り口に腰掛け膝から下を入れてパタパタと動かして庫内の空気を入れ替える．人びとはその理由について，「庫内の空気が悪いから」とか，「そのまま入ると頭が痛くなるから」と言う．その後，入り口から上半身を入れて，庫内の空気が入れ替わっているのを確認してから中に入る．ボッラでもポロタと同様，酸素濃度が低く，二酸化炭素濃度が高くなっているのだろう．穀物を入れた後は，入り口にビニールシートか穀物袋を敷いた上に木の板を敷き詰め，木の板と蓋の間にできた隙間を粘土で埋める．最後に灰を加えた土を被せ，その上を子供が踏み固める．

　ボッラは，水が浸透しにくく崩壊しにくい場所に造られるが，オンガほど緻密な土層ではなく，気密性は高くない．したがって，ポロタほど低酸素かつ高二酸化炭素の空間は形成されず，炭酸ガス冬眠貯蔵のような条件とはならないので，数年単位での貯蔵はできない．また，雨期には雨水が入ってしまうため，カビの繁殖によって貯蔵中に徐々に劣化が進む．雨水の侵入を防ごうと，ボッラの内壁には小枝・草・プラスチックで内張りするなどの工夫が施されている．昔は動物の皮を庫内に張っていたが，今はビニールシートが一般的である（図6-9）．害虫による食害にも悩まされており，1年に1度はボッラの中に防虫剤や防虫効果のある植物を入れているが，モロコシの何割かは害虫や菌類の被害に遭う（Bekele et al. 1997）．ボッラ内は

図6-9 防湿処理を施したハラリのボッラ

相対湿度が58.3〜86.1 ％で，モロコシを７ヵ月間貯蔵すると，種子の容積が4 ％，質量が2 〜13 ％減少し，発芽率が27 ％まで低下する（Dejene 2004）.

　オロモは，毎年，防虫剤を入れれば，劣化はしつつも2，3年はモロコシを貯蔵できるというが，人びとは1ヵ月に1，2回，ボッラを開けてモロコシを取り出しており，多くの世帯は4〜6ヵ月で中のモロコシを使い切る．オロモの多くは換金用としてチャットを栽培しており，食料のモロコシが足りなくなったときは，チャットを売って得た金でモロコシやトウモロコシ，テフ，コムギなどを買う．オロモはボッラを1〜3個所有している．曾祖父の代くらいまでは，人口密度が低く土地が十分にあったため，4，5年に1度くらいは新しいボッラに造りかえていた．しかし，現在はボッラを造るのに十分な土地はないため，長男が父親のボッラを受け継いで大事に使う．ボッラは丁寧に扱えば，20年近くは使い続けることができるという．本章では取り扱わないが，都市から離れたところに暮らすオロモは，ボッラの表面にビニールシートやコンクリートで防湿処理を施し，防虫剤を入れて，モロコシを2，3年単位で貯蔵し，凶作に備えて大事に使う．

3……ボッラを徹底的に隠す社会・文化

　村で20個のボッラの場所を聞いたところ，9個は家の前，6個は家の中，5個は家の近くの家畜（牛）囲いの中ということであった．今は家の中にボッラを造ることが増えているが，かつては家の前や近くの家畜囲いの中などに造ることが多かったそうだ．伝統的なオロモの家屋は，木の骨組みに泥で塗り固めた壁と，作物残渣を積み重ねた茅葺き屋根をもつため，雨期には雨漏りしていた．しかし，30年ほど前から，徐々にトタン屋根が普及した．トタン屋根をもつ家であれば，雨期に雨水が侵入せず，貯蔵したモロコシの保存状態が良い．また，人口増加で，ボッラを造

るのに適した場所が足りなくなった．これらの理由から，家の中にボッラを造る人が増えたのだと言う．人びとは，ボッラを造るときに，雨水がボッラに入りにくいことや，水を通しにくく崩れにくい土質を選ぶ他に，自分の目が届くところにボッラを造る傾向がある．彼らは，実際，どのようにボッラを造る場所を選んでいるのだろうか．

[事例 5] ボッラを造る場所を決める

　男たちが集まっていたときに，20代半ばのFは，「ボッラを家の前に造ろうかと思っている」と話した．すると，別の男性が，「Fの家の前は水の通り道だから，雨期に（ボッラに入れた）穀物が傷んでしまうかもしれない．止めた方が良いのではないか」と言った．他の男性たちは，同じ村に暮らすFの兄や叔父の敷地を勧めた．それを受けてFは，「そうだね．良いかもしれない」と答えた．

　しかし，Fが兄や叔父にボッラを造らせてくれるように頼むことはなかった．数日後，Fは，家の裏庭の畑の脇にボッラを掘り始めた．私が，「お兄さんか叔父さんの敷地で，ボッラを造らないの？」と尋ねると，「兄嫁は口が軽いから，どれだけボッラにモロコシが入っているか言いふらされる．叔父さんのところに造ると，収穫のたびにおすそ分けしなければいけなくなる」と答えた．

　Fは兄嫁に自分の貯蓄しているモロコシの量を他人に話されること，収穫のたびに叔父にモロコシを分け与えなければならないことを嫌がっていた．そして，少しくらい質の悪いボッラを造り，その中に貯蔵した一部のモロコシが劣化したとしても，その方が良いと考えたのである．ハラリのオロモは，自身の蓄えを人に知られるのを嫌がる傾向が強い．それは，以下の事例でも見られた．

[事例 6] 家の中にボッラを造った男

　聞き取り調査のために，アシスタントのIとともに，Mの家を訪ねた．Mは家の前に出した木の椅子に座って寝ていた．日差しが厳しかったため，私を気遣ったIがMに家の中に入れてくれるように頼んだ．Mは，「今は妻が居なくて，もてなすことができないから」と断ったが，Iがもう一度，「彼女は外国人で体力がないんだ．入れてくれよ」と頼んだ．すると，Iは自分の家ではなく，すぐ近くの妹の家に私たちを案内した．しかし，妹もその近所の人びとも畑に行

ったようで留守だった．Ｍは「しょうがないな」と言って，私たちを連れて自分の家まで戻り，「しばらくそこで待っていてくれ」と言い置き，私とＩのために家の前に椅子を用意してから，家の中に入っていった．5分ほどすると，Ｍは家の中に私たちを招き入れた．

　Ｍは，木の骨組みに泥と作物残渣を混ぜたものを塗り固めた壁と，トタン屋根をもつ家に暮らしている．木の扉を開けて中に入ると，扉のすぐ傍の左側にビニールシートが広げられているのが目に入った．モロコシを広げて乾かす準備をしているのかと思ったが，日差しのない家の中で乾燥させることはまずないので，そうではないようだった．気になったので，Ｉに「このビニールシートは何だ？」と尋ねてくれるように頼んだ．しかし，Ｉは渋い顔をして，「Ｍは答えない」と言った．私が再び催促すると，Ｍに「ビニールシートを広げているのはどうしてかとユイが聞いている」と尋ねてくれた．しかし，明確な返答は得られず，Ｍは「そっちに行ったらだめだよ」としか言わなかった．もう一度尋ねてもらおうとしたところ，普段はアムハラ語で話しているＩがあえて英語で「この下にはボッラがあるんだ」と，こっそりと教えてくれた．驚いた私は思わずいつもの癖で「家の中にボッラを掘るの？」と，アムハラ語で確認してしまった．アムハラ語だったので，Ｍにも分かってしまったようで，ＭはＩを咎めるように見た．開き直ったＩは肩をすくめて，「大丈夫だよ．ユイは外国人だ．関係ない．勉強するために来ているんだ．知りたいことを知ったらそれで終わりだ」と言った．Ｍは「仕方がない．次に来るときにチャットを持ってきてくれよ」と言いながら，ビニールシートをまくってボッラを見せてくれた．

　私が「どうしてそんなところにボッラを造っているの？」と尋ねると，Ｍは「この家はトタンの屋根だから，雨が降ってもボッラに水が浸入せず，中に入れたモロコシが傷まないからだよ」と答えた．さらに「家の中にボッラを造るのは，一般的なの？」と私が尋ねると，横からＩが「一般的だよ．○と○，○……」と，村人の名前を列挙していった．Ｍも「○と○と○もだ」と名前を挙げていき，計8人もの名前が挙がった．私が「その人たちにも話を聞きに行こう」と言うと，Ｍが「ダメだ．彼らは知らないふりをするだろう」と止めた．「ＭとＩに聞いたと言ってもダメなの？」と尋ねると，2人は嫌そうな顔をして，私に「やめてくれ．私たちが礼儀知らずだと思われる．あえて（人目につかない）家の中に造っているのに，それをわざわざ指摘するのは善い行いではない」

と忠告した.

　はじめ，Mは家の中にボッラを造る理由として，雨による穀物の劣化を防ぐことを挙げていた.　しかし，ボッラの存在を隠そうとして私たちを家に入れず，さらにビニールシートで覆ってボッラを隠そうとしたこと，ボッラを家の中に造っていることを「あえて（人目につかない）家の中に造っている」と表現していることから，意図してボッラを人目に触れないような場所に造っており，そのことを隠そうと努力していると考えられる.　近隣住民は，他人のボッラがどこにあるか，おおよそその在処を把握しているが，それを口にしないようにしている.　ボッラを隠そうとすること，他人のボッラの在処を知らないふりをするという態度は以下の事例にも現れている.　これは，私がボッラを見せて欲しいと頼んで，Ibの家を訪れたときのことである.

　[事例7] 家の扉を閉めて屋内のボッラに穀物を入れる
　　トタン屋根の家は，作物残渣を積み重ねた屋根の家とは異なって，雨漏りしないが，トタンが熱を吸収するため，締め切ると室温は外よりも高くなる.　トタン屋根をもつIbの家では，人が居るときは家の扉や窓を開けっ放しにしている.　しかし，私が訪れた日は扉も窓も閉ざされていた.　ノックをすると返答があり，家の中に招き入れられた.　私が入ると，家の扉は再び閉められた.　床を掘ってボッラの入り口を開け，中を箒で掃除し，モロコシを入れ，蓋を占め，上から土を被せて密閉するまで38分かかった.　木の窓と扉を締め切ったIbの家は暗く，私にとっては懐中電灯で照らさなければ何も見えなかった.　締め切っているため，風通しも悪く暑い.　Ibと3人の息子たちは，汗だくになりながら作業を終えた.　作業中に彼らは，「暑い.　暑い」と何度も口にしていた.　次男は作業を始めて23分後に外の空気を吸いに出て，5分後に室内に戻った.　三男は21分後に耐えきれずに外に出てしまった.　それでも作業中に窓や扉を開けることはなかった.　家の扉を締め切って穀物を入れる理由を尋ねると，「大っぴらにボッラを見せびらかすと，悪魔に呪われて穀物が傷んでしまうから」と答えた.

　窓や扉を締め切った状況で，ボッラの中を掃除し，穀物を入れる作業をするのは，暑く暗いので非効率的である.　しかし，Ibは扉を開けたままボッラに穀物を入れる

行為は「見せびらかす」ことだと考え，そのような行為をすると「悪魔に呪われる」と恐れる．

　この３つの事例から，ハラリのオロモは，水を通しにくいという物理的特性に加え，人目に触れないという社会的・文化的な理由から，ボッラを造る場所を選んでいると言える．元々，人目に付きにくい家の外の敷地に造っていたのが，トタン屋根が普及したことで，より人目につかない家の中にボッラを造るようになった．さらに，出し入れの作業を大っぴらに行うことを「富を自慢すること」と捉えており，密かに行う．知らない振りをするだけではなく，知られない努力を最大限することで，人の心に「悪魔」を呼び込まないように努めている．オロモは富を分け与えることを善行と認識している．これはイスラムの教義にも合致する．しかし，現実的には，自身の蓄えを他人に分け与えつつ生存を維持できるほど，豊かな者ばかりではない．そこで，お互いに富を徹底的に隠す努力をし合うことで，自分が食糧をため込んでおり，それを分け与えていないことへの負い目や罪悪感を共有している．さらに，お互いが他人の富をあたかも知らない物として振る舞うことで，「妬み」や「恨み」を回避しようとしている．

4 ┄┄┄ 家庭内でもボッラを隠す

　ハラリのオロモは，周辺住民の目を気にして，ボッラとモロコシを隠す傾向があることを前の節で述べた．オロモにとって，ボッラとはどのようなものなのだろうか．以下の２つの事例に注目したい．

［事例８］ボッラを開けるときに妻は家にいない

　Abの家には，数日前から，収穫したモロコシの入った穀物袋が保管されていた．ある日，妻が自分の両親を訪ねるために，３人の娘たちを連れて出かけて行った．妻が家を出たのは，８時45分であった．家には，Abと13歳の息子が残された．Abと息子は11時７分になると，14分かけて家の前を掘ってボッラの蓋を開け，２時間５分かけて換気した．そして13時26分に息子が梯子を使って中に入り，13分かけて箒で掃除をした．私が１ヵ月ほど村に滞在している間に，Abの息子が箒をもつのを見たのは，これが初めてであった．家の中の掃除は，全て妻や３人の娘たちがおこなっている．息子が梯子を上ってボッラから出ると，

中に収穫したモロコシを注ぎ入れ，蓋を閉めて埋めなおした．全ての作業が終わったのは14時4分であった．この家の男たちが，妻に促されずに，自ら畑仕事以外の作業するのを初めて目にした．17時56分に妻が娘たちを連れて帰宅した．妻は，モロコシの入った穀物袋がなくなっていたことについては，何も触れなかった．

[事例9] モロコシを出してほしいときの妻の行動

Isの家のモロコシは残り少なくなっていた．妻はモロコシがもうすぐ無くなることを，夫のIsに何度も伝えていた．Isは「そうか」とだけ言って，すぐに行動する様子はなかった．5日後の夜に，妻が「明日，私は姉の家に行ってくるから，夜まで帰らないわ」と伝えた．朝食を終えた妻は9時10分に出かけた．Isも友人の家に出かけたが，日が高くなった13時に家に戻り，すぐに玄関付近を掘ってボッラの蓋を開けた．その後，休憩すると言って昼寝をした後，15時5分に梯子を使ってボッラの中に入り，網かごにモロコシを入れ，梯子を上って穀物袋に入れる作業を繰り返し，15時40分に作業をすべて終え，ボッラを埋めなおした．18時7分に帰宅した妻はモロコシが室内の穀物袋に入れられているのを確認したが，それについては何も言わなかった．

私は12件のボッラへの穀物の出し入れに立ち会ったが，そのうち10件では女性は同席していなかった．妻が立ち会っていないのは20〜50代の夫婦で，妻が立ち会っていたのは10代後半と20代の2組の夫婦であった．立ち会わなかった妻たちに，「どうして一緒にボッラからモロコシを出さないのか」と尋ねると，彼女たちは，「ボッラは男性のものだもの．私たちは口を出してはいけない．（夫に）任せておけば良い」と答えた．ハラリでは，女性はボッラへの穀物の出し入れには関与できないということだった．その理由として，多くの男性は，「ボッラの管理を女性に任せたら，たちまち女性が威張り始める．今だって，妻の方が強いのだから」とか，「ゴタラ（地上貯蔵庫）なんて造ったら，妻が勝手に料理に使い，いつの間にか食べ物がなくなっている」と挙げる．実際には，金の管理は女性の方が細かく，男性はチャットを買って無駄遣いするという印象があるのだが，男性はモロコシの管理に女性を関わらせたくないらしい．男性たちが言うには，「ボッラは男の財産であり，食料の管理を男が担うことで，男の権威を維持している」ということであった．しかし，女

性がそれとなく穀物を出すように促すことで，男性がボッラを開けて穀物を取り出していることから，女性からするとボッラの管理を任せることで男性を立てているとも言える．ある40代の女性は，母親からボッラを妻から「隠す」という行為は，「モロコシの量が少なくなったことを妻に知られて心配をかけないようにという思いやりでもある」と教えられたと言っていた．近年は外部との交流によって価値観が変化しつつあり，若い夫婦のなかにはボッラを開けるときに妻が在宅することもあるが，今でも妻を外出させる世帯が多い．男女の思惑は異なるが，家族間でも「隠す」ことを当たり前とする空気がある．男性にとってボッラは，自分の権威やアイデンティティーの拠り所であると言える．そして，家庭内で「ボッラを隠す」ことを美徳とする価値観が共有されている．

5 ──── 富を公にすると嫉妬される

これまで，村単位・世帯単位での，ボッラとモロコシの管理を見てきた．ボッラを人目につかないようにする理由を語るときに「悪魔」の存在が挙げられたが，「悪魔」とは何を意味するのか．

[事例10] ボッラでモロコシが劣化したのは悪魔が嫉妬したから

結婚したばかりのMaは，新しいボッラを家の前に造った．Maの両親は広大なチャット畑を父（Maの祖父）から譲られており，裕福であった．雨期が終わり，Maがボッラを開けたところ，雨が入り込んでしまったようでモロコシは腐っていた．村人はこの話をするときに必ず「Maは恵まれているから，悪魔が嫉妬して悪さをしたのさ」と付け加える．その後，Maは新しいボッラを家の中に造った．屋内に造った理由を尋ねると，Maは笑いながら「家の中には悪魔も入ってこられないから」と答えた．

Maのボッラに入れたモロコシが劣化したのは，ボッラを造った場所の土が良くなかったからだと思われる．しかし，村人たちは，そのような物理的問題を劣化の原因として挙げず，「悪魔の嫉妬」という表現を用いた．Maの事例から，「悪魔は恵まれた，裕福な者を嫉妬する」と村人たちは考えていると言える．同じような事例がもう1つある．

［事例11］ 富を見せびらかすと悪魔に嫉妬される

　Deは広大な畑でアオダイ・チャットを栽培し，ディレ・ダワに卸して富を得ており，この村の中では裕福である．私の滞在中，Deの家には週1〜2回，アオダイ・チャットの買い付け業者が小型トラックで訪ねてきていた．Deは，家の前と家から少し離れた家畜囲いの中に，計2つのボッラを所有している．これらのボッラは父親から受け継いだもので，Deの父は祖父から受け継いだとのことであった．普段は3週間〜1ヵ月おきに，それぞれのボッラを開けるのだが，しばらくDeは家の前のボッラを頻繁に使っていた．3ヵ月ぶりに囲いの中にあるボッラを開けたところ，中に入れていたモロコシの劣化が進んでいた．原因は，ボッラが古くなり性能が劣化していたためであった．

　これについて，Deは「父も祖父も使っていたのだから仕様がない」と語った．しかし，Deの甥は，「Deの家には，チャットを買い付けにトラックが毎週来ていた．だから，悪魔に目を付けられたのだろう」と言っていた．チャット・ベット（村の男たちが集まって，チャットを吸いながら談笑する場所）で，Deのボッラに入れたモロコシがダメになった話をすると，多くの男性たちは同じように，「Deは裕福だから」とか，「トラックがたくさん来るから」と，穀物の劣化と全く関係のない要因を挙げた．

　Deはボッラが壊れた後も，変わらずチャット販売を続けた．「目立っているけど大丈夫なの？　悪魔はもう来ないの？」と冗談めかしてDeの甥に尋ねたところ，「Deは悪魔にやられたばかりだから，（今は）大っぴらに商売をしても大丈夫だよ．皆，Deに同情しているから，誰も何も言わない．しばらくは，悪魔は来ない」と答えた．

　この事例から，富を公にすると悪魔に狙われると人びとが考えていること，「悪魔の嫉妬」とは，すなわち「村人の嫉妬」であり，村人から嫉妬されることで富が失われるような事態（ボッラの劣化）が起こると考えていることがわかる．また，人びとは，地下を「神に祝福された場所であり，悪魔が近づくことができないところ」で，「地下に造られたボッラには悪魔が近づけないので，モロコシが守られる」と語る．人びとは地下に富を隠すことで，「嫉妬」という「悪魔」を呼ばないようにしている．オロモにとって富を隠すことは，他人に嫉妬心を起こさせない心遣いでもあると考えられる．

6 ········ チャットが贈与対象な社会

　ハラリのオロモは，ボッラ（モロコシ）を隠すことで，他人からの「妬み」や「ねだり」を避けようとしている．しかし，ボッラを隠す一方で，富を分け与える様子もみられる．それは，イスラム教において，神への贈与の代わりに，実施される社会的弱者への贈与「喜捨」である．近年の急速な経済発展によって，ハラリでは貧富の差が開きつつある．ハラリはアオダイ・チャットの生産地で，最高級のものは，500g（一束）で100〜200ブル（2011年では約1000〜2000円）と，ふつうのチャットの5倍以上の値が付く．チャットは弱い覚醒作用のある植物で，イスラムの儀礼には欠かせない．中東アラブ諸国では「カート」として知られ，東アフリカからイエメンにかけて幅広く栽培されている．アオダイ・チャットは利潤が高いことから，近年，コーヒー栽培からチャット栽培に転換する農家が増えている．時流にのって，広い畑で質の良いチャットを栽培している農家は莫大な富を得ることになった．

　広大なチャット畑をもつ世帯には，買い付けのトラックが家や畑を訪れるため，富を隠すことは難しい．チャットで財を得た者は，村人が結婚したり子供が生まれたとき，死者を弔う儀礼の際は，積極的に金銭を補助したり，質の良いアオダイ・チャットや豪華な食事を提供する．ラマダン明けには，豪華な料理を作り，村人たちに振る舞う．イスラム教の教えに従って実施される贈与は，富める者から返礼を期待せず一方的にもたらされる．モース（2014）は喜捨に注目し，社会のために協同することで報酬が得られる仕組みがムスリム社会に既に内包されていると指摘している．伊藤（1995）は，イスラム教の喜捨などの善行を積む宗教的行為は，来世利益や現世利益を期待した一方的な贈与にほかならないと指摘している．大塚（1989）は，ムスリムが別のムスリムに対して行う贈与は，人と人による直接交換ではなく，アッラーからもたらされる「間接交換」という形をとるとしている．オロモは他人への直接的な贈与はせずに，その間にアッラーを置き宗教的な行為とすることで，日常的なねだりと嫉妬を回避している．贈与する側は目に見える形で報酬を求めてはいないが，与えた相手からの尊敬と富への承認を得る．喜捨された人びとは，神に感謝しつつ，喜捨した者に対しても神と共食する機会を与えてくれた徳の高さを褒め讃える．オロモ社会において大規模な喜捨を行う者は，村人から尊敬を得ることができ，妬まれつつも富と高い社会的地位をもつことを容認されている．

　現在のオロモは，ボッラに入ったモロコシは他人には分け与えない．昔は，飢饉

に備えて劣化を承知でボッラの中に3年ほどモロコシを貯蔵していたそうだが，現在は数ヵ月単位で貯蔵している．モロコシが不足したり凶作になると，近年は需要が増加し価格が高騰しているコーヒーやチャットを売り，得た現金で食料を買う世帯が多い．そのため，デラシャのアパオラのように，飢饉の際に分け与えるだけの余剰のモロコシを保有する者はいない．しかし，広大なチャット畑やコーヒー畑を保有している者は，飢饉の際には，これらを売って得た金で穀物を買い，食料が不足する人びとに分け与える．オロモの間では，イスラム教の弱者救済システムに則った分配が，日常でも非常事でも行われており，富を与えつつ保有する社会となっている．

3 考察 ⸺ 富を蓄える社会での分配のあり方

アフリカ農耕民は，身近な環境の範囲内で，できるだけ少ない生計努力によって安定した食料を確保しようとする「最小生計努力」によって生業がなされる．生産された食料は，頻繁に集落内や食糧が欠乏する他の集落で分配され，食料が集落の内外で平均化される（掛谷 1974, 2002：掛谷・伊谷 2011）．これら食糧の最小生産努力や平準化は，地域の精霊や祖先の霊に対する畏れや，人びとの妬み・恨みに起因する呪いへの恐れを背景としてなされる（掛谷 1974, 1986）．この相互扶助や互酬性によって形成・再生産がされた人間関係が，アフリカの厳しく不安定な気候での生存維持基盤となっている．

一方，デラシャやオロモは，蓄えることを目指した生計努力がなされている．蓄えには差があり，貧富の差が存在する．他のアフリカ農耕民と同じく，デラシャでもオロモでも，富をもつ者に対する「嫉妬」や「妬み」は存在するが，一部の富を自ら分け与えることで蓄財を容認されている．両方の社会では，とくに突出した富裕層に属する人びとが，与え手となることが多い．

ポロタの場所や蓄えてあるモロコシの量をデラシャは公にしており，富を蓄えることが積極的に承認されている．デラシャは，新しいポロタを造ったときや，ポロタを空にしてモロコシをさらえたときなど，折に触れて貯蔵していたモロコシからパルショータを造り，村人に振る舞う．これは，デラシャの全ての男たちと世帯が，一生の間に何度か経験することである．20〜30個ものポロタを所有するアパオラは，

これら日常的な分配に加え，凶作が続いて食糧が枯渇したときにも，ポロタを開けてモロコシを無利子・無期限で貸し与えるという非常時の食糧分配も担う．デラシャはポロタを目立つ場所に造っているので，誰が，どれだけ，モロコシを蓄えているのか一目瞭然であり，その情報は村人に共有されている．デラシャの男にとって，ポロタとは食糧貯蔵庫であるだけではなく，一人前の男という社会的地位の象徴とされる．ポロタをもつことは，蓄財が可能な財力があると，公にすることである．そのため，ポロタをもつと称賛されつつも嫉妬される．ポロタが空になると，進んで蓄えていた富（モロコシ）の一部でパルショータを造り，人びとに振る舞う．パルショータのやり取りは特定の個人を対象とした贈与ではないが，一方的に振る舞われた側は，コミュニティーに対して，パルショータをもらってばかりであるという負い目をもつ．そして，数年後に，自分にパルショータを振る舞う機会が巡ってくると，積極的に振る舞う．デラシャは，他人からパルショータを振る舞われ，数年後に振る舞い返すということを繰り返している．与えられてからお返しをするまで数年を要するという状況が，長期的な関係の形成・再生産につながっており，村人たちの連帯関係を強固にしている．一方で，凶作の際にアパオラから与えられるモロコシは一方的な贈与であり，同等あるいは，それ以上の返礼がされることはない．この負債の積み重ねが，与え手であるアパオラを有利な立場にし，莫大な富の所有を認めることになっている．

　一方，ハラリに暮らすオロモは，ただでさえ地下にあって中身が分かりにくいという性質をもつボッラを家の前や家の中など，人目に触れない場所に造って，徹底的に隠そうとする．オロモは「他人からの嫉妬」を「悪魔の嫉妬」と表現して恐れており，「嫉妬」を受けないためには，富を隠すことが最も良い方法だと考えている．ボッラの場所や蓄えてあるモロコシの量を公にしないことで，富を蓄えることが消極的に承認されていると考えられる．ボッラの所有数や貯蔵内容を他人に見せないように細心の注意を払う一方で，市場経済において富を生み出すチャットは公にされ，贈与の対象とされている．とくに，富裕層に属する人びとは，イスラム教の喜捨や宗教的儀礼の際には，一方的に富を分け与える．昔は飢饉になると，富裕層に属する人びとが，ボッラに入れたモロコシを分け与えていた．しかし，チャットが高値で取引される現在は，飢饉になると，チャット販売で得た金銭や食料を分け与える．ボッラに入れたモロコシを贈与しなくなったのは，オロモの居住地ハラリが半乾燥地に位置し，たびたび凶作となることが関係している．現在のように，チャ

ットを販売して得た金でモロコシを買うようになる前は，ボッラの中のモロコシが
つきることは死を意味した．そのため，チャットという別の贈与対象ができたこと
で，ボッラに貯蔵されたモロコシは贈与対象ではなくなったと考えられる．大規模
にチャットを栽培している富裕層は，余剰を多くもつ者とみなされる．彼らは，イ
スラム教の教義に沿って，喜捨という形で富を分配する．イスラム教徒のオロモは，
人が人に富を直接分配するのではなく，アッラーを挟んで間接的に分配する．神と
いう特別な存在を通すことで，悪魔（村人）の嫉妬を避けるとともに，実質的に余
剰を分け与えることで，ボッラのモロコシについては，その所有を認められている．

　デラシャとオロモが蓄財と分配が並行する社会となっているのは，彼らのもつ地
下貯蔵庫の特性が関係していると考えられる．エチオピアで広く使われるゴタラな
どの地上貯蔵庫では，防虫剤を加えても穀物が貯蔵できるのは1年未満である．ま
た，アフリカで穀物と並んで頻繁に主食とされる根茎類の消費期限はさらに短く，数
週間から数ヵ月ほどである．一方，ポロタは最大20年間もモロコシを貯蔵すること
が可能で，ボッラでは防虫剤を加えると2，3年間の貯蔵が可能である．デラシャ
とオロモは，地上貯蔵庫をもつ人びとよりも穀物の消費期限が長いため，頻繁に食
物を分配することはなく，凶作に備えて食糧を貯えることが優先されてきた．一方
で，他のアフリカ農耕民と同じく食糧分配による人間関係の形成・再生産も重要視
されている．デラシャでは数年単位で繰り返されるパルショータの振る舞い合いや
飢饉の際の富裕者からのモロコシの贈与，オロモでは儀礼や飢饉に際しての富者か
らの食料や金銭の贈与などによって，富（食料）の一部が分け与えられる．このよ
うに，デラシャはポロタにモロコシを蓄えつつその一部を分配することで，オロモ
はボッラに蓄えたモロコシは分配しないがチャットという別の富を分配することで，
蓄財を認め合う社会を形成している．デラシャやオロモの蓄財は個人的な利益を追
求して成される資本主義社会の蓄財とは異なり，「互酬性」や「相互扶助」といった
アフリカ型の「情の経済」を基盤として成り立っている．

参 考・参 照 文 献

伊藤幹治（1995）『贈与交換の人類学』筑摩書房.
大塚和夫（1989）『異文化としてのイスラーム』同文館.
岡倉登志編著（2007）『エチオピアを知るための50章』明石書店.

掛谷誠（1974）「トングウェ族の生計維持機構——生活環境・生業・食生活」『季刊人類学』5（3）：
　　3-90.

掛谷誠（1986）「人間平等起源論」伊谷純一郎・田中二郎編著『自然社会の人類学——アフリカに生き
　　る』アカデミア出版会，349-389頁.

掛谷誠（1994）「焼畑農耕と平準化機構」大塚柳太郎編『講座　地球に生きる 3　資源への文化適応』
　　雄山閣出版，121-145頁.

掛谷誠（2002）「アフリカ農耕民研究と生態人類学」掛谷誠編著『アフリカ農耕民の世界——その在来
　　性と変容』京都大学学術出版会，ix-xxviii.

掛谷誠・伊谷樹一編著（2011）『アフリカ地域研究と農村開発』京都大学学術出版会.

ゴドリエ，モーリス（2004 ［1996］）『贈与の謎』山内昶訳，法政大学出版局.

砂野唯（2019）『酒を食べる——エチオピア・デラシャを事例として』昭和堂.

田中二郎（1994）『最後の狩猟採集民——歴史の流れとブッシュマン』どうぶつ社.

フレイザー，D．G・エヴァン／リマス，アンドリュー（2013 ［2015］）『食糧の帝国——食物が決定づ
　　けた文明の勃興と崩壊』藤井美佐子訳，太田出版.

サーリンズ，マーシャル（1984 ［1974］）『石器時代の経済学』山内昶訳，法政大学出版局.

モース，マルセル（2014）『贈与論 他二篇（岩波文庫）』森山工訳，岩波書店.

宮脇幸生・石原美奈子（2005）「「地方」の誕生と近代国家エチオピアの形成」福井勝義編著『社会化
　　される生態資源——エチオピア　絶え間なき再生』京都大学学術出版会，1-23頁.

レヴィ＝ストロース，クロード（2000 ［1949］）『親族の基本構造』福井和美訳，青弓社.

Bekele, A. J., D. O. Ofori., and A. Hassanali. 1997. "Evaluation of Ocimum Kenyense London,
　　(Ayobangira) as Source of Repellents, Toxicants and Protectants in Storage against Three Major Stored
　　Product Insect Pests." *Journal of Applied Entomology*, 121: 169-173.

Dejene, Mashilla. 2004. *Grain Storage Methods and Their Effects on Sorghum Grain Quality in Hararghe, Ethiopia.*
　　Swedish University of Agricultural Sciences Press.

Hyden, goran. 1980. *Beyond Ujamaa in Tanzania: Underdevelopment and Uncaptured Peasantry.* London:
　　Heinemann.

せめぎあう平等と不平等

飯 田 卓

第 **7** 章

国家を受けいれた社会の平等性

マダガスカル漁民の生業戦略と社会関係

KEY WORDS

平等希求, 平等状態の復元, 即時利得システム, 個人の自律, 経済的安定, 社会構造

　生態人類学の分野では，これまで多くの研究者が人類社会の進化を念頭に置き，平等社会を論じてきた．その平等論は，ジャン＝ジャック・ルソーが描いた不平等起源論や，カール・マルクスの共産党宣言などとは異なる．ルソーやマルクスは，ある種のユートピアに足場を置いて，不平等が蔓延する現況を批判した．これに対して，生態人類学的な平等論は，社会的行動のなかに平等を希求したり不平等の増大を拒否したりする傾向をみいだすことで，平等が再生産されるしくみを説明する．だとすれば生態人類学者は，すでに実現しているのかどうか判然としない平等社会の幻を追うのではなく，さまざまな社会において平等を達成するための条件を論じてきたといってよいだろう（寺嶋 2004）．

　いっぽうで，ユートピア主義的平等論と生態人類学的平等論は，ある暗黙の前提を共有してきた．それは，国家がつねに平等の実現を抑制し，社会的平等は国家から距離をおいてこそ実現するというものである．しかし，生態人類学的平等論を牽引したジェイムズ・ウッドバーン（Woodburn 1982）は，平等社会を社会のタイプとしてのみ論じてはおらず，他の成員への依存度が少ない生きかたを平等主義的な生きかたとして論じてもいる．だとすれば，後期資本主義社会の内部において平等主

義的な生きかたも可能なはずだが，そうした可能性は生態人類学においてほとんどとり上げられたことがなく，平等原理は特定タイプの社会にのみ備わった性質と考えられてきた．

　急いでつけ加えておくが，わたしは，後期資本主義社会が平等社会だと言いたいわけではない．しかし，さまざまな場面において平等が正義とされ，フランスのように国家そのものが「平等」を理想に掲げるような状況をみるかぎり，国家というシステムが無条件に不平等をもたらしているかのような前提には，いったん疑問符を付したくなる[1]．とりわけ後期資本主義社会においては，象徴生産の過程で経済が少なからぬ役割をはたすといわれており（サーリンズ 1987：273），いわゆる下部構造と上部構造の関係も複雑である．それにともない，平等希求のありかたも国や文化的背景において大きく変わってこようし，それに対する国家の反応も，強権的な秩序維持とは異なるはずである（フーコー 1977）．本章では，資本主義的国家体制のもとであっても，一定の条件のもとで平等の再生産が促されることがあると論じる．これはあくまで試論であり，本章が提示する仮説の妥当性はより多くの事例によって検証されなければならない．

　本章ではまず，第1節において，人間社会を対象としたこれまでの生態人類学的平等論を概観し，個々の論者によって着眼点がそれぞれに異なっていることを示す．とりわけ，バンド原理と平等原理を同一視する立場と，平等原理を発動させるしくみが特定の社会にのみそなわっているとする立場を区別したうえで，平等社会といえない社会においても平等に類する事象がみられることを指摘し，問題の所在を明らかにする．行論上，狭い意味での生態人類学だけでなく，隣接分野の研究にも適宜ふれていく．

　第2節では，マダガスカルを対象とした民族誌において平等がどのように論じられてきたかを概観する．これは，第3節以降でヴェズ漁村社会を考察するための準備作業でもあるが，同時に，マダガスカル地域研究で論じられてきた平等論と生態人類学におけるそれとを接合させるための準備作業でもある．マダガスカル地域研究では，王国や植民地といった強力な支配体制下での平等がとり上げられてきたた

---

(1)　一部の論者は，狩猟採集社会における平等性equalityとフランス革命後に普及した平等理念egalityとを区別している（Woodburn 1982）．しかし英語において後者はそれほど一般的でなく，形容詞形はいずれもegalitarianになるので，明確に使い分ける論者は多くないと思われる．本章でも両者をとくに区別しない．

め，資本主義社会における平等といった本章の関心を追究するうえで有効な枠組みを提供するだろう．

　第3節から第5節までは，わたしが四半世紀間にわたって人類学的調査をおこなってきたヴェズ人の漁村ファシラヴァ村についての民族誌的記述であり，本章の核心部をなす．第3節と第4節では，ヴェズ漁村における半世紀間の物価変動を質的および量的に記述し(2)，平等性を説明する独立変数のひとつである商品化が進行するようすを提示する．第3節は1969年から1994年までの25年間，第4節は1994年から2019年までの25年間を対象とする．両者を区切る1994年というのは，わたしが調査地を初めて訪れた年であり，当時の村落経済や世帯経済はすでに，前資本主義的といえるような単純なものではなかった．しかし，半世紀にわたる経済的変化を追うことは，国家や産業資本の影響の増大を跡づけることにもなり，平等性や平等希求行動の諸条件を明らかにすることになろう．

　第5節は，対象漁村で四半世紀間にわたって観察した人口移出入の記述と分析である．四半世紀間の人口増加率は年間3％を超えているが，すべて自然増（従来からの住民を父親または母親とする新生児の出生）というわけではなく，他の漁村や農村からの移入も無視できない数にのぼる．とりわけ，村民の所得改善にともなって，さまざまな経済活動をとおして村民に商品やサービスを提供しようとする者たちが増えた．彼らは，かならずしも深い縁故を頼って移住してくるわけではない．旧住民と新住民は，異なった社会的分業をおこなって非対称的な経済関係をとりもつ．農村から移入した者のなかにほとんど漁撈をおこなわない者がいるというのはその例だが，漁撈者と非漁撈者の関係はどちらが上であるともいえず，経済的な階層化に

---

(2)　調査は23回にわたっておこなった．(1)1994年11月12日，(2)1994年12月19日〜30日，(3)1995年1月30日〜2月20日，(4)1995年10月26日〜1996年4月5日，(5)1996年5月1日〜3日，(6)1996年5月16日〜10月5日，(7)1998年1月7日〜2月21日，(8)1998年3月9日〜18日，(9)2001年12月31日〜2002年1月6日，(10)2002年1月30日〜2月14日，(11)2003年3月21日〜4月1日，(12)2003年10月28日〜11月10日，(13)2005年9月27日〜10月21日，(14)2009年1月20日〜22日，(15)2010年1月20日〜2月7日，(16)2011年2月5日〜11日，(17)2014年2月20日〜3月7日，(18)2014年8月30日〜9月15日，(19)2015年2月17日〜22日，(20)2015年11月9日〜30日，(21)2016年10月28日〜11月14日，(22)2017年6月30日〜7月18日，(23)2019年10月30日〜11月4日である．それぞれの調査期間中，泊まりがけで一時的に村を不在にすることがあったが，長い場合でも1週間後には戻ってきていた．言いかえれば，1週間以上ファシラヴァ村を不在にした場合は，日本に戻っていなくとも，不在時の前後は異なる2回の調査として数えている．

はつながらなかった．資本主義経済的な支配と従属の関係が顕在化しかねない状況において，そうならなかったのはなぜか．あくまで社会変化の記述に徹しつつ，その理由を探るというのが本章の課題である．

1　生態人類学的平等論の展開

　生態人類学的平等論の多くは，狩猟採集社会と焼畑農耕社会の事例にもとづいて展開されてきた．その嚆矢は田中二郎の『ブッシュマン』であろう．しかしそこで指摘されたのは，「ブッシュマン社会では，社会的地位や階級の分化といった社会の階層化はみられず」，性や年齢による社会的役割が分化しているにすぎないということだった（田中 1971：92, 1990：138-139；Tanaka 1980: 93-94）．「平等主義の原理」という表現も用いられてはいるが，それは階層化にブレーキをかけるという意味ではなく，1950年代に提唱されたバンド社会（Service 1958）[(3)]の原理という意味あいに近かった（Flanagan 1989）．

　生態人類学的平等論を活気づけたのは，狩猟採集民に関する研究よりもむしろ，焼畑農耕民に関する研究だったように思われる．掛谷誠（1974）は，タンザニアの焼畑農耕民の生計維持の特徴として，最小努力にもとづく食糧獲得と，集落を超えた広い範囲における食物の流通と平均化を指摘した．掛谷によれば，このふたつの傾向に逆らう行為は妬みや恨みの対象となり，呪術の行使をひき起こす．たとえ呪術が行使されなくとも，それを怖れる人びとは，周囲から突出したような行動を控えるのだという．掛谷はその後，平等社会に備わる復元力（resilience）との関わりで，呪術に対する考察を深めていく（掛谷 2018）．焼畑農耕社会がたんに平等の状態にあるというだけでなく，それが呪術の実践によって持続し安定することを示した点で，生

---

　(3)　Service（1958）が大きくとり上げたバンド社会は，オーストラリアのアランダ（アルンタ），南米のフエゴ島民（ヤガン），インドのアンダマン島民の3つである．のちに，改題された1963年版でカナダのコッパー・イヌイット（エスキモー）が，1978年版でクン・ブッシュマン（!クン・サン）が加わった（Service 1978）．日本語初版（サーヴィス 1979）ではこのうちアンダマン島民だけが訳出され，講談社学術文庫版（サーヴィス 1991）ではクン・ブッシュマンも収められた．クン・ブッシュマンに関する増補において参照されたのは，主として，田中二郎も寄稿したハーバード大学プロジェクトの報告書（Lee and DeVore 1976）だった．

態人類学的平等論に貢献したといえよう（掛谷 1994）．

　平等性を論ずるうえで，社会の状態だけでなくそれを維持するしくみに着目する傾向は，狩猟採集民研究にもとり入れられた．現コンゴ民主共和国の狩猟採集民の民族誌（市川 1982）では，平等原理という語がバンド原理にかぎりなく近い意味で用いられている．しかし著者の市川は，観察のレベルを集団から個人のレベルにまで下げることで，平等状態を維持・復元するしくみにもアプローチしようとした．たとえば，ゾウを倒したハンターについての描写がよい例であろう．ゾウ1頭を仕留めれば，キャンプの成員全員の腹が2週間以上にわたって満たされ，誰もが大喜びするにもかかわらず，仕留めた当人はむしろおし黙ったままであり，周囲も個人を過度には賞賛しない．こうした傾向を，市川は，権力発生に歯止めをかけるしくみと考えた．のちの論考で市川は，複数のアフリカ狩猟採集社会を視野に入れ，①猟場・猟具などの交代による長期的な捕獲量の平均化と，②優れた狩人や富裕者に対して要求される節度あるふるまいが，平等性を維持すると論じた（市川 1991）．

　焼畑農耕社会といい狩猟採集社会といい，その食糧獲得技術の素朴さを考えれば，人類社会の原初的状態は平等だったというルソーの考えはいっけん説得力をもつ．しかしルソーのいう原初的状態（「自然状態」）とは，個人＝個体が同胞に干渉しない状態のことである．当然，言語は生まれていなかっただろう．こうした推測のもとに，ニホンザルやヒト以外の類人猿に造詣の深い伊谷（1986）は，先験的に想定しうる社会的序列を克服して「条件的平等」に至るプロセスこそ問題とすべきだと指摘した．そして，「先験的不平等」に律せられたニホンザル社会にも「条件的平等」の原則にもとづく社会的交渉がみられる以上，平等性の起源は種レベルを越えた霊長類の比較研究にもとづくべきだという方向性を示した．

　伊谷のアイデアをふまえてヒトの社会に話を戻すなら，ヒトの原初的状態において平等性と不平等性のどちらが優勢だったかを問うても，ほとんど意味がないように思われる．少なくともホモ・サピエンスの種分化前後においては，両者が緊張感をはらんで並存してきたとみたほうがよい．しかしその後，この点についての議論はあまり進まず，新石器時代以降のヒト社会の平等性が2つの立場から議論されてきた．

　そのひとつは，あくまで狩猟採集社会に対象を限定して平等を論ずる立場である．市川の著書が刊行された1982年，ウッドバーンが即時的利得システムという概念を提唱し，これが平等主義原理に結びついていることを指摘した（Woodburn 1982）．この論文の功績は，平等の指標が財と権力，威信の3つにあると明示したこと，そし

て，平等を達成するための生態学的条件を指摘したことである．食糧獲得のための労働投資から捕獲・収穫までの時間差が少ない条件下では，成員が直接的に資源にアクセスでき，他の成員よりも多く備蓄しようとする動機が薄弱なため，経済的な階層化が生じにくいというのである．このアイデアは，同じ年に書籍を刊行したアラン・テスタールにも共有されている．彼の議論の特徴は，北米大陸の狩猟採集社会を視野に入れたことにある．そして，高緯度地帯では資源の季節的変動が大きく，人びとが定住して備蓄に努めるため，多くの農耕社会と同様に階層化が進む傾向にあると指摘した（テスタール 1995）．

　ウッドバーンやテスタールの学説は，新石器時代のヨーロッパや日本で生じた社会の階層化を説明するものとして，広く考古学者に受けいれられて現在に至っている．しかし，現代の人類集団に関する研究で理論的基盤として活用されることは少なく，マルクス主義的発展段階説の下支えになり下がってしまった感が強い．世代を超えたフィールド研究が継続しているブッシュマン社会においても，平等性のみられる場面は明らかに減少しているようだ．あらたな生業として導入されたヤギ飼養は，集団内の財の所有状況に偏りをもたらし（池谷 1991），騎馬猟の導入により，互酬的だった食物分配の流れが一方向に固定されるという現象も生じた（大崎 1991）．ただし大崎は，イヌを用いた集団猟の導入により，食物分配の流れがふたたび変わる可能性もあると指摘している．いっぽう丸山淳子（2010）は，政府の圧力によって自然保護区から再定住させられ，1200人という空前の大人口に囲まれて生活するようになったブッシュマンたちの食物分配や賃金雇用関係を分析し，「独り占めしない」あるいは「持つものは持たないものに分け与えるべき」という「平等主義」の理念が存続していると結論する（丸山 2010：221）．しかし，丸山自身もカギ括弧とともに用いる「平等主義」が共有される範囲や，急激な社会変化に抗いつつ「平等主義」が継承されるしくみについて，明確な説明がなされていない．ブッシュマン社会における平等主義は研究者のノスタルジアに由来する（北村 1996）という指摘に反論するには，より強固な証拠をそろえる必要があろう．

　平等論に関わるもうひとつのアリーナは，生態学的条件にこだわらず，狩猟採集社会や焼畑農耕社会以外の諸社会においても平等性を考察しようとするものである．そもそもルイス・ヘンリー・モルガンの『古代社会』や，それを下敷きにしたフリードリヒ・エンゲルスの『家族・私有財産・国家の起源』は，民族誌の手法にもとづいて人類史レベルで平等性の比較研究を試みたものである．その後に蓄積された

民族誌をふまえて比較平等論が復活するのは，時間の問題といってよかった．掛谷が最初の論考を刊行したのと奇しくも同じ1974年，南米インディオ諸社会における首長の権力について論じた『国家に抗する社会』がフランスで刊行されている（クラストル 1987：256-258）．この著作では，権力を拡大しようとする首長の意図が人びとによって制限されて平等状態が復元されるしくみが焦点化された．民族誌的国家論というべきこうした議論は，アフリカや南米のみならず東南アジアなどの社会を考察するうえでも応用され（スコット 2013），現代における民主主義のありかたを問いかけるまでに至っている（グレーバー 2006）．しかし，これらの著作もまた，国家から距離を置いた社会を議論の中心に置く傾向が強い．むしろ，平等主義社会とはいえない社会における平等をめぐって，日本の論者が持論を展開した論文集のほうが，本章には参考になりそうである（寺嶋 2004）．

　こうした動きは，19世紀的な人類学の復活という観点からだけでは説明できない．というのも，19世紀の人類学において，階層の未分化は政治的観念の欠如と同一視されていたからである．現在にまで続く平等論は，クラストルやスコットの国家論のほかに，生態人類学的平等論をふまえながらも文化的要因をもう一度視野に収めようとする狩猟採集民研究や（Bird-David 1992; Barnard 2002），平等社会の諸属性を整理しなおして個人の自律（individual autonomy）の重要性を指摘した研究（Gardner 1991），平等を維持するしくみから行動に目を向けなおそうとする研究（Boehm 1993）などに刺激されたと考えるのが妥当である．とくに最後のボウムの議論では，階層化された社会においても，リーダーの行動がフォロワーに制限されるという意味での平等性に焦点が当てられている．平等性をバンド社会固有のものとみなさないこれらの議論は，次節で述べるように，マダガスカル諸社会の研究においても大きな影響を与えることになる．

2　マダガスカルの「平等主義」

　本章で分析事例としてとり上げるマダガスカルのヴェズ漁民は，半遊動生活を営み，無頭社会を築いたといわれてきた．しかしヴェズ社会を遊動的ないし半遊動的とみなすことは，適当でないとわたしは考えている．ヴェズは季節的な移住をしたり，長い生活史において遠く離れた場所に居住を移したりすることはあるものの，遊

動が常態であるかのように表現するのは行きすぎである。いっぽうヴェズの村落社会を無頭制とみることに関しては、わたしも異論がない。わたしの調査地よりも北のメナベ地域のヴェズを調査したリタ・アストゥティによると、ヴェズの人びとはサカラヴァ人による王国支配からの自由を確保するため、土地に縛られない海でのくらしを選択したのだという（Astuti 1995）。

　このことを、平等社会の諸属性のなかで「個人の自律」がとりわけ重要であるという指摘（Gardner 1991; Woodburn 1982も参照）と併せて考えるなら、ヴェズ社会を平等社会の一形態とみなせるかもしれない。年長者の発言力は強いが、これは彼らがさまざまな儀礼において神や祖先に語りかける立場にあるため、ひいては、神や祖先に代わって後継の世代に祝福を与える立場にあるためである。貨幣をはじめとする権力の象徴を集中させるような動きはみられないし、その回路もない。村落の場合とくに、あからさまな経済的格差が妬みの対象になることが多く、経済的成功者は呪術の被害に会うことを恐れている（飯田 2020）。このことは、富の集中を回避するしくみのひとつとなっている。

　マダガスカルに関する民族誌のうち、平等性をもっとも明白に打ちだした著作は、ピーター・ウィルソンの『髪の毛1本の太さの自由』であろう（Wilson 1992）。主人公であるツィミヘティ（語源は「髪を切らない」）の人びとは、一説によると、王の死にさいしても服喪のしるしである断髪を拒否したほど、独立心に富んでいるという（ただしウィルソンはこの説に疑問を呈している）。ウィルソンは、フランスの共和国理念である「自由」「平等」「博愛」に対応した章立てで記述を展開した。とりわけ「自由」の章で語られる土地所有観念の柔軟さ[4]、そして「平等」の章で語られる装飾への無関心と生活向上への無頓着さは、平等社会のイメージに合致していなくもない。しかしウィルソンは、平等を論じるにあたって先行研究に依拠したり定義を与えたりしていないため、その民族誌を学術資料として扱うには慎重さを要する。また、ウィルソンがツィミヘティ社会を調査してから民族誌を刊行するまでには四半世紀もの時間差があるため、記述に歪みが生じているという指摘もある（深澤 1996）。

　しかしわたしは、以上の批判とはやや異なって、記述対象の選びかたに不満を感

（4）　ただし深澤（1996）の指摘によると、1992年の民族誌でウィルソンが強調している未耕作地の再割り当ては、ウィルソン調査直後の1960年代にはまったく報告されていない。フランス革命200年の節目に刊行されるという事情が民族誌の記述を歪めてしまっている可能性があるという。

第 III 部
せめぎあう平等と不平等

じている．ウィルソンの民族誌には，貨幣経済との関わりに関する記述がほとんどない．また，村落社会にのみ目が向けられていて，都市部への移住者が財や権力や威信を蓄積したかどうかという点についても，情報を欠落させている．国家による資源分配との関わりも明らかでない．民族誌にはそれぞれの関心があるので，あるていどまではしかたのないことだが，「平等」を1章のタイトルに掲げた著作としてはやはり不十分だと考えざるをえない．本章の第3節以降では，物価の変動や人口移動に着目することで，記述に不足が生じないよう配慮したい．

ヴェズやツィミヘティはいずれも，西海岸部一帯に勢力を伸ばしたサカラヴァ人の王国のもとで形成をはたした民族集団である．マ

図7-1　マダガスカル地図

ダガスカルの他の地域において，平等論の手がかりになりそうな事例をみておきたい．デヴィッド・グレーバーの『アナーキスト人類学の断章』では，ヴェズやツィミヘティの事例とならんで，グレーバー自身が調査した中央高地イメリナ地域の地方都市が描かれている．そこでは，悶着のたえない無頼漢を懲らしめるために，警察ではなく両親の許可をとりつけたうえで私刑まがいのこともおこなわれていたという（グレーバー 2006：15-18；Graeber 2007: 16-24）．国家の権力が，村落部において少なくとも一時的に不在状態になり，独特の統治論理が現出するのである．

この独特の統治論理を制御するうえで重要な役割をはたすのが寄り合いである．グレーバーが調査したイメリナ地方ではフクヌルナと呼ばれ，植民地統治以前にその原型が認められる（Condominas 1960）．フクヌルナによる統治を平等主義的と呼べるかどうかは即断できないものの，道路建設における結いなど，労働の平等分担にむけて合意形成するはたらきはあるようである（Serre-Ratsimandisa 1978）．ただし，こんにちにおけるフクヌルナはフランス植民地政府やマダガスカル政府の末端組織として再編成されたもので，とくにヴェズ漁村ではそれほど過去に遡る制度とは思われない．ヴェズ漁村のフクヌルナ（ヴェズ方言ではフクヌル）は，NGOの活動や政治家

の選挙活動などに対する協力の合意や，政府役員の受けいれ，それらに対する見返りの分配などにおいて大きな役割をはたす．よそ者の土地売買でも同様である．自治会長とでもいうべきリーダー（prezidàm-pokotany）が秘密裏に土地売買の商談を進め，多額の賄賂を受けとったという噂も後を絶たないが，こうしたリーダーが首長的な権限を持つわけではない．少なくとも調査村において，リーダーはある種の奉仕義務を負わされるため人気がない．たとえば，村人が居住地を離れて長期の旅行をするさい，「パスポート（pasiporo）」と呼ばれる手帳に旅行目的などを記して公印を捺すことなどである．この証明書がないと，旅先で警察官や役人に怪しまれるので，リーダー自身は長期で村を離れることができない．調査地では，他の村から婚入してきた40代の男性がこれを務めているのが実情である．

　つまり，植民地時代に準備されていた階層化の契機は，共和国の独立後，社会主義や資本主義などの体制変化を経験してもなお作動していないとみることもできるのである．ヴェズ社会が成立した背景にある王国にせよ，また遠隔統治のしくみである植民地にせよ共和国にせよ，強力な統治術を駆使して人びとの互酬的で対等な関係を分断するように考えられがちだが，ヴェズ漁村をはじめとするマダガスカル村落社会では，そうした圧力を巧みにかわして個人の裁量が最大限に確保されているようにみえる．その理由を歴史的に考察することは今後の課題だろう．いっぽう資本主義的な独立国家における政治と経済の階層化（および階層未分化）を考察するうえで，ヴェズ漁村が経験してきた政治や経済との関わりを比較的長期の視野でみておくことにも意味があろう．本章は，後者の見通しをふまえての民族誌的分析である．

3　四半世紀における物価変動 1　1969〜1994年

　ファシラヴァ村をわたしが初めて訪れたのは，1994年のことだった．マダガスカルでは1991年に首都圏域が政治的危機を経験し，1992年に新憲法を採択して，第三共和政（1993〜2010年）の時代を迎えていた（森山 1996）．1994年当時のわたしにはわからなかったが，新大統領に就任したアルベール・ザフィ（在任1993〜1997年）のもとで，社会主義時代特有の経済的停滞を脱することを期待する知識人も当時は多かった．とはいえ，その次の大統領選挙でザフィをうち負かして大統領になるのは，第

二共和政（1975〜1993年）で政権をほしいままにしたディディエ・ラツィラカ（在任1975〜1993年，1997〜2002年）である．この原稿を執筆している2020年，わたしの最初の調査から，すでに四半世紀以上が経過した．

わたしの調査のさらに四半世紀前には，フランスの民族誌家ベルナール・コクランがやや広い範囲にわたってこの地域を調査した（Koechlin 1975）．1968年から1969年にかけてのことである（Koechlin 1971）[5]．1960年に独立をはたしたマダガスカルは，コクランの調査時期，フィリベール・ツィラナナ大統領（在任1959〜1972年）のもとで旧宗主国のフランスと緊密に連携しながら第一共和政（1960〜1975年）を進めていた．経済的にも，1フランス・フラン（FF）の為替相場は，50マダガスカル・フラン（FMG）に固定されていた[6]．当時の物価をみると，毎日の出費の多くを占める乾燥キャッサバやトウモロコシ（穀粒）が15 FMG/kg，米が35 FMG/kgだった（ibid.: 111）．後の時代になると鮮魚が物価の目安になるが，この時代にはあまりとり引きがなかったらしく，コクランの民族誌に鮮魚の単価は記されていない．タコの干物は，大きいものが40 FMG，小さいものが20 FMGだと記されている（ibid.: 101）．浅瀬に生息するイトマキボラなどの蓋を大量に集めると400 FMG/kgで売れた．後者は，輸出して香料に加工される（ibid.: 64-65）．やや高級な食品としては，砂糖70 FMG/kgなどが参考になろうか．高価な生産資本としては，小回りがきいてウミガメ漁に適した小型カヌーが1,500 FMG，4尋から5尋の大型カヌーが5,000 FMGだった（ibid.:

---

(5)　ただしパリの人類博物館（Musée de l'Homme）には，1967年にコクランが調査地で録音した音源があったという（Mallet 2009: 69）．したがってコクランは，1967年以前にも調査を始めていた可能性がある．しかしこの機関は，2006年に機能の一部をきり離してケ・ブランリー博物館（Musée du Quai Branly）にひき継いだので，現在もコクランの音源を保管しているかどうかはわからない．

(6)　ただしマダガスカル南西部では5 FMGをギャラ（drala＝お金の意）と呼んで日常的な貨幣単位としていた．これは，マダガスカル独立後の1961年に正式に導入されたアリアリ（MGA）という貨幣単位と等価である．2003年以前に発行された紙幣には，どの紙幣にも，FMGとMGA（またはギャラ）という2つの貨幣単位で額面が記されていた．

　2020年現在，マダガスカルの貨幣はMGAに一本化されているが，2004年までは5 FMGをあらわすMGAとFMGが併用された．しかし本章では，単位の混乱を避けるため，1MGAをすべて5FMGに換算して表示する．2004年までFMGを多用したのがフランスや南アジア，中国などからマダガスカルに移住した都市居留者やその子孫，外国人旅行者などだったのに対し，MGAは19世紀以前から村落部に住むマダガスカル人の子孫たちに多用された．MGAへの一本化は，2003年から2004年にかけての新紙幣発行にあわせておこなわれた．これは，とくに都市在住者にとって，実質的なデノミネーションと同じ効果をもった．

109-110).

　この後ほどない1972年，マダガスカルはクーデターを経験し，第二共和政のもとで社会主義諸国との関係を深めるようになった．物価は徐々に上昇した．ファシラヴァ村のある老人によれば，1975年にリシャル・ラツィマンチャヴァ首相が暗殺されたとき，米価が上昇して90 FMG/kgになったという．また，鮮魚流通は1980年代に盛んになった．村で初めて鮮魚を買いつけて塩干魚に加工し，村外で売った者の話では，そうした仕事を始めたのは1984年に結婚する直前だったという．鮮魚の買い値は75 FMG/kg，塩干魚に加工してからの売り値は200〜300 FMG/kgだったという（飯田 2008：203）．なお，第一共和政および第二共和政の時代の物価については他にも情報が得られたが，疑わしい点があったのでここには記さない．

　わたしが調査を始めた第三共和政の初期，米価は1,800〜2,200 FMG/kgに上昇していた．他に乾燥キャッサバは650 FMG/kg，鮮魚の浜値が1,000 FMG/kg，塩干魚の売り値が3,000 FMG，大型カヌーが1,000,000F MGだった．米価を基準に考えると，四半世紀間の物価上昇率は60倍ほどだが，大型カヌーの価格上昇率は200倍と大きい．その理由のひとつは，カヌー職人の技量によって価格変動幅が大きいことにあろう．しかしわたしの推測では，この価格上昇はむしろ，大型カヌーに彩色や装飾をほどこすことが多くなり，用いられる材料や工程が増えた結果，工賃（作業時間）が値上がりしたことを反映していると思う（図7-2）．

　大型カヌーの価格は極端な例だが，四半世紀間で60倍という物価上昇率は，じゅうぶん大きいといってよい．これは，村落部での急速な貨幣経済の浸透を反映している．1970年代には，中華食材として輸出するナマコや，香料原料として輸出するイトマキボラの貝の蓋などが，村で採取されるようになっていた．また，ナイロン漁網が普及しはじめ，ヨーロッパ系の人たちが住む町の近くでは，イセエビ漁がおこなわれるようになった（ibid.: 202-204）．1980年代には景気が後退するものの（ibid.: 208-209），1990年代初期には東南アジアや中国でフカヒレ（サメの鰭）の需要が高まり，同じく海外市場でナマコの需要も高まった．村の近くのナマコはすでに減少し小型化していたが，ファシラヴァ村の漁師たちは，100キロメートル以上離れた無人島までキャンプ出漁してサメやナマコを捕獲するようになった（ibid.: 52-73）．フカヒレもナマコ同様に，高級中華食材として海外に輸出されるものである．

図7-2　大型カヌーの建造

4　　四半世紀における物価変動 2　1994～2019年

　1960年代末からわたしが調査を始めるまでの四半世紀間の物価上昇が数十倍にの
ぼったのに対して，わたしが調査を始めてから後の物価はどれだけ上昇したのだろ
うか．まず，1995年に2,000 FMG/kgだった米価は，四半世紀後の2020年現在，FMG
に換算すると8,500 FMG/kgになった．同じく650 FMG/kgだった乾燥キャッサバは
4,000～6,000 FMG/kgになり，1,000 FMG/kgだった魚価は15,000 FMG/kgになった．
1995年当時の価格は第3回のファシラヴァ村滞在時に書きとめていたものだが，じ
っさいの商品価格は品質や季節によって異なるため，ここに示した値は代表値とは
いえないかもしれない．しかし，とり引き価格の最高値と最低値を示しても，とり
引き価格の平均値からはかけ離れてしまう．ここに示した値の幅は狭いが，ファシ
ラヴァ村でのとり引き値としてはもっとも自然で，少なくとも2年間は安定してい
たものである．いっぽう，2020年当時の価格は，SNSをつうじてファシラヴァ村の

青年から教えてもらったもので，じっさいにどれほど変動するかは明らかでない．しかし，2019年調査時の経験からして，一般的なとり引き値であるように思われた．

　四半世紀のあいだ，主食価格の上昇が5倍ていどに抑えられたいっぽう，魚価は10倍以上に高騰したことがわかる．いずれも，1960年代末からの四半世紀の物価上昇に比べると，それほど大きな上昇率ではない．おそらく1960年代末以降，とくに第二共和政の時期に村落部では貨幣経済への依存度が飛躍的に増え，人びとは現金獲得に苦慮したであろう（ibid.: 202-209）．それに比べると，1990年代半ば以降のファシラヴァ村では，物価上昇が緩やかだった．こうした条件のもとでは，全体的な漁獲量が維持されるかぎり，収入は容易に増加するはずである．それに加えて，魚価の上昇率は米価の上昇率を上回ったのだから，魚を売って収入を得る漁師にとって，家計状況は大きく改善したといってよい．

　以下では，魚価が上昇するようすを年ごとに細かくみていき，どのような社会経済的変化が生じていたかをまとめておこう．表7-1に，わたしがファシラヴァ村で調査をおこなうたびに書きとめておいた海産物価格をまとめた．

　表7-1中にみられる最初の魚価上昇は，2000年代初めごろに起こった．それにはさまざまな要因があったのだろうが，2000年頃に外国人観光客が宿泊する高級ホテルがファシラヴァ村の近くにオープンしたことは特筆に値する．このホテルは経営を徐々に軌道に乗せたため，大きな節目を特定するのはむずかしいが，2001年には，ファシラヴァ村の複数の女性がハウスキーパーとして雇用されるようになった．2003年には，ハウスキーパー3名とボート運転手1名の，少なくとも4名がファシラヴァ村から通勤するようになっていた（ibid.: 236-237）．ホテルの従業員は，宿泊客がいる日などに，大きな魚を浜値より高い価格で買うようになった．

　しかし，それだけが物価上昇の原因ではなさそうである．ホテルの営業開始に先立つ1999年1月には，ファシラヴァ村から約50km北の地方都市ムルンベに住んでいた男性が，ファシラヴァ村の遠い親戚を頼って店を構えるようになった．この店は，これまでファシラヴァ村で食糧を売っていた店と異なり，客と店員とのあいだにカウンターがあって商品や金銭を管理できるようになっていた．また，それまで村では入手できなかった薬品や学用品など，さまざまな商品をとりそろえていた．人口の多い町でめずらしくなかったこの種の店舗がファシラヴァ村でこの時期にはじめてできたのは，漁師やその家族らの購買力が増大していたからだと考えられる．その背景には，1990年代に遠隔地でおこなうようになったサメ刺網漁やナマコ潜水漁

表7-1　四半世紀間にわたる海産物価格の変化（単位：FMG/kg）

	アイゴ （安い魚）	白魚[*] （高い魚）	タコ	イカ	イセエビ
1995年 1月	1,000	1,000	1,000	—	—
1995年12月	1,000	1,000	1,000	—	—
1996年 9月	1,000	1,000	—	—	—
2001年12月	—	1,500	—	—	—
2002年 1月	1,000	1,500	1,500	—	—
2003年 3月	1,500	2,500	2,500	5,000	—
2003年11月	1,500	2,000	3,000	4,000	12,500
2005年10月	2,500	2,500	5,500	7,500	15,000
2010年 1月	3,000	3,000	4,000	5,000	50,000
2014年 2月	6,000	6,000	6,000	10,000	50,000
2014年 9月	7,000	7,000	8,000	15,000	50,000
2015年11月	10,000	10,000	—	—	—
2016年11月	11,000	11,000	10,000	15,000	60,000
2017年 7月	—	—	10,000	20,000	—
2019年11月	12,500	15,000	20,000	47,500	122,500
2020年 6月	—	15,000	—	—	—

＊：白魚については207頁を参照

（Iida 2005；飯田 2008：47-73），村の近くの潜水漁でも応用できる銛銃の発明などにより（飯田 2008：210-214；Iida 2019），漁師の収入機会や可処分所得が増えていたことをあげられる．しかし，このときには家計を詳しく調査しておらず，所得増大を数値で示すことはできない．

　2002年初めの調査時，わたしは家計の変化にようやく気づきはじめ，所得増大を質的に示すことがらをノートに書きとめるようになった．ホテルと雑貨店以外で顕著だったのは，焼き菓子やコーヒー，紅茶を作って出す茶店が増えたことである（図7-4）．店といっても，自宅のそばに日よけ用のあずまやを建てて人が集めるようにしただけのもので，女性が1人で切り盛りする場合がほとんどである．潜りの得意な若者たちが漁から帰ると，その日の漁獲を現金化してそうした茶店に集まり，それぞれが焼き菓子3個とコーヒー（または紅茶）1杯を注文して疲れを癒していた．ちなみに，わたしが朝食をとる場合は，焼き菓子1個か2個がふつうである．茶店を開くための初期投資はそれほど大きくないので，その数は，需要をすぐさま反映して短期間に増加した．

図7-3　村のタコ仲買人. タコは2000年代に本格的に商品化された

　こうした茶店では，燃料となる薪をふつうの家庭より多く消費する．しかも，海岸部では雨量が少なく樹木が育ちにくいうえ，人口も多いため，薪拾いの場所まで何kmも歩かなければならない．このため新しくできた茶店では，2002年の時点ですでに，人を雇って薪を買いとるようになっていた．後年，より多くの人たちが茶店を利用するようになり，朝食用のコーヒー（紅茶）や焼き菓子を魔法瓶片手に買いに行くようになってからは，薪を数km離れた村から牛車に乗せて運ぶようになった．水も大量に使うようになったため，わずか数百m離れた井戸から水を汲むのに，人を雇って何度も往復させることが増えていた．ファシラヴァ村における茶店の増加と規模拡大は，一進一退をくり返しながら現在も続いている．

　魚価の上昇に関わるもうひとつの大きな変化は，鮮魚（冷凍魚）需要の増大と輸送手段の整備である（Iida 2005；飯田 2008：234-236）．2003年初め頃，冷凍設備を備えた大型船の乗組員が，船外機付きエンジンをつけた小型ボートも活用して，ファシラヴァ村を含む複数の村から鮮魚を買いつけるようになった．それまでは，村のなかで鮮魚を買いつける者がいても干物や塩干魚に加工して売却するほかなく，鮮魚の

ままで村外に流通することは
なかった．また，それまで商
品価値がほとんどなかったイ
カ類が高い価格で買いあげら
れるようになった（飯田 2008：
214-216)[7]．ヨーロッパ系の人
たちが住むムルンベの町でし
か売れなかったイセエビも，
買いあげ直後に冷凍保存され
るようになった．冷凍船が買
いつけた魚その他の海産物は，
船内で冷凍されて国外へ輸出
された．

図7-4　茶店でくつろぐ夫婦．男性は手に焼き菓子を持っている

　2005年になると冷凍船はもはや買いつけに来ておらず，代わって，巨大なクーラ
ーボックスを搭載したトラックが陸路で海産物を集荷していた（図7-5)．トラックは，
大潮で荷が集まる直前に氷を積んで町からやって来て，村に住むクライアントの仲
買人に氷を供給する．トラックはすぐには町に帰らず，毎日夕方になると近隣の村
落で獲れた海産物を仲買人から集めて回り，何日か経って荷がいっぱいになってか
ら町へ戻る．仲買人は，漁師から買いあげた海産物を氷蔵し，トラック集荷の仲買
業者に渡した漁獲を毎日のように記録して，次にトラックが町から来たときに代価
を受けとる．この集荷方法は，陸路の状態が悪くて暑い雨季には商品を腐らせるリ
スクが高くなるものの，冷凍船に較べると初期投資がはるかに安あがりである．

　その後，現在にいたるまで，トラック集荷にたずさわる複数の業者は，価格の上
昇を刺激しつづけている．その傾向を図示したのが図7-6である．雨季になってトラ
ックの通行が不便になり魚の需要が減ると，魚種によっては価格が変わる．ここで
は，現金取引されることの多い白魚（fiam-poty）と呼ばれる魚種の乾季における価格
を示した．白魚は，フエフキダイ科やフエダイ科など多数の魚種を含むカテゴリー

（7）　イカとは対照的に，タコは冷凍船が来る前からわずかにとり引きされることがあった．これは，干物
　　に加工すれば腐りにくく，保存食に適していたためと思われる．とはいえ，タコは商品というより，自家
　　消費用の性格が強く，本格的に商品化したのは2000年代である（図7-3).

図7-5　魚を氷蔵して村外へ運ぶトラック

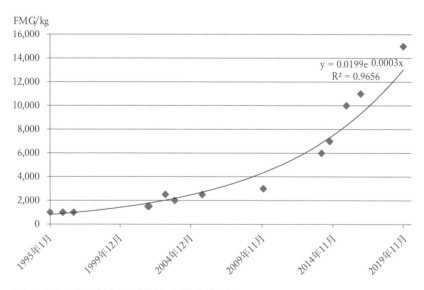

図7-6　1990年代半ばからの四半世紀における魚価の変化

である.

　この図7-6が示すように，魚価の上昇は等比級数的である．米価についてはデータが少ないが，同じく等比級数的に増加すると仮定してよい．このことをふまえると，現在は15,000 FMG/kgの魚も5年前までは半額にすぎなかったのだから，米価をはじめとする主食作物の価格が魚価なみに高騰するのは時間の問題といえよう．しかし，さらに5

図7-7　キャンプ先で得た収入で購入したステレオセット

年経てば魚価はいっそう高騰し，米価と魚価との開きはますます大きくなる．また，5年のあいだには人の行動や考えかたが大きく変わり，大げさにいえば産業構造が変化してしまうこともある．魚の需要は，増えこそすれ減ることはないだろう．いずれにせよ，漁撈という特殊なスキルで生計を立てるファシラヴァ村民は，魚が捕れつづけるかぎり高収入を約束される幸運に恵まれることになった．

　本節の最後に，多くの収入を得るようになった人たちがどのような消費行動をとるようになったかをみておきたい．魚価が上昇したからといって，漁師たちの労働時間が短くなったわけではない．彼らは村での漁を従来どおり継続すると同時に（飯田 2008：264），単価の高いサメやナマコの漁獲をとおして多くの現金収入を得るため，村から離れて数ヶ月の長期にわたっておこなう漁も継続した．とりわけ，未来の妻やその親族から多額の結婚準備金を期待される若者たちは，例外なく村を離れるようになっている．そしてキャンプ先で多くの現金収入を得たのち，その大部分を村に帰るまでの商品購入にあてる．対象となるのは発電機やラウドスピーカー，テレビ，DVDといった映像音響セット，ソファやテーブルといった応接セット，漁網やフィン（足ヒレ）といった生産資本，そして携帯電話やスマートフォンなどの耐久消費財である（Muttenzer 2020: 38-42も参照）（図7-7）．一部の現金は村に持ち帰り，家族や姻族のための貯蓄としたり，家の建設あるいはカヌーの建造に使われたりする．また，教育や医療の水準が高くなった現在では，キャンプ先から持ち帰った現金の少なからぬ割合がこれらの目的に費やされたと推測される．

5 四半世紀における人口移動

　経済的な観点を離れて社会変化を考察するため，まずは人口変化をみておきたい．表7-2は，23年間における村の人口変化を示したものである．この表のもとになる調査台帳の初版は，4回めの滞在（1995年）のさいにできあがった．ファシラヴァ村に起居するすべての人たちの人名と性別を列挙し，親子関係がわかるよう配列して，生年がわかる場合は随時記録した．日本を出てファシラヴァ村に到着するたび，わたしはこの台帳をもって各世帯をひとつずつ回り，誰が村に起居しているかをひとりずつ確認するとともに，村を不在にしている人たちがどこに居てなぜ村を離れたかを聞きとった[8]．また，あたらしく誕生した者や死去した者，あたらしく村に住みはじめた者についても情報を追加し，記載を年々充実させた．

　表7-2をみると，人口が右肩上がりに増えてはいるが，物価のように等比級数的に増えているわけではないことがわかる．最後の年には，むしろ増えかたが鈍っている（減りかたが加速している）ようにもみえる．もうひとつ注意したいのは，自然増（出生数）がきわめて多いのと同時に，移入増がそれを上回るほど多いことである．

　このことは，自然減（死亡数）に比べて移出減が著しいこととも関係している．そもそもヴェズ社会では，居住者の顔ぶれが固定しておらず流動的で，婚姻によって居住場所が一意に定まるわけではなく（飯田 2008：102-104），夫の実家の近くに住むか妻の実家の近くに住むかは自由である．どちらからも離れた場所に住むこともあるし，夫の実家の敷地と妻の実家の敷地の両方に家を建て，季節的あるいは不定期

---

(8)　村の居住者としてどの個人を表中に含めるかは，容易に判断しがたい．長期にわたって村を離れているので移出したと思っていたら，いつの間にか村に戻っているような者も多いからである．表を作成するうえでは，村での不在期間が数ヶ月あるいは数年に及んでいようと，次のような者は居住者とみなした．1）日帰りできる距離にある町の学校に通うため，その町の親族に預けられている学童．2）配偶者や子を村に残して特定の季節（多くは，天候が不安定になりキャンプ地からの漁がしにくくなる12〜3月）だけ帰ってくる者．3）村での滞在が5年以上にわたっている者．
　　調査対象者が2）や3）の条件にあてはまるかどうかを判断するために，表では人口調査のデータをすべて分析するのでなく，1年以上断続的に人口の出入りを観察できた場合（たとえば1996年）もしくは前後の1年以内で異なった季節の調査を実施しえた場合（たとえば2003年など）のみを分析対象とした．
　　このような基準を設けても，20年あまりの出入りを見ていると，居住者とみなした（あるいはみなさなかった）ことが適切だったと断言できないケースもわずかにある．しかし考察には影響しないと考え，そのままにした．

表7-2　23年間におけるファシラヴァ村の人口変化

	1996年	2003年	2009年	2014年	2019年
人口	223	352	385	441	462
自然増		+77	+56	+72	+48
移入増		+78	+64	+71	+69
自然減		−5	−4	−16	−12
移出減		−21	−83	−71	−84
増減		+129	+33	+56	+21

に行き来する夫婦も少なくない．このことは，調査そのものにも影響を与えている．ふたつの村を行き来してくらす家族をどちらの村の居住者とみなすかが，最終的に判断しにくいからである（註8を参照）．

　この表7-2をもとに四半世紀間の変化を考えるさい，移出入の数は重要な指標になる．しかし，なお留意すべき点がある．婚姻にともなう移出入と，その他の移出入とは，区別する必要があるということだ．たとえば，農村の居住者のなかには，農耕よりも漁撈に魅力を感じてファシラヴァ村に移住してくる者がいる．この地域ではもともと降水量が500mm前後と少なく，それほど農耕が盛んでない．しかも，農耕の収穫は1年に1度，作物の種類を増やしても1年に数度かぎりであり，毎日多少なりとも漁獲のある漁撈とは大きく異なる．もともと収入機会の多かった漁撈において商品価格が安定化すると，この地方の農民は，漁撈にかける比重を少しずつ増やしていった．たとえばファシラヴァ村から4kmほど内陸にあるキリマリニカ村では，もともと一部の世帯が農閑期の低潮時に徒歩で海岸まで行き，簡単な漁具を用いて漁をおこなっていたが（飯田2001），1990年代半ば以降の四半世紀間にその頻度が増えた．以前にはこうした「海通い」をおこなわなかった者も，海へ出かけるようになった．なかには，漁獲を換金しやすいファシラヴァ村に小さな家を建て，大潮のあいだキリマリニカ村に帰らず漁を続ける者もいる．ただし，こうした日帰りの漁撈者や，大潮の期間のみのファシラヴァ村滞在者は，表7-2のファシラヴァ村人口に含めていない．

　いっぽう同じ理由により，キリマリニカ村からファシラヴァ村に移住した者が，表7-2には少なからず含まれる．いくつか例をあげよう．キリマリニカ出身のG1は，2002年頃，妻と2人の子ども，弟G2とその妻と2人の子ども，当時独身だった妹

G3，弟G4，G5，G6とともに総勢12人でファシラヴァ村に移入してきた[9]．このうち自分の妻は2010年頃に離婚して村を離れ，G6も2012年から2013年にかけての頃に移出したが，他の者は2019年現在もファシラヴァ村に居住している．G1自身は，前妻とのあいだにさらに4人の子を授かり，他の村から新妻を迎えてさらに3人の子をもうけた．G2夫妻は，17年間のあいだにさらに3人の子を授かった．G3は未婚のままだが，5人の子を授かり，そのうち1人はファシラヴァ村の青年と結婚して2人の子を授かった．G4とG5はファシラヴァ村の娘と結婚し，G4と夫人とのあいだには実子が1人いる．2002年頃に12人だった家族は，2019年に29人にまで増えたのである（2002年以前からファシラヴァ村に住んでいた姻族を除く）．

G1はファシラヴァ村に来る以前，前妻とともに漁村でくらしており，そこで漁撈を覚えた．弟たちは，ファシラヴァ村に来るまで漁撈をほとんどしたことがなかったが，ウシを世話して牛車で荷を運ばせることに慣れていたので，それを仕事にしながら漁撈を覚えていった．妹のG3も，ファシラヴァ村の女たちがやるように，海でタコを突くことができるほか，菓子を焼いて仕事帰りの漁師たちに売って収入にしている．ファシラヴァ村の魅力は，漁撈によって日銭を稼げることと，可処分所得が比較的多い人たちにさまざまなサービスを提供して報酬を得られることにあるらしい．

G1はまず漁撈の技能を身につけてファシラヴァ村に移入してきたが，そうした技能をまったく持たずに移入し，最後まで技能に関心を示さなかった家族もいる．Aは，ファシラヴァ村から7kmほど内陸にある郡役場所在地ベファンデファ村から移住し，自身が荷運びにたずさわるほか，同村から商売のために来る知人を家で休ませ，商売が終わるまでのさまざまな便宜をはかることをなりわいとした．彼が妻子とともにファシラヴァ村に住みはじめたのは，2004年から2005年にかけての頃である．子どものうちひとりはベファンデファ村に残り，残る9人（当時いずれも未婚）はすべてファシラヴァ村に移入した．ただし9人のうち娘2人は，移入と前後してファシラヴァ村の青年と結婚した．そのうちひとりは，夫の仕事の関係でその後に移出し，残るひとりは，2019年までに3人の子を授かった．また，9人のうち別の

---

(9)　G1には兄がひとりいるが，彼らはキリマリニカ村で農業を営みながら妻子とともにくらしている．また，弟のうちひとりも同様にキリマリニカ村でくらしており，母親も孫（G1にとっては甥や姪）とともにキリマリニカ村にいる．

娘は2019年までに2人の子を授かって父母のもとに預け，自身は別の村でくらすようになった．そのほか，9人のうち息子2人が結婚して移出し，別の村でくらすようになった．Aの家族の例では，漁撈を身につけなかったためだろうか，移入時に11人だった人数が2019年には12人にしか増えていない．

　さらには，他の漁村からファシラヴァ村に移入してきた者もいる．R夫妻は，2015年頃に，5キロメートルほど離れたランブアラ村から3人の子とともに移入してきた．家族構成は，2019年にいたるまで変わっていない．ふだん漁に出るのは夫のRのみだが，大潮になると5kmほど沖合にあるヌサオ島まで一家そろって漁に出かける．島には干出する岩場が広く，女性や子どもでも比較的容易にタコやナマコを採取できるからである．また別のS夫妻は，ファシラヴァ村から40kmほど南のラヴニ村から来て，2012年から2013年の頃，6人の未婚の子どもおよび妹一家（夫と娘ひとり），総勢11名でファシラヴァ村に住みはじめた．息子のひとりは，ファシラヴァ村の娘と結婚した（まだ子どもはいない）．S夫妻はファシラヴァ村に比較的大きな家を建てたので，長期に放置することはないが，2019年現在は移出したとみられ，家には妹夫妻が娘3人とくらしていた．しかしS夫妻も，ラヴニ村からムルンベの町へ荷を運ぶ途中でファシラヴァ村に寄港し，同じく短い滞在のわたしと邂逅することがあった．しばしばファシラヴァ村の家を利用しているのだろう．彼らにとっては漁をすること以上に，ラヴニ村の産物を船で町まで運ぶうえでファシラヴァ村に寄港し，風待ちをしたり荷を一時的に保管したりすることが重要なようである．ファシラヴァ村が貧しい村なら，こうした拠点を維持するのにはリスクをともなうが，現時点ではそうしたリスクが気にならないものとみえる．

　ここにあげた移入者はすべて，ファシラヴァ村に住んだことがなかったにもかかわらず，またそれほど近い縁故がなかったにもかかわらず，ファシラヴァ村に居住することになった者たちである．いわば「縁故の薄い移入者」とでも呼ぶことができようか（図7-8）．彼らは原則として，村から離れて島で漁をしたり，漁撈以外の仕事に従事したりして，従来からのファシラヴァ村民との軋轢を回避していた．例外としてG1とその兄弟たちが村の近くで漁をしていたが，彼らの故地であるキリマリニカ村の人びとは，4世代遡るとファシラヴァ村民と共通の始祖にたどり着くため，ファシラヴァ村民との関係がやや強い．G1とその兄弟たちは，わずかな関係によってファシラヴァ村民から許容されていたといえる．

　このほかに，村外に短期間くらしたのち故郷ファシラヴァ村に戻ってきたり，フ

ファシラヴァ村に住む配偶者を頼って同居するようになったりする「縁故の深い移入者」もいる．後者に対する前者の割合は，ファシラヴァ村における「よそ者」の定着のしやすさを示すといえよう．そこでその度合いを知るため，表7-2から「縁故の薄い移入者」を除外して表7-3を作成した．

図7-8　「縁故の薄い移入者」が経営する商店

　この表7-3では，自身も配偶者もファシラヴァ村生まれでないような者を除外した．このグループのなかには学校教員やNGO職員，商店経営者，店員などが含まれる．また，未婚の者や子どもに関しては，ファシラヴァ村生まれの者を親に持たない場合に表から除外した．ただしそうした「縁故の薄い移入者」も，事後の婚姻をとおしてファシラヴァ村民と「親密」になることがある．たとえば，G4やG5のように，ファシラヴァ村に居ついてからファシラヴァ村民と結婚した者は，移入の時点では表7-3に含めず，結婚の時点で含めるようにした．同様に，ファシラヴァ村外で生まれて親に連れられてきた子どもたちも，表7-3での扱いが変わることがある．すなわち，移入の時点で親がファシラヴァ村生まれの者と結婚していなければ表7-3から除外したが，親がファシラヴァ村生まれの者と結婚したら，その時点で表7-3に含めた．

　こうした「縁故の薄い移入者」は，縁故を頼らずに人びとから賃金を得ようとしてファシラヴァ村に来るのだから，教員やNGO職員のような例外はあるにせよ，ファシラヴァ村が貧しければその数はとるに足らないはずである．逆にいえば，「縁故の薄い移入者」の数は，ファシラヴァ村の豊かさを示す指標である．そこで，彼らを除外して補正した表7-3の人口を，補正をほどこさない実数を示した表7-2とともにグラフ化すると，図7-9のようになる．比較対象がないので即断には注意が必要だが，人口増加において「縁故の薄い移入者」の数が大きく影響していることは見て

表7-3　23年間の人口変化（「縁故の薄い移入者」を除外した場合）

	1996年	2003年	2009年	2014年	2019年
人口	223	327	352	391	376
自然増	+77	+52	+66	+30	
移入増	+53	+46	+50	+39	
自然減	−5	−4	−15	−12	
移出減	−21	−69	−62	−72	
増減	+104	+15	+39	−15	

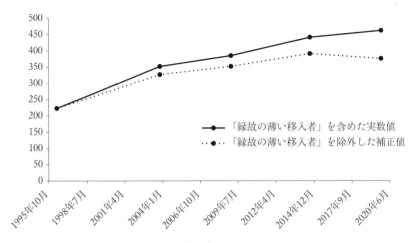

図7-9　「縁故の薄い移入者」を含めた場合と除外した場合の人口変化

とれよう．23年間の人口増加率をみると，実数値では年間3.2％[10]，補正値では年間
2.3％である．実数値も補正値も等比級数的な増加を示してはおらず，補正値をみる
と人口はむしろ安定期に入っているとみられる．それにもかかわらず人口の伸びが
続いているのは，ファシラヴァ村民の可処分所得が増えてさまざまなサービスや商
品の需要が高まり，村外から「縁故の薄い移入者」が相変わらず増えつづけている
ためである．

（10）　1996年から2003年までの人口変化にもとづき，わたしはかつて，ファシラヴァ村の人口増加率を
　　　5.9％と算出したことがある（飯田 2008：100）．この数値は，もちろん，「縁故の薄い移入者」を除外し
　　　て算出したものではない．また，1996年から2019年までの人口増加率は3.2％とやや低い．これは，
　　　2003年以降の人口の伸びが鈍化したことを示している．

6 　経済発展と階層化 ……………………………………………… 結びにかえて

　以上，1969年頃から2019年頃までの半世紀間にわたるファシラヴァ村の変化をみてきた．その前半の四半世紀は第二共和政の時期にあたり，村落社会には貨幣経済が急速に浸透したものの，インフレーションのために生活が楽ではなかった．後半の四半世紀は第三共和政および第四共和政（2010年〜現在）の時期にあたり，輸出向けの高価な海産物の需要が増すとともに冷凍・冷蔵物流が発展したため，漁師の収入が安定した．後者の時期には，本格的に漁撈に従事しようとする多数の農民が漁村に流入し，さまざまなサービスが提供されるようになった．この間，漁業資源の量が維持されたかどうかは不明だが，漁師たちは主として遠隔地で季節的な漁に従事して大きな現金収入を得たため，家計収入は改善を続けた．

　最近の四半世紀において貨幣経済は浸透したものの，生産集団の組織化はみられず，漁船動力化をはじめとする生産資本の拡大もみられなかったことに注意したい．生産集団の組織化が生じれば，資本家と労働者の階級分化が生じることをほとんど避けられず，生産資本が拡大すれば，収益の再投資をくり返して資本を蓄積する者が現れる．いずれの場合にも財の偏在が生じ，権力や威信にも不均衡が生じることが想像に難くない．言いかえれば，漁の局面で大きな変化が起こらず，従来どおり安価な漁具と少人数で漁を続けられたことは，社会経済的に顕著な不平等が生じなかったことの大前提だといえよう．

　網子を雇う費用も高価な漁具も必要なければ，漁師たちが頼みにするのは，みずからの技量だけである（Iida 2019）．こうした自律的な個人のありかたは，平等社会の本質であるだけでなく（Gardner 1991），すべての個人が平等な社会的状態（そういうものがあるならば）よりも理解しやすい（Leacock 1978）．そのような観点からヴェズ漁師のくらしをふり返ってみると，彼らには，他のヴェズ人に従属して生活する必要がまったくない．しいて言えば，村落部の治安を維持する軍隊や憲兵隊（gendarme）には積極的に協力するが，これは，一時的に遭遇する権力装置への面従腹背にほかならない．かりにこうした権力装置が村内の日常生活に影響を及ぼしていたら，多くの人びとは，船に乗って遠くの町や無人島へ逃げさってしまうだろう．かつてのヴェズの人びととサカラヴァ王国との関係を思いおこしてみればよい．

　個人の自律という根本的な自由をいまだに侵されていないヴェズの人びとは，一連の平等主義的特性を保持している．この問題については，ガードナー（Gardner

1991）の研究が参考になろう．彼は，先行研究のレビューとマードック流の統計学的文化項目分析をとおして，平等という語をできるだけ用いずに平等社会の諸特性がどのように関連しているかをチャートで示した．そして，そうした相互に関連する諸特性のうち，①個人による意思決定場面の重要性や，②そうした意思決定に重きを置く社会化プロセスを重視し，平等社会が示す性格を包括的に「個人の自律」シンドローム（individual autonomy syndrome）と名づけた．

　ガードナーは，平等主義的とされる行動や現象をその原因と同じ水準に並置したため，「平等とはなにか」という問いと「なにが平等をもたらすのか」という問いを区別せずに議論を進めてしまった．また，フィールドで得られた資料をまったく提示しなかったため，じゅうぶんに評価されなかった．しかし，彼の列挙するいくつかの特性を（上記①②以外にも）ヴェズの人びとや社会が備えていることは明らかである．たとえば，社会構造の特性である③双系的社会構造や，④婚姻における義務の即時履行，⑤核家族の役割の大きさ，⑥個人の移動の自由度，生業経済の特性である⑦食料備蓄の少なさや，⑧多様な食料供給源などがヴェズの人びとや社会に該当する．⑦と⑧は，ヴェズの生産する水産物が腐敗しやすいことに関わっている．そして，これらの所与条件の結果として，⑨可塑的で開放的な生活集団の構成や，⑩集団分裂による紛争の回避・解決，⑪長期にわたる約束の回避といった特性が帰結する．第2節の冒頭で述べたように，ヴェズは居住地選択の自由度が高く，長い個人史において居住場所を比較的頻繁に変えるため，社会構成は可塑的で開放的であり，対人関係の緊張（飯田 2020）をきっかけに居住地が変更されることも少なくない．個人の移動性が高ければ，長期にわたる約束の履行は期待できない．このように，意思決定においては社会秩序よりも個人の技量が重要な役割をはたすため，⑫年齢や性による役割の平等性・指導者の不在・社会的平準化のしくみといった特性が生じる．⑨～⑫は，平等性をもたらす要因というより，①②とともに平等性の具体的なあらわれであるとわたしは考えている[11]．

　ヴェズ社会は，国家に包摂された村落社会ないし民俗社会（サーヴィス 1991）であ

（11）　ガードナーが列挙する諸特性のなかでただひとつ，ヴェズ社会にあてはまらないものがある．それは，「財産所有の制限」という特性である．ガードナーが指摘するのは因果性というより傾向性なので，あてはまらない特性が平等社会にみいだされても不思議はないのだろう．また，ヴェズ社会にみられる特性のなかでも，⑤や⑦や⑧などは相対的に顕著というにすぎず，厳密な検証を経たものではない．今後の検討課題としたい．

りながら，著しい平等性を示している．この平等性は，孤立によって国家の支配を逃れたために維持されたのではなく，逆にグローバルに広がる流通ネットワークに関与することで強化されている．もしも中国や東南アジア方面に高価なナマコやフカヒレが輸出されず，冷凍・冷蔵流通が未発達のままであれば，ヴェズ漁師における「個人の自律」は現在ほど顕著でなかったにちがいない．自然資源への依存を維持したまま資本主義システムに参入したからこそ，ヴェズの人びとは，マダガスカルでも類例をみないほどの自由と平等と富を手にしたのである（Tucker et al. 2010）．もちろん彼らの手にした富は，国際的な地域分業のもとで評価するなら，けっして大きなものではない．同様に，ヴェズ社会内部の平等も，全球規模に連なる社会体制のもとでは過大に評価すべきでない．しかし，ヴェズにかぎらずどんな人びとであっても，均質的に地球上を覆う生活世界に生きているわけではなく，さまざまな自然的・社会経済的条件によって分節された小さな世界を生きている．人びとの成功は，そのように分節化した下位社会のなかでまず達成され，必要に応じてより広い範囲での成功のための足がかりとなるのである．社会に備わる潜在力とは，まずもって，そのように小さな生活世界のもとで評価されるべきであろう．そのような視点に立つとき，自然資源への全面的な依存のもとで成立した「平等社会」は，複雑化した現代世界においても脈々と息づいていく可能性を秘めているといえる．

謝辞

　本研究のもとになった現地調査は，日本学術振興会の特別研究員奨励費（1994-1996年度ならびに1999-2000年度）および科研費補助金（JP13710191, JP14251004, JP14251011, JP15255007, JP17401031, JP19401041, JP21242034, JP23251010, JP25244043, JP15H02601, JP15H01910, JP19H01400）の支援を受けた．関係者ならびにアンパシラヴァ村の皆さんにお礼申しあげます．

参 考 ・ 参 照 文 献

飯田卓（2001）「マダガスカル南西海岸部における漁家経済と農家経済――生業と食生活の分析から」『アフリカ研究』57：37-54.
飯田卓（2008）『海を生きる技術と知識の民族誌――マダガスカル漁撈社会の生態人類学』世界思想社.
飯田卓（2019）「技術習得と知識共有――マダガスカル漁撈民ヴェズの事例から考える」杉島敬志編『コミュニケーション的存在論の人類学』臨川書店，304-342頁.

第 III 部
せめぎあう平等と不平等

飯田卓（2020）「経験されざるものを知る――マダガスカル漁撈民ヴェズにおける霊と呪術のリアリティ」川田牧人・白川千尋・飯田卓編『呪術の現代的位相――文化人類学的探究』春風社，437-465頁．

池谷和信（1991）「セントラル・カラハリ・サンのヤギ飼養について」田中二郎・掛谷誠編『ヒトの自然誌』平凡社，253-269頁．

伊谷純一郎（1986）「人間平等起源論」伊谷純一郎・田中二郎編『自然社会の人類学――アフリカに生きる』アカデミア出版会，349-389頁．

市川光雄（1982）『森の狩猟民――ムブティ・ピグミーの生活』人文書院．

市川光雄（1991）「平等主義の進化史的考察」田中二郎・掛谷誠編『ヒトの自然誌』平凡社，11-34頁．

大崎雅一（1991）「カラハリ狩猟採集民サンの定住化とその影響」田中二郎・掛谷誠編『ヒトの自然誌』平凡社，567-593．

掛谷誠（1974）「トングウェ族の生計維持機構――生活環境・生業・食生活」『季刊人類学』5（3）：3-99．

掛谷誠（1994）「焼畑農耕社会と平準化機構」大塚柳太郎編『講座地球に生きる3 資源への文化適応』雄山閣，121-145頁．

掛谷誠（2018）『掛谷誠著作集 第2巻 呪医と精霊の世界』京都大学学術出版会．

北村光二（1996）「「平等主義社会」というノスタルジア――ブッシュマンは平等主義者ではない」『アフリカ研究』48：19-34．

クラストル，ピエール（1987）『国家に抗する社会――政治人類学的研究』渡辺公三訳，書肆風の薔薇．

グレーバー，デヴィッド（2006）『アナーキスト人類学のための断章』高祖岩三郎訳，以文社．

サーヴィス，エルマン（1979）『民族の世界』増田義郎監修，池田幸一，山田直道訳，講談社．

サーヴィス，エルマン（1991）『民族の世界』増田義郎監修，講談社学術文庫．

サーリンズ，マーシャル（1987）『人類学と文化記号論――文化と実践理性』山内昶訳，法政大学出版局．

スコット，ジェームズ・C（2013）『ゾミア――脱国家の世界史』佐藤仁監訳，池田一人，今村真央，久保忠行，田崎郁子，内藤大輔，中井仙丈訳，みすず書房．

田中二郎（1971）『ブッシュマン』思索社．

田中二郎（1990）『ブッシュマン――生態人類学的研究』思索社．

田中二郎（2017）『アフリカ文化探検――半世紀の歴史から未来へ』京都大学学術出版会．

テスタール，アラン（1995）『新不平等起源論――狩猟＝採集民の民族学』山内昶訳，法政大学出版局．

寺嶋秀明編（2004）『平等と不平等をめぐる人類学的研究』ナカニシヤ出版．

フーコー，ミシェル（1977）『監獄の誕生――監視と処罰』田村俶訳，新潮社．

深澤秀夫（1996）「地割り制と平等主義のオリエンタリズム――P.J.ウィルソンの所論をめぐる批判的検討」『アフリカ研究』48：99-114．

丸山淳子（2010）『変化を生きぬくブッシュマン――開発政策と先住民運動のはざまで』世界思想社．

森山工（1996）「描かざる自画像――マダガスカルにおける文化的統一性をめぐる言説」『民族学研究』61（1）：81-104．

Astuti, Rita. 1995. *People of the Sea: Identity and Descent among the Vezo of Madagascar*, Cambridge: Cambridge

University Press.

Barnard, Alan. 2002. "Foraging Mode of Thought." In Henry Stewart, Alan Barnard, and Keiichi Omura (eds.) *Self- and Other-Images of Hunter Gatherers* (Senri Ethnological Studies 60), Osaka: National Museum of Ethnology, pp. 5-24.

Bird-David, Nurit. 1992. Beyond ""The Original Affluent Society:" A Cultural Reformation." *Current Anthropology* 33 (1): 25-47.

Boehm, Christopher 1993. "Egalitarian Behavior and Reverse Dominance Hierarchy." *Current Anthropology* 34 (3): 227-254.

Condominas, Georges. 1960. *Fokon'olona et collectivités rurales en Imerina*, Paris: Berger-Levrauld.

Flanagan, James G. 1989. "Hierarchy in Simple "Egalitarian" Societies." *Annual Review of Anthropology* 18: 245-266.

Gardner, Peter M. 1991. "Foragers' Pursuit of Individual Autonomy." *Current Anthropology* 32 (5): 543-572.

Graeber, David. 2007. *Lost People: Magic and the Legacy of Slavery in Madagascar*, Bloomington: Indiana University Press.

Iida, Taku. 2005. "The Past and Present of the Coral Reef Fishing Economy in Madagascar: Implications for Self-Determination in Resource Use." In Nobuhiro Kishigami and James Savelle (eds.) *Indigenous Use and Management of Marine Resources* (Senri Ethnological Studies 67), Osaka: National Museum of Ethnology, pp. 237-258.

Iida, Taku. 2019. "Traveling and Indwelling Knowledge: Learning and Technological Exchange among Vezo Fishermen in Madagascar." In Keiichi Omura, Shiho Satsuka, Grant Jun Otsuki, and Atsuro Morita (eds.) *The World Multiple: The Quotidian Politics of Knowing and Generating Entangled Worlds*, London and New York: Routledge, pp. 190-204.

Koechlin, Bernard. 1971. "Vuru-bē: un conte malgache en langue Sakalava-Vezo." *L'Homme* 11 (4): 31-60.

Koechlin, Bernard. 1975. *Les Vezo du sud-ouest de Madagascar: contribution à l'étude de l'éco-système de semi-nomades marins*, Paris: Mouton.

Leacock, Eleanor. 1978. "Women's Status in Egalitarian Society: Implications for Social Evolution." *Current Anthropology* 19 (2): 247-275.

Lee, Richard B., and Irven DeVore (eds.) 1976. *Kalahari Hunter-Gatherers: Studies of the !Kung San and Their Neighbors*, Cambridge: Harvard University Press.

Mallet, Julien. 2009. *Le tsapiky, une jeune musique de Madagascar: ancêtres, cassettes et bals*, Paris: Karthala.

Muttenzer, Frank. 2020. *Being Ethical among Vezo People: Fisheries, Livelihoods, and Conservation in Madagascar*, Lanham: Lexington Books.

Serre-Ratsimandisa, Georges. 1978. "Théorie et pratique du «Fokonolona» moderne à Madagascar," *Revue Canadienne des Études Africaines* 12 (1): 37-58.

Service, Elman R. 1958. *A Profile of Primitive Culture*, New York: Harper & Brother.

Service, Elman R. 1978. *Profiles in Ethnology: Third Edition*, New York: Harper & Row.

Tanaka, Jiro. 1980. *The San Hunter-Gatherers of the Kalahari: A Study in Ecological Anthropology*, translated by David W. Hughes, Tokyo: University of Tokyo Press.

Tucker, Bram, Mr. Tsimitamby, Frances Humber, Sophie Benhow, and Taku Iida. 2010. "Foraging for

Development: A Comparison of Food Insecurity, Production, and Risk among Farmers, Forest Foragers, and Marine Foragers in Southwestern Madagascar." *Human Organization* 69 (4): 375-386.

Wilson, Peter J. 1992. *Freedom by a Hair's Breadth: Tsimihety in Madagascar*, Ann Arbor: The University of Michigan Press.

Woodburn, James. 1982. "Egalitarian Societies." *Man* (N. S.) 17 (3): 431-451.

高 倉 浩 樹

第 **8** 章

狩猟採集と不平等

不平等社会確立の条件に関する試論

KEY WORDS

平等主義, ドメスティケイション, 環北太平洋狩猟採集民, 東アフリカ牧畜民

はじめに

　本章の目的は，生態人類学・考古学の知見をもとに人類史においてどのように不平等社会が出現したのか，関連する諸理論を整理し，再考することである．さらに狩猟採集社会および農業牧畜社会双方においてどのような条件で不平等が社会に定着するのかについて，既往研究を振り返りながら理論的に考察することに挑戦してみたい．

　元来，不平等の起源は，農耕の出現に由来する現象として語られてきた．ドメスティケイションによる栽培植物の出現とそれに引き続く余剰生産が，定住化と社会の階層化を進め，それが世代を超えて制度化するという考え方である（チャイルド 1951）．ここで暗黙の前提となっている視座がある．それは18世紀のフランスの哲学者ルソーによる著作『人間不平等起源論』の基底にある考えである．自然人は平等であったが，人々が才覚を発揮し，小麦を栽培しはじめ，それが土地を含む私有財産の起源となり，不平等な文明社会が形成されたというものである（ルソー 2008）．

　日本の生態人類学とりわけアフリカを中心とする一連の研究は，こうした枠組み

を出発点としつつ，現存する狩猟採集民社会における平等主義を民族誌的に詳述するとともにその特質について考察してきた．その特徴は二点ある．第一に霊長類学を含む生態学的視点からの，食料確保の様態の記述と農耕社会・牧畜社会とは異なる社会機構の理論化である（伊谷・田中 1986）．大集団化しない社会組織・遊動性，平等な分配の仕組みとその倫理，第三者に依拠しない秩序構築（紛争解決）等のあり方は，現代の日本を含めた多くの不平等社会と対称的であり，人間社会の根源を明らかにする取り組みであるといってよい．第二は近年の動向であり，文化相対主義的観点から近現代史的背景，現在の国家との関係から平等主義の社会変化を扱う民族誌的研究である（田中・掛谷・市川・太田 1996；丸山 2010）．

　彼らの課題の中心はフィールドの現場で繰り広げられる平等主義がどのように機能しているのか，あるいはそれがどのように変化してきたのかであった．そのなかにあってなぜ狩猟採集社会は平等主義なのかを問うた議論は，アフリカ生態人類学を牽引した伊谷純一郎が嚆矢であろう．「人間平等起原論」という挑戦的題目の論文でこの問題をホミニゼーションの観点から考察している．それはルソーがいう文明以前は平等だったという視点について，霊長類学の知見を踏まえて「自然人」像を再考するものだった．ルソーのいう「自然人」は夜行性で単独生活をする原猿類の社会しか該当しないと伊谷は喝破し，ニホンザルにせよチンパンジーにせよ，その社会は不平等性によって成立しており，にも係わらず現生人類，特にその初期を占めているはずの狩猟採集民はこの不平等性を「平等主義」に変えた形で存立していると説いたのである（伊谷 1986）．

　本書の編者である寺嶋秀明の卓見は，この点をさらに掘り下げ，平等主義は脱自然化であると主張したことにある．不平等な霊長類社会との比較によって，狩猟採集民における平等主義の社会機構がいかに個体間の自由と喜びを作り出しうるのかを，そして新しい人間関係を再編し社会組織を拡張させる機能を有していると理論的に解明したのである．そして平等主義こそ人間文化の独自の可能性であると指摘した．従来の多くの社会理論が平等性や公正性をいわば倫理や正義として扱ってきたことに対し，寺嶋の議論は，平等主義はむしろ現代社会のような不平等な社会機構の維持・活性化において必要な要素であることを指摘するものである（寺嶋 2004；寺嶋 2011）．それはある種の格差の是認も含むという点で批判を受けるかもしれないが，倫理に頼らなくても平等が必要であることを示唆したという点で画期的な考察である．

こうした理論の背景には，アフリカ狩猟採集民社会に見られる生態的諸適応こそ
が，人類社会の可塑性を支えており，一方で複雑な社会を構成しうる農耕・牧畜社
会を「特殊化」に過ぎないという考えがある（市川 1986：307）．社会理論としては極
めて刺激的であり，歴史理論としてはユニークであるものの不満が残る．というの
も，この視点からは，なぜ多様な狩猟採集民社会が特殊な農耕・牧畜に移行したの
かを説明することはできないからである．平等主義によって達成された人類の自由
と社会の広がりがあったにもかかわらず，なぜ人類の大半は再び不平等社会に移行
したのかという疑問である．平等主義に関する理論的知見を得るための方法として，
寺嶋は狩猟採集民社会の平等主義に係わる行動や規範をモデル化した．それは同時
に不平等な狩猟採集民社会は除外したことを意味している．いうまでもなく，現代
社会にあって狩猟採集民社会は人口的に極小マイノリティである．寺嶋はマジョリ
ティであるはずの元狩猟採集民がなぜ，不平等になったのかを問わずに，理論化を
行ったと言うことになる．もしかしたら不平等はさらなる形で人間の可能性を広げ
たのかもしれないのに．

　もう一つ再考しなければならないのは，ドメスティケイションこそが文明と不平
等をもたらしたという従来からの考えである．1980年代には文明形成の前提となる
定住化はドメスティケイションによる結果ではないと批判する議論があった．縄文
考古学や環北太平洋民族誌分析から，完新世の温暖化によって中緯度地帯が森林化
する中で，漁業や冬の食料貯蔵技術が発展し狩猟採集民の定住化が先行したという
論考である（西田 2007）．画期的な問題意識であり，なぜ狩猟採集から食料生産の生
業が出現するかについての理論的示唆が多く含まれているにも関わらず，なぜか人
類学分野のなかで議論は続かなかった．一方で，近年の考古学や人類学研究では，狩
猟採集社会における不平等の事例分析や理論が数多く進展しており，１万年前の新
石器革命を前後に突如不平等社会が出現したのではないことが分かっている．

　本章は，そうした農耕以前に生じた狩猟採集民の不平等化，およびドメスティケ
イションそのものの意義を問い直す近年の研究成果を照会しながら，なぜ不平等が
再び狩猟採集社会，さらにそれ以降の人類社会に出現し定着したのか，それが可能
となる条件について考えたい．

1　先史考古学における不平等

　先史考古学の知見からは，農耕出現以前の旧石器時代の人類社会にあっても，社会階層の存在を示唆する遺跡が発掘されている．その代表的なものは3万年前のロシアのスンギール遺跡である．頭と頭が寄せ合うように埋葬された少年と少女の遺体のそばには5000個のビーズや狐の歯250本がついたベルトなどの埋葬品がおかれ，それらの制作には熟練職人による3年を越える労働が必要だという．狩猟採集だったにもかかわらず物質的に豊かで身分の序列があり，特定の人々に富が集中していたのである（海部 2005；ハラリ 2016）．さらに，狩猟採集社会や初期農耕社会における不平等の起源に関する考古学・人類学的研究は近年様々に展開しており，そこでは従来から常識と考えられてきた狩猟採集民が平等主義という理解は考古学的・民族誌的データから支持されなくなっている（Smith et al. 2018: 7; Kelly 2013: 241）．

　興味深いのは，こうした研究者達が，伊谷や寺嶋の指摘と同様に，黎明期の人類社会を無前提に平等主義と考えていないことである．霊長類社会において序列社会が存在しているという事実を踏まえて，人類社会の平等性を考えようとしている．例えばそれはビクター・ターナーのコミュニタス論，つまり社会秩序を反転させた反構造に示されるように，平等主義は文化によって達成されるという考えである（Flanagan 1988）．とはいえ，文化による平等化は限定的な効果しかもたず，物質的不平等の大規模な圧縮は，大量動員戦争，変革的革命，国家破綻，致死的伝染病という暴力的装置のみによって是正されたという考えもある（シャイデル 2019：38）．

　新石器時代の人類社会についてジニ係数を用いて富の格差の潜在力評価に取り組んだ研究もある．ジニ係数とは所得や資産の不平等あるいは格差を計るための尺度であるが，ここで用いられたのは遺跡として計測可能な家屋の大きさである．すでに初期農耕が開始された新石器時代の新旧大陸63の事例を分析した結果，初期農業であってもその拡大が余剰生産を作り出し，そこから不平等が拡大したと述べている．なお富の不均衡は役畜を伴う農耕を行った旧大陸のほうが大きく新大陸では少なかった（Kohler et al. 2017）．この研究グループは富を身体的富，関係性富，物質的富に分けて考察している．重要な論点は，狩猟採集と園芸（horticulture）社会では身体的富と関係性富が重要で，家畜を伴う農業社会は物質的富が重視されることである．また，文化的要因からは個別事例以上の不平等生成の理由は説明できないという指摘をし，彼らは世代を超えて続く不平等生成の普遍的な理論モデルを次のよう

第 III 部
せめぎあう平等と不平等

に説明している．（a）気候の安定につれて（b）資源の密度・予測度・経済的防御性が上昇する．その中で（c）世代間を超えた富の伝達（物質的富の重要性の増加，様々な差異のある富の蓄積，所有権の制度化）が生じ，（d）継続的制度的な不平等（パトロンクライアント関係，生得的リーダーシップ，管理エリート）が出現するという（Smith et al. 2018）．

　これらの研究で留意したいのは以下の三つの論点である．第一に，霊長類研究の知見から人類の平等主義を文化の産物として捉える視点は日本の研究者だけがもっているものではないこと，第二に，狩猟採集民を一律に平等主義社会と捉えていないこと，第三は，不平等の出現を一律に農業の出現と考えずに資源の確保という観点から理論化することである．こうした考えの背後には，ドメスティケイションの理解の変化がある．栽培化・家畜化を意味するドメスティケイションは，それが約1万年前の完新世に現れて以来，農業・牧畜という食料生産経済を作り出し，不平等や国家の起源と考えられてきた．その理解が変わりつつあるのである．

2　ドメスティケイションの経路

　ドメスティケイションとは人間による動植物の生殖管理のことであり，人為選択が自然選択に取って代わることをいう（野沢 1984）．それゆえに植物の場合には野生植物が栽培植物化することを意味し，それが農業の出現と考えられてきた．このドメスティケイションはかつて人類史における重大な事件と考えられてきた．1980年代に一世を風靡した評論家アルビン・トフラーの著作『第三の波』はその典型である．そこでは第三の波は現在につづく情報技術革命であり，第二は産業革命，そして第一はチャイルドのいう新石器革命＝農業革命であった（トフラー 1980）．例えば，野生の植物は種実が成熟するにつれて落下する脱粒性をもつが，これは成熟した時期に応じてバラバラに種実が地面に落ちることである．鳥などによる捕食をさけるという意味では自然繁殖上では有利に働くが，一度に収穫しようとする人にとっては都合がわるい．そこで人にとって都合のよい非脱粒化という形質が主流となるように生殖を管理し，種が落ちていない籾を一気に収穫することができるようになった．この形質は遺物として区別できることから，野生種と栽培種は明瞭に分けられると考えられてきた（Harlan 1975）．しかし，最近の考古学や生物学の知見からはそ

うした形質変化がドメスティケイションによって一度にもたらされたのではなく，む
しろ栽培化がおこなわれるようになってしばらくしてから出現することが分かって
きており，ドメスティケイションを一回限りの事件とみるよりは，むしろ過程や経
路として考えるようになってきている（Fuller et al. 2010）．人と動植物の関係は単に
野生種の確保（捕獲）と栽培種・飼育種[1]の生産という二元論ではなく，特定の野生
種を保護するような人為的介入によって結果としてある野生の個体群の繁殖が強ま
るという関係を想定するようになった（Harris 1996）．それは日本の研究者が古くか
ら指摘してきた半栽培（中尾 2004 [1977]）やセミ・ドメスティケイション（松井 1989）
の議論とも似ている（Takakura 2020）．

　より過激な議論になるとドメスティケイションを人間の専売特許と見なさないと
いう考えもある．社会性昆虫等を含めた人などの栽培飼育者（the domesticator）は，
自ら必要とする資源の量を増加させ，予測の度合いを強め，確保するための時間と
エネルギー（代謝や労働）を減少させるために，被栽培飼育者（the domesticate）の成
育を操作するという考えである．注意しなければならないのはこの関係は支配なの
ではなく，栽培飼育者と被栽培飼育者の間は相互依存の関係であり，それゆえに両
者の関係は深められ共進化していくということである（Zeder 2015）．共進化による相
互依存という考え方は重要である．これはドメスティケイションが人間による自然
の支配でないことを示すからである．なぜシマウマは家畜化されなかったかという
話に象徴されるように，人類はすべての野生種を栽培飼育化できるわけでなく，野
生種側がそれを受け入れなければ上手くいかないということである．成否の鍵はド
メスティケイションを意図的あるいは非意図的にしようとした時代においてそこに
適した野生種がいたかどうかという時間と空間の二つの偶然に左右されるというの
が現在の考えなのである（ダイヤモンド 2000：9 章）．

　ドメスティケイションが生起するには時間と空間の偶然性に依存する必要があり，
さらに継続していく場合には，共進化による相互依存があると考えると，ドメスティ
ケイションが起きたからといって必ずしも食料生産が始まるとは限らない．その
典型はイヌであり，そこで人間が利用したのは狩猟支援という機能あるいは感情的

---

(1)　本章はdomesticated animalの訳語として飼育動物を用いる．従来，家畜と訳されることが多いが，
　　家畜としてしまうと必然的に牧畜との連想が行われ，イヌやネコ，天竺鼠など非牧畜的家畜が排除さ
　　れてしまうからである．

第 III 部
せめぎあう平等と不平等

絆であった（シップマン 2015；藪田 2019；Losey et al. 2018）．アサガオなどの非食用の審美的な栽培植物は別にしても，まさに中近東における農業と牧畜を生み出す穀類栽培であってもそうなのである．例えば，中近東の先土器新石器時代人は1万年前に家畜化を初め，さらにまもなく搾乳もしたことがわかっているが，それにも関わらず数千年間狩猟による肉食を継続したという．飼育化はすぐに牧畜生産とはならず，そこに移行するかどうかは生態と社会経済に係わる条件次第なのである（Vigne 2011）．この点について人類学者のジェームズ・スコットも同様の指摘を行っている．標準的な文明進歩の物語はドメスティケイション＝農耕の開始であるが，事実はドメスティケイションが行われて4000年つまり160世代を経てやっと農耕社会が到来する．その理由は栽培・飼育種に依存する経済を作るにはあまりにリスクが多かったからである（スコット 2019）．

　動物のドメスティケイション概念の刷新を牽引するゼダーによれば，ドメスティケイションはそもそも動物側が人を同伴者と認め，ドメスティケイションの経路に入ってくるかどうかが一番重要だという．そしてこの経路は三つある．一つは片利共生型（commensal）で犬やネコのように人のホームレンジに侵入することで動物側が利益をえることで始まるものである．二つ目は食料型（predatory）でもともと狩猟のターゲットだったものである．三つ目は目的指向型（directed）で動物の乳や毛，労働力を目的とするものとなる．乳利用はもともと食料型の経路から始まったものが目的志向型に変わったものということである．経路は類型とは異なり，様々な条件で変わる．犬は片利共生で飼育が始まったかもしれないが，ある地域では犬ぞりとして目的指向型に利用され，一方別の場所ではそうした経路変更は発生しないということになる（Zeder 2012）．つまりドメスティケイションの初期の結果とその後の結末は当然異なるし，その結果は時間や空間によって左右され，必然的な帰結など存在しないのだ．

　この二つの研究史の展望から理論的に導けるのは次のような研究の枠組みである．狩猟採集つまり食料採取社会にあって，平等主義な場合と，不平等な場合があることである．また農耕牧畜などの食料生産社会にあっても平等主義と不平等な場合があるということである（表8-1）．従来の平等主義及び不平等の研究は，表のAとDについて民族誌的データに基づく考察が行われてきた．つまり平等主義は狩猟採集社会の民族誌にもとづき，不平等については農耕牧畜社会の民族誌を参照するというやり方である．そこで本章では，Bである狩猟採集民の不平等性と，C農耕牧畜社

表8-1　生業と平等主義をめぐる研究枠組み

	平等主義	非・平等主義
食料採取社会（狩猟採集）	A	B
食料生産社会（農耕牧畜）	C	D

会の平等主義のあり方を踏まえて，非・平等主義（non-egalitarianism）について考えたい．そもそもBについては考古学や20世紀初頭の民族誌事例が存在していることを考えれば，どのような条件で食料採取社会から不平等な社会関係や複雑化が生まれるのかを理論的に捉えることは可能なはずである．Cについてはドメスティケイションが余剰食料生産を必然化しない以上理論的に想定する社会類型であり，民族誌事例としては北ユーラシアのトナカイ飼育社会やオセアニアやアフリカの小規模農耕社会が該当する．本章ではこの事例として東アフリカのトゥルカナ社会を取り上げながら，食料生産社会における平等主義について考えてみたい．

3　環北太平洋の狩猟採集民

　民族誌研究において，不平等かつ複雑化した狩猟採集社会としてよく知られているのは20世紀初頭の環北太平洋の先住民社会であろう．北海道・サハリン・千島のアイヌ社会をはじめとして，サハリン先住民から東シベリア沿岸，カムチャッカ半島，チュコトカ半島，さらにアラスカから北米大陸北西海岸，カリフォルニアまでの沿岸地域の狩猟採集経済を基盤とした先住民社会が含まれる．一概に階層社会といってもそれぞれ違いがあり，なかには平等主義的な社会も含まれているが，複雑な狩猟採集民社会の代表例といって間違いはない（大西 2018；羽生 2005；Watanabe 1992）．

　北米大陸北西海岸の先住民のポトラッチは，アメリカ人類学の父ボアズによって取り上げられ，またモースによる贈与論の理論を支える民族誌事例であり，古くから人類学者のなかでは知られてきた．しかし，これらの社会が狩猟採集民社会でありながら，社会階層をもつ不平等な社会であることが本格的に検討されるようになったのは1970-80年代である．

　フランスのアラン・テスタールと日本の渡辺仁が，季節的に出現する移動性の豊富な資源利用，定住生活，階層化そして北太平洋の寒冷性などの関係性を狩猟採集

という生業との関係のなかで議論し始めたのである．テスタールの強調点は，寒冷な気候のもとに食料が貯蔵できるという点にあった．それが定住化，高人口密度，社会経済的不平等化の原因となるという指摘である（Testart 1982；テスタール 1995）．一方の渡辺は北太平洋で季節的に出現する漁業資源とその空間分布が，地域社会の生業分化を生んだと主張した．それは狩猟中心の家族と漁労中心の家族というように家族毎の生業分化が生成し，このうち技術的により困難な狩猟系家族の社会的地位があがるという理論であった．一度に食べきれない程の資源が確保できるためにこれが余剰資源となり，威信経済が発達し，そのなかで例えば北西海岸では捕鯨，北海道やサハリンではクマ猟が行われ，消費としてはポトラッチやクマ送りといった高度に組織化された消費的儀礼が整えられ，威信を誇示する場として機能していると渡辺は考えたのである（Marciniak et al. 1988；Watanabe 1983；渡辺 1990）．

　これらの興味深い議論はその後，停滞してしまった．植民地主義批判や世界システム論などの影響もあり，北太平洋の狩猟採集民のポトラッチや毛皮交易などに係わる現象は，この地域に進出した国家との関係で解釈されるようになったからである．ポトラッチの場合，植民地統治以降にハドソン湾会社の提供する毛織毛布によって，従来の宗教・象徴的性質が大きく変化したことが重視された（立川 1999；立川 2009：55）．19世紀の北海道・樺太・アムール川下流域の先住民社会においては，清朝や江戸幕府等いわば近世的な国家による朝貢的交易が彼らの社会に大きな影響を与えていたことが明らかにされた（岩崎 1998；佐々木 1996；佐々木 1997；高倉 2006）．全体的にいえばそこでは植民地主義あるいは前近代的国家との政治経済的関係が，狩猟採集民の社会階層化を増長させたという論調となっている．それ以前の研究史において扱われた狩猟採集民社会における階層化や不平等性はほとんど議論されなかったのである．

　シベリアの生態人類学ではこのことに言及していた論者もいる．大林太良（1991）はドイツ民族学派的な関心から，シベリア及び北ユーラシアの文化伝統が内陸部の移動的狩猟文化と沿岸部の定住的漁労文化に二分できることを指摘していた．ロシア出身のイーゴリ・クループニックは，ユーラシア極北適応論のなかで，過去2000年間の生業パターンは，沿岸部の海獣狩猟・漁労中心の定住社会と内陸部のトナカイ狩猟中心の遊動社会を両端とする生業連続体から生成されると主張した．気候や社会経済において食料資源の分布がどう変わるか，さらに歴史文化的背景などが関わることで，地域社会の生業パターンが形成され，それらはこの生業連続体のいず

れかに収斂されるという考えである．一方の極として，沿岸部の海獣狩猟・漁労社会ではサケなどの回遊性資源の豊富さと寒冷環境によって食料貯蔵が可能となりこれを基盤にして階層社会が形成されると説いたのである（Krupnik 1993；クループニック 2006；高倉 2008）．確認しておきたいのは，クループニックの理論が考古学資料を含めた過去2000年間という長期を視野にいれていること，さらに環北太平洋の南部だけでなく，イヌイットやチュクチ，コリヤークなど極北部を含む，国家・植民地主義の関与が19世紀になるまで本格化しなかった地域を含めて理論化していることである．この考察は，海岸チュクチとトナカイチュクチ（同様に海岸コリヤークとトナカイ・コリヤーク）のように同じ民族集団にあっても生業パターンの選択が異なっている民族誌的事実を適切に説明している．研究史的に解釈するならば，テスタールの食料貯蔵論や渡辺の家族毎の生業文化論がクループニックの理論のなかにはうまく接合されていると言うことになる．

　北米大陸の北西海岸先住民の考古学・民族史研究においても不平等の複雑狩猟採集民研究は進展した．北米北西海岸のカスケード地方の考古学によれば，紀元前4300年頃には定住化と人口増加が始まった．さらに唇飾り着装者という特別の地位の制度が紀元前2500年に始まり，紀元前1800年頃にはサケの貯蔵を基盤とする経済ができたという．階層的な社会はさらに進み，紀元前600年には奴隷制が確立されたと報告している（エイムス／マシュナー 2016）．フラネリー達はこの地域の先住民の民族史を復元しながら彼らが野生の食料のみで富と不平等な社会を生み出したプロセスを理論化している．例えばカリフォルニア州のチャンネル諸島の考古学遺跡では紀元500-700年には大きな海洋性の厚板をもつカヌーを作り始めた．この制作には一日換算で500人が働く必要があり労働の組織化が必要だったと推測する．民族誌時代にこの島にいたチュマシュ人社会では首長はこの厚板カヌーを独占することで親族以外を従わせることができた，と分析する．ポトラッチについては，植民地政府の影響として資源をめぐる集団間の戦争を禁止したが故に，20世紀初頭に観察されたような富の放蕩ともいえる現象が発生したと述べている．しかしながら戦争で負けると奴隷になるという制度つまり階層性は欧米社会の接触以前にあったことを強調している．彼らは，不平等を生み出す理由は，一度に食べきれない回遊性魚資源と社会組織の組み合わせが鍵となると主張している．特にクランを作り，特定の出自関係を強調することが，世襲制度を作り出す上で決定的に重要だと述べている（Flannery et al. 2012: 5章）．同じ資源環境にあったとしても平等主義的社会である場合とそうで

はない場合を比較して，非双系的社会組織（単系いずれか）の原理が重要だと述べたのであった．

　ケリーはこうした複合的な狩猟採集民も含めた食料採取社会を包括的に扱った研究のなかで，狩猟採集民の平等主義および非・平等主義（non-egalitarianism）いずれもが，ルソー的な意味での人間性の「自然」なのでなく，適応度を最大化するために現れた現象であると主張している．彼によれば，平等主義社会は，全員が平等なのではなく，食べ物へのアクセスや資源獲得に必要な技術へのアクセスなど機会の平等は確保されているが，物質的富や社会関係性という点での資源では不均衡が存在する．しかしそうであっても不平等が制度化されないのは，個人の自律性に社会の基軸があるからだという．平等主義社会でも個々人は威信を獲得できるが，その威信を他人への権力にさせないという文化的規範が伴っている．ただその背後にあるのは資源が豊富ではないということが重要である．一方で，平等主義のなかにあっても男女の差異，婚姻における不平等は存在し，それらが不平等社会と連なる要因となることも指摘している．ただ不平等が出現する理由として，単に食料資源が多いというだけでは十分でないという．むしろ資源獲得に関わる予測性の上昇と，定住化・人口増加が結びつき，その資源を守り，かつ適切に分配するという必要性とこれに対応するリーダーの出現，そして資源の貯蔵が可能となっている条件において，階層化が起きると述べている．なぜそうした現象が発生するのかについてケリーは，階層化と不平等によって集団の資源獲得が最大化されるという進化生態学的説明を行っている（Kelly 2013）．

　この節では，北太平洋の先住民社会の伝統的社会の民族誌事実に基づき，国家との関係という近現代史的文脈ではなく，生態的な要因において不平等な社会に変化していく過程をみてきた．そこから抽出できるのは，狩猟採集社会を無前提に平等主義として考えることは誤りであるという論点である．そして狩猟採集社会が平等主義から離脱していく条件はおそらく三つにまとめることができる．一つは予測可能な資源の豊富さ，二つ目が富の蓄積を可能にする社会の編成原理としての単系的社会組織，そして（結果としての）人口増加である．このなかで何が決定的要因なのかについては確定できないが，この三つがそろうと，食料生産を行わない狩猟採集民社会であっても不平等社会へと移行するという民族誌的事実を確認しておきたい．

4 農耕牧畜と狩猟採集の狭間

　文化人類学の教科書には，農耕や牧畜などの食料生産社会にあっても平等主義的，複雑化していない社会も存在することが記されている．例えば農耕は小規模な園芸と大規模な農業が区別され，前者は根菜類の栽培で相対的に平等主義，後者は穀類の栽培で不平等と紹介されるのは一例である（梅﨑 2018；Bernard 2006: 37）．かつては根菜類栽培と穀類栽培の違いは絶対視され，前者が後者に先立って出現したと考えられてきた．地域によってそうした現象があったことは否定できないが，現在では根菜類は熱帯において，穀類は温帯においてそれぞれ生態条件の異なるなかで編み出された適応であると考えられている（Ellen 1994: 209）．ドメスティケイションは人間による自然利用において重要であることに異論がないが，必ずしも社会のあり方に決定的なのではなく，それがどのような生態環境で生じたかによって結果は異なってくると理解することが肝要である．前節では，狩猟採集経済であっても生態を含むいくつかの社会的条件がそろえば，不平等社会へと移行することを確認した．ここでは，ドメスティケイションを行った社会が維持する（あるいはせざるを得ない）平等とはどのような性質をもっているのか，限られてはいるがアフリカ民族誌から探ってみたい．平等の機能についての理論的意義は，冒頭で述べた寺嶋の理論に従いたい．つまり平等主義の社会機構は個体間の自由と喜びを作り出しうるということであり，新しい人間関係を再編し社会組織を拡張させる可能性をもつということである．

　まず取り上げたいのは，カメルーンの農耕民バクウェレ社会における「森のバカンス」である．根菜類栽培を中心とするバクウェレは，隣接する狩猟採集民バカ・ピグミーとの間に強固な民族的境界を保持しつつも，社会的緊張をほぐすことを目的とし，家族や親しい人と連れだって森の漁労キャンプで一定期間滞在する習慣を持っている．このときの森では，過渡的ではあるにせよ，彼らが「馬鹿にする」狩猟採集民と同じ食料をとり，また人間関係も平等主義的な開放モードに変わるという（大石 2016）．これは機能としては寺嶋が指摘した脱自然化としての平等主義の典型の一つであり，農耕社会のなかに既存とは異なる社会秩序と倫理が内包されるという点でいわゆる通過儀礼に係わるコミュニタス概念に近いといえる．ただそれは，不平等な社会内部に例えば，儀礼のような形で，そのような平等主義的契機を作り出すのではなく，農耕民にとって他者性の強い狩猟採集民の生活空間である森に物

理的に移動することによって実現されるという点が興味深い．脱自然化である平等主義の実現に，狩猟採集という生業が必要とされているからである．

　第二の事例は東アフリカの遊牧民トゥルカナである[2]．彼らの社会を特徴付けるのは「物乞い」であるとされる．これは日本で一般に考えられている貧者が恵みを要求する行為とはだいぶ違っている．むしろ対面的コミュニケーションの典型として日常的に行われるものだ．日本であれば，程度の差はあれ相手の意思を忖度し，相手から拒絶を受けないような要求の仕方が好まれる．しかしトゥルカナではそうではない．かれらにとっては，相手の拒絶が予期される場合であっても自分の要求を躊躇なく相手にぶつけるのが常態なのである．トゥルカナ社会は，外部の規範が存在せず，諸個人が他者との頻繁な遭遇のなかで実践する様々な相互交渉の結果，秩序が確立される社会だという（曽我・太田 2019）．例えば，ザンビアの農耕民ベンバ社会では，妖術に係わる紛争の調整に村長の権威が機能している．これが意味していることは当たり前なのだが，紛争の当事者の外部に倫理が存在していることを示している（杉山 2019）．農耕社会ではこれ以外にも例えば，土地利用をめぐる利害の対立の調整にみられるように，権限にもとづく命令や指示の伝達様式が，その成員のなかで共有されている．二個体間以上の相互行為は，当事者が常識化している道徳や倫理・規範を前提としながら実践するのが日本を含めた現代社会では共通している．つまりこの場合，規範は個人の外部にあるといえる．しかし，トゥルカナ社会は「地位の差や役割の分化が基本的にはない対等な関係にある者同士」で繰り返される相互交渉が「われわれの選択」を生み出し社会秩序を作るというのである（北村 2019）．

　牧畜社会であっても地位が未分化でありそして規範は二個体間の相互関係の中で生成するという点は興味深い．ここから指摘できるのは，ドメスティケイションがあったとしても不平等社会に移行するためには，社会的地位が確立される必要があり，また倫理・規範が個人間の外部に確立される必要があると言うことである[3]．

---

(2) トゥルカナ事例の議論は，拙著による書評（高倉 2019）を改変した．

(3) ケニアのイケンベ農村社会では，紛争があった場合に長老が調停者を務めるものの，その裁定は特定の者が下すのではなく，呪物を飲み込んだ当事者のいずれか自ら非を認めるまで待つという「法的」正義に係わる社会制度が存在していることが報告されている（石田 2019）．本章の文脈に引きつけるなら，この農耕社会では，呪物の働きという道徳が存在している一方で，その裁定を決めるのは当事者のみという事例として解釈することもできる．

ドメスティケイションが人類にもたらした変化として栽培植物や家畜の所有という現象がある．これとてトゥルカナでは常に交渉という自由にさらされている．なぜなら家畜は常に「物乞い」の対象だからである．興味深いのは，援助を乞われたときの断り方で，今は乞われた対象物は無いが，将来渡すという形で「相手の期待により近い形で，このやりとりがこれからも継続することを提案」するというのである（北村 2019：33）．筆者が解釈するに，これは遅延的な返却（delayed return）の一種なのではないだろうか．一般的に狩猟採集民は平等主義的で分かち合いが交渉なしに規範化されている．これと異なり，トゥルカナ牧畜民は家畜を所有するが，地位や身分の差異化の未分化の平等主義的社会であり，それゆえに，分かち合いが交渉によって遅延的に実践され，それがいわゆる家畜預託（太田 2019）として制度化されていると考えられるのではないだろうか．一方で，家畜の武装的略奪の慣習（河合 2019）も知られているが，これは家畜所有の不確実性の一つの社会的表現なのではないかとも思えるのである．トゥルカナ研究の嚆矢である伊谷純一郎は，かつて彼らの牧畜適応が過去数百年ほどにさかのぼるに過ぎず，粗放農耕に頼りながらの狩猟採集生活こそが，その生業形態であったと述べている（伊谷 2009：433）．つまり，トゥルカナ的な振る舞い方は狩猟採集と牧畜の境界領域で形成された社会規範なのではないかと，思うのである．実際に，彼らの牧畜と狩猟の関係は断絶していない．1970年代の大干魃の結果，トゥルカナの「牧畜はそれ自体として復元力をついに示すことなく無残に崩壊していった……極乾燥地帯で生き抜いていく生活が，自然への依存という基部構造をもっていた」（伊谷 2009：433）と述べている．ここでいう「自然への依存」は家畜でなく，野生の資源への依存，つまり狩猟採集的な暮らしを意味している．

　トゥルカナ社会の平等主義的傾向は，おそらく牧畜社会への移行の時間的浅さと関係しているのだと思う．また家畜所有制度が近代社会の私的所有権と大きく異なっているのは，極乾燥の環境での生存におけるリスク分散という観点からも説明できるだろう（曽我 2014）．その背景にあるのは，資源が豊穣に存在しないということである．トゥルカナの平等主義は，確かに個体間の自由と社会の再編を促す機能をもつことは間違いないが，日本社会で育った人間には大変厳しい自由であるように思える．逆にいえば，トゥルカナ社会は，ドメスティケイションを食料生産の方法として取り込みながら，ある部分では不平等化に抵抗している社会とも言えるのかもしれない．あるいはドメスティケイションを取り込んだ社会であっても資源が豊

第 III 部
せめぎあう平等と不平等

かではない場合，人々は平等主義を必要としているといえるのかもしれない．トゥルカナそして隣接するいわゆる東アフリカ牧畜民の民族誌は，（ドメスティケイション後も含めた）資源の豊穣性，社会的地位の確立，個人相互間の外部に存在する倫理道徳の確立とその調整者，さらに安定した所有権がそろわなければ，不平等化には簡単に移行できないことを示唆している．

おわりに

　本章は，考古学や人類学の近年の研究成果を参考にしながら，食料採取社会及び食料生産社会においてどのような条件において不平等が社会制度として出現し定着するのかについて考えてきた．従来の議論における，いわば食料生産を軸とするいわば社会類型論に基づいて平等主義や不平等が捉えられてきた現状を再考し，環境利用と社会組織の関係のなかで平等主義や不平等はいわば適応として柔軟な形で出現することを明らかにしてきた．取り上げた民族誌は限定的であり，包括的なものではない．しかしそれでも一定の結論を導くことは可能である．重要な四つの論点を提示した上でまとめてみよう．

　第一に，繰り返しになるが，狩猟採集社会を平等社会と無前提に考えることは誤りということを強調しておきたい．そもそも狩猟採集社会に存在する平等主義は，ホミニゼーションの過程のなかで適応として出現したという人類史的理解を踏まえる必要があり，人類学的にはこれを脱自然化として捉える必要がある．第二に人類社会は，狩猟採集経済の中にあっても常に不平等社会へと移行する萌芽を持ちつづけた点も重要である．食料採取社会において平等主義が維持できなくなるのは，資源の豊富さに加えて，その資源の予測が可能であるかどうか，さらに利用可能な多様な資源をめぐって社会内部に分業がおきるか，そしてその資源を一定の社会集団に世代を超えて蓄積させるための単系的な社会組織の原理が形成されているか，といった条件が満たされた場合である．第三にドメスティケイションは人類社会の不平等化の決定的要因ではないということである．栽培植物にせよ，飼育動物にせよ，生殖を管理した長期的な相互依存関係が異種間の間で成立するかどうかは環境と歴史の偶然に依拠している．相互依存のあり方として，食料になる場合もあるが，そうではない動植物の機能やアフォーダンスに人間側が依存する場合も多々ある．した

がってドメスティケイションが食料生産を一義的に意味するわけではないのである．ただし，穀類の栽培や乳利用を行う家畜を生産する社会では，人類史が示しているようにその後安定した不平等社会を形成することが多い．第四点として，そうした食料生産社会であっても，資源の豊穣性，社会的地位の確立，個人相互間の外部に存在する倫理道徳の確立とその調整者，さらに安定した所有権がそろわなければ，平等主義から脱却して不平等社会に移行することは難しいということである．

　食料採取社会にあっては，資源の豊穣性や予測可能性といった環境条件と分業や非双系的社会組織原理といった社会的条件がそろったときに，ホミニゼーションで獲得された平等主義原理で社会を維持することが難しくなり，一方で食料生産社会となっても，資源の多さに加えて，所有・社会的地位・規範という社会制度が充実しないかぎり安定した不平等を原理とする社会とはならないというのが本章の結論である．このようにしてみてくると不平等社会が安定的に維持・発展するのには，資源や食料に係わる環境条件というよりもむしろ社会側の条件が重要であることがわかる．この点において不平等はやはり人間側の選択によって選ばれていることを確認しておきたい．

　最後に述べておきたいのは，狩猟採集のなかで生成し始め，食料生産の社会のなかで定着した不平等社会は，決して不平等一辺倒の社会ではないことである．その意味で不平等主義という言葉は適切ではない．結果として不平等社会が形成されるが，そこには倫理ないし制度としてかならず平等主義が部分的な形で内包されている（菅 2005：88；関本 2004：129）．その意味で我々が生きている社会は単なる不平等社会なのではなく，平等主義を含んだ不平等社会なのである．この点は霊長類の序列社会との大きな違いである．そしてこの二つの原理は常にせめぎ合いながら我々の社会の規矩をつくってきたということである．それがなぜ存続しつづけてきたのか，現在の地点からいえることは，この二つの原理が組み合わされた状況が，進化生態学的にせよ，人々の感情においても，ホミニゼーションで獲得した平等主義つまり個体間の自由と喜びそして社会編成力といった機能を越えた魅力があったからではないだろうか．その探求は今後の課題であると指摘し，荒削りな拙論を閉じることにしたい．

参考・参照文献

石田慎一郎（2019）『人を知る法，待つことを知る正義——東アフリカ農村からの法人類学』勁草書房.

伊谷純一郎（1986）「人間平等起原論」伊谷純一郎，田中二郎編『自然社会の人類学——アフリカに生きる』アカデミア出版会，349-390頁.

伊谷純一郎（2009）「大干魃——トゥルカナ日記」『伊谷純一郎著作集　第五巻　遊牧社会の自然誌』平凡社，221-409頁.

伊谷純一郎，田中二郎編（1986）『自然社会の人類学——アフリカに生きる』アカデミア出版会.

市川光雄（1986）「アフリカ狩猟採集社会の可塑性」伊谷純一郎，田中二郎編『自然社会の人類学——アフリカに生きる』アカデミア出版会，279-312頁.

岩﨑奈緒子（1998）『日本近世のアイヌ社会』校倉書房.

梅﨑昌裕（2018）「食べものをつくりだす技と場」高倉浩樹編『総合人類学としてのヒト学』放送大学教育振興会，96-110頁.

エイムス，K／マシュナー，H.（2016）『複雑狩猟採集民とはなにか——アメリカ北西海岸の先史考古学』佐々木憲一監訳，設楽博己訳，雄山閣.

大石高典（2016）『民族境界の歴史生態学——カメルーンに生きる農耕民と狩猟採集民』京都大学学術出版会.

大西秀之（2018）「アイヌエコシステムの舞台裏——民族誌に描かれたアイヌ社会像の再考」高倉浩樹編『寒冷アジアの文化生態史』古今書院，25-47頁.

太田至（2019）「交歓と相互承認を創出する——家畜の所有をめぐるトゥルカナ・レンディーレ・ガブラの交渉」太田至，曽我亨編『遊牧の思想——人類学がみる激動のアフリカ』昭和堂，55-90頁.

大林太良（1991）『北方の民族と文化』山川出版社.

海部陽介（2005）『人類がたどってきた道——"文化の多様化"の起源を探る』NHK出版.

河合香吏（2019）「敵と友のはざまで——ドドスと隣接諸民族トゥルカナとの関係」太田至，曽我亨編『遊牧の思想——人類学がみる激動のアフリカ』昭和堂，197-214頁.

北村光二（2019）「自己肯定的な生き方を支えているもの——トゥルカナ社会における「物乞い」のコミュニケーション」太田至，曽我亨編『遊牧の思想——人類学がみる激動のアフリカ』昭和堂，17-36頁.

クループニック，イーゴリ（2006）「シベリア諸民族の移動様式——伝統的な様式と近代の変容」北海道立北方民族博物館編『環北太平洋の環境と文化』北海道大学出版会，88-104頁.

佐々木史郎（1996）『北方から来た交易民——絹と毛皮とサンタン人』日本放送出版協会.

佐々木史郎（1997）「広域経済システムとウデヘの狩猟」『社会人類学年報』23：1-28.

シップマン，P.（2015）『ヒトとイヌがネアンデルタール人を絶滅させた』河合信和監訳，柴田譲治訳，原書房.

シャイデル，ウォルター（2019）『暴力と不平等の人類史——戦争・革命・崩壊・疫病』鬼澤忍，塩原通緒訳，東洋経済新報社.

菅豊（2005）「在地社会における資源をめぐる安全管理」松永澄夫編『環境　安全という価値は』東信堂，69-100頁.

杉山祐子（2019）「もめごとを祖霊の世界に託して——焼畑農耕民ベンバの〈考え方〉」太田至，曽我

亨編『遊牧の思想——人類学がみる激動のアフリカ』昭和堂，117-148頁．

スコット，ジェイムズ（2019）『反穀物の人類史——国家誕生のディープヒストリー』立木勝訳，みす
　　ず書房．

関本照夫（2004）「不平等社会に見る平等への契機——ジャワ農村の事例」寺嶋秀明編『平等と不平等
　　をめぐる人類学的研究』ナカニシヤ出版，92-133頁．

曽我亨（2014）「ラクダ牧畜民ガブラの生業文化と社会」高倉浩樹，曽我亨編『シベリアとアフリカの
　　遊牧民——極北と砂漠で家畜とともに暮らす』東北大学出版会，1-73頁．

曽我亨，太田至（2019）「遊牧の思想とは何か——困難な時代を生き抜くために」太田至，曽我亨編
　　『遊牧の思想——人類学がみる激動のアフリカ』昭和堂，1-16頁．

ダイヤモンド，J.（2000）『銃・病原菌・鉄（上）』倉骨彰訳，草思社．

高倉浩樹（2006）「18-19世紀の北太平洋世界における樺太先住民交易とアイヌ」菊池勇夫，真栄平房昭
　　編『列島史の南と北』吉川弘文館，164-189頁．

高倉浩樹（2008）「生業文化類型と地域表象——シベリア地域研究における人類学の方法と視座」宇山
　　智彦編『講座スラブ・ユーラシア学 第二巻 地域認識——多民族空間の構造と表象』講談社，175-
　　201頁．

高倉浩樹（2019）「新刊紹介」太田至，曽我亨編「遊牧の思想——人類学がみる激動のアフリカ」『社
　　会人類学年報』45：207-211．

立川陽仁（1999）「ポトラッチ研究史と将来の展望」『社会人類学年報』25：167-185．

立川陽仁（2009）『カナダ先住民と近代産業の民族誌——北西海岸におけるサケ漁業と先住民漁師によ
　　る技術適応』お茶の水書房．

田中二郎，掛谷誠，市川光雄，太田至編（1996）『続・自然社会の人類学——変貌するアフリカ』アカ
　　デミア出版会．

チャイルド，G.（1951）『文明の起源（上）』ねず・まさし訳，岩波書店．

テスタール，A.（1995）『新不平等起源論——狩猟採集民の民族学』山内昶訳，法政大学出版局．

寺嶋秀明（2004）「人はなぜ，平等にこだわるのか——平等・不平等の人類学的研究」寺嶋秀明編『平
　　等と不平等をめぐる人類学的研究』ナカニシヤ出版，3-52頁．

寺嶋秀明（2011）『平等論——霊長類と人における社会と平等性の進化』ナカニシヤ出版．

トフラー，A.（1980）『第三の波』小沢さとる・七瀬カイ訳，中央公論社．

中尾佐助（2004［1977］）「半栽培という段階について」『中尾佐助著作集　第一巻　農耕の起源と栽培
　　植物』北海道大学出版会，677-689頁．

野澤謙（1984）「家畜化の自然的基盤」福井勝義・谷泰編『牧畜文化の原像』日本放送出版協会，63-
　　108頁．

西田正規（2007［1986］）『人類史のなかの定住革命』講談社学術文庫．

羽生淳子（2005）「北米北西海岸とカリフォルニアの狩猟採集民」佐藤宏之編『食料獲得社会の考古
　　学』朝倉書店，222-237頁．

ハラリ，ユヴァル・ノア（2016）『サピエンス全史（上）』柴田裕之訳，河出書房新社．

松井健（1989）『セミ・ドメスティケイション——農耕と遊牧の起源再考』海鳴社．

丸山淳子（2010）『変化を生き抜くブッシュマン——開発政策と先住民運動のはざまで』世界思想社．

藪田慎司（2019）「イヌはなぜ吠えるか——牧畜とイヌ」大石高典，近藤祉秋，池田光穂編『犬から見

た人類史』勉誠出版，24-45頁.

ルソー（2008）『人間不平等起源論』中山元訳，光文社.

渡辺仁（1990）『縄文式階層化社会』六興出版.

Bernard, A. 2006. *Social anthropology: investigating human social life* (2nd edition). London: Studymate.

Ellen, R. 1994. "Mode of subsistence: hunting and gathering to agriculture and pastoralism," In: Tim Ingold (ed.) *Companion of encyclopedia of anthropology*, pp.197-225. London and New York: Routledge.

Flanagan, J.G., Rainier, S. 1988. "Introduction," In: James G. Flanagan, Steve Rainier. (eds.) *Rules, decisions, and inequality in egalitarian societies*, pp.1-19. Aldershot: Avebury.

Flannery, K., J, Marcus. 2012. *The creation of inequality: how our prehistoric ancestors set the stage for monarchy, slavery, and empire*. Cambridge, Massachusetts: Harvard University Press.

Fuller, D., Allaby, R., Stevens, C. 2010. "Domestication as innovation: the entanglement of techniques, technology and chance in the domestication of cereal crops," *World Archaeology* 42 (1):13-28.

Harlan, J. 1975. *Crops and man*. Madison: American Society of Agronomy.

Harris, D. 1996. "Domesticators relationships of people, plants and animals," In: R. Ellen and K. Fukui. (eds.) *Redefining Nature*, pp.437-463. Oxford: Berg.

Kelly, Robert L. 2013. *The life ways of hunter-gatherers: The foraging spectrum*. Cambridge: Cambridge University Press.

Kohler, T., Smith, M., Bogaard, A. et al. 2017. "Greater post-Neolithic wealth disparities in Eurasia than in North America and Mesoamerica," *Nature* 551: 619-622. doi.org/10.1038/nature24646

Krupnik, I. 1993. *Arctic Adaptation: Native whalers and reindeer herders of northern Eurasia*. Hanover: University Press of New England.

Losey, R., Momokonova, T., Fleming, L., Latham, K., Harrington, L. 2018. "Domestication and the embodied human-dog relationship: Arcaheological perspectives from Siberia," In: R.Losey, R. Wishart, J. Laurens Loovers (eds.) *Dogs in the North: Stories of cooperation and co-domestication*, pp.8-28. London: Routledge.

Marciniak, A., Watanabe, H., Testart, A. 1988. "On the social anthropology of hunter-gatherers," *Current Anthropology* 29 (3): 488-491.

Smith, M., Kohler, T., Fenian, G. 2018. "Studying inequality's deep past," In: Kohler, T., Smith, M. (eds.) *Ten thousand years of inequality: the archaeology of wealth differences*, pp.3-38. Tuscan: The University of Arizona Press.

Takakura, H. 2020. "Semi-domestication," *The Blackwell Encyclopedia of Sociology*. John Wiley & Sons, Ltd. doi.org/10.1002/9781405165518.wbeoss075.pub2

Testart, A. 1982. "The significance of food storage among hunter-gatherers: residence patterns, population densities, and social inequalities," *Current Anthropology* 23 (5): 523-537.

Vigne, Jean-Denis. 2011. "The origins of animal domestication and husbandry: A major change in the history of humanity and the biosphere," *Comptes Rendus Biologies* 334: 171-181.

Watanabe, H. 1983. "Occupational differentiation and social stratification: The case of northern Pacific maritime food-gatherers," *Current Anthropology* 24 (2): 217-219.

Watanabe, H. 1992. "The northern Pacific maritime culture zone: A viewpoint on hunter-gatherer mobility and sedentism," In: Aikens, C.M., Rhee, S.N. (eds.) Pacific northeast Asia in Prehistory, pp.105-112. Pullman: Washington State University Press.

Zeder, M. 2012. "Pathways to animal domestication," In: P. Gepts, T. Famula, R. Bettinger, S. Brush, A. Damania, P. McGuire, C. Qualset (eds.) *Biodiversity in agriculture: domestication, evolution and sustainability*, pp.227-259. Cambridge: Cambridge University Press.

Zeder, M. 2015. "Core questions in domestication research," *Proceeding of National Academy of Sciences of the United States* 112 (11): 3191-3198.

寺 嶋 秀 明

「わける・ためる」から見る人の進化史

最終共通祖先から家族の登場まで

KEY WORDS

最終共通祖先(LCA), 狩猟採集, 食物分与, ペアボンド, 家族

1　　最終共通祖先(LCA)の遺産

　「分ける」という言葉で代表される人間社会ならびに動物界に広く存在する行動の起源がどこにあるかをめぐって文化人類学，生態人類学，霊長類学，認知心理学，動物行動学，進化人類学などのさまざまな分野が，それぞれの視点から研究を進めている (Jaeggi & Gurven 2013; Gurven 2004; Kelly 2013; 岸上 2003など)．とくに人の世界ではその生活のすべてにわたって「分ける」と「ためる」が多様な形で実践されている．わたしたちの世界を形作っている社会と経済，そして精神世界の根源には分けるとためるという行為の連鎖がある．人の文化的および生物学的側面の統合的探究を使命とする生態人類学では，そういった根源的な行為のルーツや効用，進化などについて研究を深める必要がある．ここでは，霊長類学や生態人類学，文化人類学，人類進化論などの現在の知見に依拠しながら，その一端を探ってみたい．とくに問題とするのは，人はその進化史上いつごろから「分ける」（分与する，分配する）という行為を日常的にするようになったのか．そして，その理由や効果はどのようなものだったかという点である．この小論の結論は，人は「分ける」ことについては，LCA

（Last Common Ancestor 最終共通祖先）に由来するチンパンジーやボノボと共通する基盤をもつこと，そして，家族の起原に関わるところから人独自の発達をなしたというものである．

1 ········ 中新世類人猿からLCA，そして初期人類へ

自分が持っているものをだれかに分け与えるとか分配するという行為の起源を探るには人類というものの誕生にまで遡る必要があるだろう．後ほど述べるようにそれらがチンパンジーやボノボとも共有する行為であるからにほかならない．人はアフリカ類人猿グループの一員であり，チンパンジーやボノボにもっとも近い種である．チンパンジーとボノボの分岐は250万年～150万年前ころと推定されている．彼らの系統と人の系統はLCAと呼ばれるおおよそ700万年～500万年前の共通祖先から分岐して，それぞれ別の方向に進化したと想定されている．この期間にどのような進化のドラマが生じたのか見てみよう．

霊長類／人類学者のピーター・アンドリューズ（Andrews 2015; 2019）は中新世（2300万年～533万年前）以降の化石類人猿，化石人類（アルディピテクス・ラミドゥスおよびアウストラロピテクス・アナメンシス），そして現生の類人猿ならびに現代人の形態や生態の比較研究をおこない，LCAから現生のチンパンジー／ボノボ，そして人への進化を以下のように解説している．ただし，LCAはあくまでも架空の存在であり，その形態や習性については，その前後の時代の生物から推測されるだけである．

アンドリューズによると，化石類人猿が出土するのは，およそ2000万年前の中新世初期から800万年の中新世後期という時代である．中新世初期の化石類人猿はアフリカで多数見つかっている．彼らは樹上性のサル（monkey）といった姿形の霊長類で，ほとんどが体を水平に保った姿勢で四足歩行をしていた．胸郭は狭く，彼らの手や足は物を掴むのに適した形態であったが，歩行などのタフな仕事にはあまり向いていなかった．彼らの手の親指は現生類人猿のように短くはなかったが，人の親指と比べると比率的に少し短い．

中新世中期の終わり（1200万年前ころ）には，広い胸郭，長い鎖骨，普通ていどのねじれをもつ上腕骨，背中側へ移動した肩甲骨などの特徴を有する化石類人猿たちが現れた．そういった特徴は現生類人猿に見られるような体幹を立てた生活姿勢と関連すると考えられる．一方，彼らは現生類人猿とは異なり，手指骨は短く頑丈で，

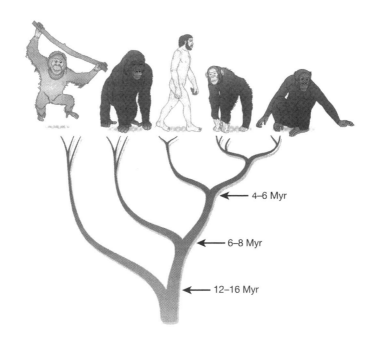

図終-1　類人猿とヒトの進化分岐図(© 2012, S・ペーボ(Nature 421: 409-412, 2003)).
よくあるのはヒトがもっとも右側に描かれる図だが,このようにヒトを中央に置いても問題ない.
そして,こうするだけでそれぞれの関係ががらっと変わって見える.

曲がりが少なく,親指も長かった.彼らは,閉ざされた森よりも落葉疎開林を生息環境としていたのである.そうした化石類人類の身体構造は約1千万年前ころの中新世後期の類人猿にも部分的に引き継がれていった.彼らの一部はもっと長い腕と手をもち,後肢はオランウータンのようにたいへん柔軟に動いた.彼らは,南ヨーロッパの亜熱帯落葉疎開林および亜熱帯常緑樹林を生息環境としていた.それ以外の中新世後期のヨーロッパの類人猿は地上生活に適応していたが,そのうちのいくつかはオランウータンの頭骨との共通性を有し,もっと開けた落葉疎開林に生息していた.

　以上の身体および生息環境の特徴のいくつかは,アルディピテクス・ラミドゥスなどの初期人類にも共通であったが,初期人類はもっと頑丈な身体骨格をもち,原初的な二足歩行をしていた.LCA の生息環境はところによって開放的な空間も含んだ熱帯の落葉疎開林であったが,そういった状態が化石類人猿から初期人類への移

行のあいだずっと続いていたと考えられる.

　表終-1は, アンドリューズが作成した図 (Andrews 2019: 18, Fig.1) からLCAとチンパンジーおよび初期人類の特徴を抜き出したものである. 注目すべきは初期人類の次の4点である. そのうち①〜③はLCAとチンパンジーが同じ形質をもち, 初期人類だけが違っているものである. ①犬歯の縮小と第1臼歯による研磨の消滅 (LCAとチンパンジーでは突出した上顎犬歯との噛み合わせによって下顎の第1臼歯が研磨される), ②足の拇趾と他の足指との密着, ③骨盤の腸骨が幅広く短くなったことと坐骨の短縮, ④熱帯雨林ではなく, 乾燥疎開林やサバンナへ適応していること. ②と③は人の直立二足歩行に直結した特徴であり, ①は人におけるメイティングシステムや雄間関係の変容に付随したものと考えられ, また, 後で触れるペアボンドの発達とも関連していると推測される. ④の点も興味深い. 以前は, 人の祖先は熱帯森林から出てサバンナで暮らすようになったことで人への進化が生じたとする「脱森林仮説」が人口に膾炙していた. しかし, LCAから見ると人が二足歩行とともにサバンナに特化したとするよりも, チンパンジーの祖先が熱帯森林へ特化していったと考えられるのである.

　一方, LCAと人が共有している性質で, チンパンジーだけに変化が起こったことは, ①顔面や歯槽の前突度の強化, ②手の長さの増大, 親指の縮小, 精密グリップの消滅, ③歩行様式としてのナックルウオーキング (指背歩行) への適応, ④熱帯林環境への適応などである. このうち, ②および③は熱帯林の樹上生活への適応と関連したものである. ④は, 現在タンザニアなどの乾燥疎開林もチンパンジーの生息圏となっているが, 全体としてはコンゴ盆地を中心とした熱帯雨林が彼らの分布域のメインであることと対応している.

　表終-1には形質的項目の他に, 生活文化と関連した「道具使用・製作」と「狩猟」の二項目があり, チンパンジーと人が共有する項目となっている. それらの行動がすでにLCAのレパートリーに含まれていたとの判断である. 後に述べるが, チンパンジーではおよそ半世紀前に野外研究が始まって以来, 棒を使ったアリ釣りから石を用いた野生の堅果の殻割りまで, さまざまな道具の使用・作成例, あるいは集団での狩猟などについての報告がもたらされている. 今やチンパンジーと人の道具利用の違いは, 質ではなく量の違いであるといわれるほど, それらの生活文化要素がチンパンジーと人の系列の双方でしっかり根づいているのである. したがって, そ

表終-1　LCA（Last Common Ancestor），人，チンパンジーの比較（Andrews 2019より）
人の特徴はアルディピテクス・ラミドゥス，およびアウストラロピテクス・アナメンシスに基づく．
ゴチック体は，それぞれの系列における派生的特徴（LCAと異なる特徴）を示す

	LCA	ヒト	チンパンジー
犬歯の突出と 第1大臼歯研磨	突出 研磨あり	**突出せず** **研磨なし**	突出 研磨あり
大臼歯，エナメル	大型化，厚いエナメル	大型化，薄いエナメル	増大なし，薄いエナメル
口蓋，歯列	深い口蓋，U字歯列	深い口蓋，**放物線歯列**	深い口蓋，U字歯列
頬骨の位置	前方移動あり	前方移動あり	**前方に移動なし**
顔面前突	おだやか	おだやか	つよい
歯槽前突	小さい	小さい	つよい
顔面バットレス	よわい	よわい	つよい
下顎	頑丈	頑丈	頑丈
手，親指，精密把握	手の長化なし，長い親指 精密グリップ	手の長化なし，長い親指 精密グリップ*	**長化した手，短い親指** **精密グリップなし**
足の拇趾分離	分離	分離から**分離なしへ**	分離
足の指骨	短く頑丈	短く頑丈	**長化**
大腿骨頸部	広い角度	広い角度	広い角度
腸骨と坐骨	長化	**腸骨広く短く，坐骨短** **縮**	長化
移動方法，様式	足裏を地面につけて四 足移動 地上性移動	足裏を地面につけて**直** **立二足歩行** 半地上性移動	四足移動，**指背歩行に** **適応，半地上性移動**
生息環境	乾燥疎開林	**乾燥疎開林～オープン** **サバンナ**	熱帯雨林
道具	道具の使用と製作	道具の使用と製作	道具の使用と製作
狩猟	小さな脊椎動物捕獲	小さな脊椎動物捕獲	小さな脊椎動物の捕獲

*原文では太字表記となっているが，LCAと同じなので普通字体にしてある

　ういった行動はLCA以降にそれぞれ独立に進化したのではなく，もともとLCAにあったと想定するのは妥当である．
　表終-1には載っていないが，もう一つ，チンパンジーと人に共通する重要な行動として考えなければならないのが，本章のテーマである食物の分与である．これも

チンパンジーやボノボで本格的な野外研究が始まって以来，数多く観察・報告されている．人では食物はもちろん分与の対象であり，分与をめぐる諸行動は，たんなる栄養の問題を超えた社会的事象となっている．食物の分与という行為はつい数十年までは人の独占するところという理解だった．しかし今ではその固定観念が大きく揺らぎ，人の唯一性についての再考を迫っている．

2······ 初期人類とペアボンド

　ここでまず，近年発掘された初期人類の解剖学的特徴とその生態の特徴について見ていこう．LCAにもっとも近い初期人類の候補としてあげられるのは，2001年にアフリカのチャドの砂漠地域で発見された，およそ700万年前の化石とされるサヘラントロプス・チャデンシス（*Saheranthropus tchadensis*）である．大後頭孔の位置から二足歩行の可能性が認められて一応人の系列に位置づけられた．ただし，これまで発見されたのは一体だけであり，さらに頭骨以外の部分はほとんど欠如している．大後頭孔の位置の特異性も，樹上での立位姿勢に適応した類人猿の一種として説明可能とする研究者もいる（Andrews 2015）．まだ詳しいことはほとんどわからず，進化史上の位置付けの確定にはさらなる化石発掘をまつしかない．

　現在もっともデータが揃っている初期の化石人骨はアルディピテクス猿人で，1990年代からエチオピアにおいて盛んに発掘された．彼らの生存年代は600万～400万年前あたりと推定されている．とくに1992年に発見され，アルディピテクス・ラミドゥス（*Ardipithecus ramidus*）と命名された女性の化石は，頭から足の爪先までのほぼ全身の骨格が揃ったものであり，2009年にはその詳細な研究報告がアメリカの「サイエンス誌」に発表され，世間の耳目を集めた．

　アルディピテクスの骨格は習慣的直立二足歩行という「人」であることの必要十分条件を満たしているようである．しかしその後の人と大きく異なるのは，足の親指が手の親指と同じように物をつかめる形状であったことである．これは彼らが樹上での生活を放棄していなかったことを示している．アルディピテクスの生活環境は熱帯林とサバンナの境界に位置する乾燥疎開林であり，チンパンジーと同様にアルディピテクスは，夜には安全を求めて樹上ですごしていたのであろう．食物を得るための行動もチンパンジーと類似していただろう．アルディピテクスの食物は，ナッツ，フルーツ，昆虫，小哺乳類などだったと推測される．彼らの食性はゴリラや

チンパンジーよりも特殊化していないものであり，チンパンジーよりも雑食傾向がつよかったと思われる．顎の突出はチンパンジーよりも少ない．一方，文化面ではチンパンジーのように自然物利用の道具（小枝，茎，石など）を用いたと思われる（White et al. 2009）．

　アルディピテクス発見チームの一員であるC・O・ラブジョイは，人の決定的な特徴とされる3点，①地上性二足歩行，②犬歯の役割縮小，③集団内での単婚（モノガミー）のうち，アルディピテクスでは，①と②は明らかであり，③についてもその可能性が十分認められると主張している（Lovejoy 2009）．アルディピテクスの単婚の論拠としてあげられるのが犬歯の縮小と性的二形（男女の性差）の縮小である．現生のチンパンジーの繁殖行動は，雌雄の乱交性と集団内の雄間における激しいメイティング競争によって特徴付けられる．雄の犬歯の発達はそのような雄間競争の激しさに適応した形質であり，人よりも大きい性差の存在も同様の理由であるとされる．一方，アルディピテクスの縮小した犬歯は，雌との交尾機会をめぐる雄間の争いが少なかったことを示唆するものとされている．そういった穏やかなメイティング環境の理由として考えられているのが，特定の雄と雌との安定したペアボンド（パートナーシップ）の発達である．

　アルディピテクスにおける特定の雄と雌とのペアボンドの発生については，ラブジョイは以下のようなストーリーを用意している．アルディピテクスは二足歩行の開始によって自由になった前肢（手）を利用してさまざまなものを運搬できるようになった．とくに入手した食物をサバンナのような開放地から森に運搬し，安全性の高い場所で摂食できることは生存上の大きな利点となる．そこで，雄の新しい社会行動として，母子への食物供給（food provisioning）が生まれた．社会生物学的にはそういった雄の利他的行動を合理化するために子どもの父性が保証される必要がある．現生のチンパンジー／ボノボでは，発情期の雌は性皮の膨張などの顕著なサインを示して多くの雄の注目を引き，雄間のメイティング競争を引き起こす．雌は複数の雄と交尾し，また，雄も複数の雌と交尾する．子どもの父が誰であるかはわからない．一方，人の場合はそのような発情サインはないし，本人自身も排卵を知ることは困難である．そういった「発情の隠蔽」はペアとして同一の雄をひきつけておくための雌の生理変化と考えられる．一方，雄にとっては，パートナーの雌が産んだ子がたしかに自分の子どもであるとの信頼が高まり，雌とその子への食物供給行動の基盤が固まる．このようにラブジョイは「直立二足歩行による食物運搬」

「犬歯の縮小と研磨機構の消失による雄間競争の低減」「雌の発情サイン消滅と恒常的な繁殖行動の可能性によるパートナーシップの長期化」という三つの革新的な要素の組み合わせが現在の人類社会に通ずる進化をもたらしたと主張する．

　上記のペアボンド（モノガミー）の誕生仮説はシンプルでわかりやすいが，一連の推論には疑問の点もある．その一つは，上記のストーリーの要となっている雄から雌とその子への食物供給である．アルディピテクスの段階で雄による母子への食物供給にどのような現実性や必要性があったのかが問題である．また，必要があったとしても，当時の雄にそれを満たすだけの能力や，繁殖行動上のメリットがあったかどうかも問題である．現生人類では出産後の新生児の大きなサイズや運動能力の欠如などから，父親から母子への食物援助，とくに栄養価が高い食物の供給は大いに助けとなる．人とチンパンジーにおける母親のサイズと新生児の大きさの関連性をもとに，アルディピテクスやアウストラロピテクスの新生児の大きさを推定したドゥシルバの研究では，アウストラロピテクス・アファレンシス段階ではほとんどホモ属と同じであるが，アルディピテクスの段階ではチンパンジーと変わらないとの結論が出ている（DeSilva 2011）．アルディピテクスが二足歩行への道を踏み出したことはたしかだとしても，新生児や幼児の要求するものがチンパンジー／ボノボと同じレベルであれば，雄としてはわざわざ母子に寄り添って食物供給をする必要はない．母子と別れて新しいパートナーを探した方が雄の繁殖戦略としては好ましい．

　ラブジョイが二足歩行とペアボンドの接点と考える，雄による肉などの希少食物の「持ち帰り」についても，アルディピテクスやアウストラロピテクスなどの猿人においては，ことはそう簡単ではなかったと思われる．彼らが後代のホモ・エレクトゥスのような本格的な石器を用いていた可能性はほとんどなく，狩猟具といってもせいぜい木の枝や自然石などを用いた，現在のチンパンジーていどのものだったはずである．大きな獲物を自力で仕留めることはほとんど望めない．そこで本格的狩猟の代替案として提出されているのが，自然死した動物の遺骸をあさったり，他の肉食獣が食べているところを追い払ってそれを横取りする死肉あさり（scavenging）と呼ばれる行為である．

　しかしこれもハードルは高い．今日なおタンザニアのサバンナで狩猟採集生活を営むハッザの現地調査をおこなった人類学者のオコネルたちによるによると（O'Connel et al. 1988），ハッザの男性が原野からキャンプに持ち帰る食物の中で栄養的に一番貢献する食物は中・大型獣（体重40kg以上）の肉である．実際には1985～1986年の1年

間に，ハッザの男たちが入手した中・大型獣54頭のうちの14頭，重量では14％がスカベンジングによるものであった．たしかに量的にはスカベンジングはハッザの食生活にかなり貢献している．しかしスカベンジングの成果は運不運に大きく左右され，日々の供給はきわめて不安定で頼りにはできない生業手段であると結論されている．ハッザの食はむしろ女性が主体となる野生植物の採集に大きく依存しているのである．

さらに，スカベンジングは自分たちで主体的におこなう狩猟とはことなり，獲物が1頭まるまる手に入るわけではない．原野に放置されている食い残しを見つけても，それらはすでに他のスカベンジャーによってほとんど食べ尽くされており，よほど運が良くなければ可食部分は期待できない．持ち帰りに値するような十分な量の肉がついている獲物を得るには，まずそれを倒した肉食獣や先着したスカベンジャーが獲物にかじりついているところに突撃をかけ，その猛獣たちを追い払わなければならない．石器のついた槍などで武装していればそれも可能かもしれないが，さしたる武器もない猿人たちではそのような強奪的スカベンジングは望めなかったはずである．

霊長類学／人類学者のベルナール・シャペは，雄の食物供給説に対して，人の場合にはペアボンドがあったとしても，その目的は，パートナーである雌をライバルから防衛する方が先にあり，パターナルケアは後の進化史のどこかで，子育てに費やすエネルギーが非常に大きくなった時に生じたものであろうと推測する．ペアボンドとパターナルケアとは直接の因果関係はなく，ラブジョイらの提唱する父としての雄の育児参加とそれに関連した食物供給説や狩猟の重視説は，現況から過去の出来事の原因を探ろうとする過ちであると厳しく批判している（Chapais 2008: 169）.

ところで，P・アンドリューズが作成したLCA・チンパンジー・人の比較表には載っていない重要な項目が「家族」である．現代の狩猟採集民では，ペアボンド，家族，バンド，地域コミュニティなど，さまざまなレベルにおいて集団が統合的に共同することによって社会としてのまとまりと活力が生まれているが，その基盤となるのは「家族」というユニットである．家族をベースとして上位の集団が次々と生成し，全体として連動している．それらの関係の全体を維持し，駆動しているのがシェアリング，贈与，婚姻，などのさまざまな互酬的交換である．類人猿と人の中で，「家族」と呼ばれる集団を持っているのは人だけであり，家族は人の社会と他の

類人猿社会を分かつ重要な分岐点となっている.

　そこで，人の家族はいつごろ登場したのか，とくに，アルディピテクスやアウストラロピテクスには「家族的な集団」があったのかどうか，大いに気になるところである．そして，萌芽的なものでも家族があったとしたら，その理由はどのようなものと考えられるか．残念ながら化石猿人たちが残した証拠だけでは解決しないようである．一方，猿人たちの次の時代，すなわち250〜200万年前あたりを境にしてホモ属の時代になると，本格的な石器製作が始まり，脳が拡大し，やがて火の利用も出現した．それら形質および生活の大きな変化とともに，家族を含んだ共同体の出現という現代の人間社会にも通ずる社会変化があったことが推測される．これについては，本章の最終節で検討することにしたい．

2　　チンパンジー／ボノボ，そして人の食物分与

　LCA直後の初期人類における食物分与の探究はひとまずおいて，ここでは，LCAの子孫である現生のチンパンジー／ボノボと，そして人の食物分与の実態を整理し，その比較から何が言えるのか考えてみる.

　霊長類学／生態人類学の先駆者であった伊谷純一郎の多岐にわたる業績の中でも1986年に発表された「人間平等起原論」と題された論文は，当時までの霊長類研究をベースにしながら新しく開拓された生態人類学との連携の実りを証明している．題名からあきらかなようにそれは18世紀の思想家 ジャン＝ジャック・ルソーの『人間不平等起原論』を導きの糸としながらも，ルソーの思惟の方向とは逆に，人以外の霊長類（以下本章ではこの意味で「霊長類」と略記する）社会に「平等」の曙光を見出し，それを起点にその後の人間社会の基軸になった平等性の重要性を説いたものであった．その一節を以下に取り出してみよう.

　　　さらに，両種社会［チンパンジー／ボノボ（寺嶋注）］にみられる食物の分与こそは，私が前掲の論文（1984）で述べているように，精神と社会の進化の過程におけるいくつかのきわめて重要な問題を提起するのである.
　　　その第一は彼らにとって価値ある食物が個体間を動くということである．これはニホンザルではけっしてみられなかった現象である．手に取った物を直ち

に口に運ぶという消費のシステムに遅延がかかり，譲渡という一つの曲折を経て，その獲得者ではない別の個体が消費者となる．これを流通経済の萌芽だといえば大袈裟に聞こえようが，この基本原則なしに人間社会の経済が成り立ちえないのも事実であろう．しかも物は持つ者から持たざるものに流れてゆく．物の流れは，権力社会における搾取とは全く逆の方向を向いており，その物は，彼らの社会に芽生えつつある平等性を単なる関係としてではなく客体として保証してゆく．そしてさらに分与は，「自分が好ましいと思う物が相手にとっても価値あるものであると忖度する心をもっているということである．それは思いやりや客観視につながる心の働きだといってよい．思いやりの基盤なしには分与は成立しない．そしてこの心の芽生も不平等原則に違反し，平等原則に沿った何らかの社会的規矩を求めるための原動力になっているとみなしてよい．（伊谷1986：372-373）

　この文中には人の社会における分与の役割を考える上で重要な3つのポイントが埋め込まれている．①食物の分与は人の社会の基盤であること，②物の分与は「平等性」という社会原理の保障であること，③分与という行為は相手への思いやりや彼我の客観視などの心の働きに基づくことである．自分にとって価値のあるものを他の個体に分け与える行為は，本論集の序でも指摘したように，われわれの日常生活において必要不可欠な行為である．その萌芽的な状態と想定されるものが現在のチンパンジー／ボノボの社会，あるいは霊長類社会に広く見られることを指摘し，物の授受という観点から人の社会と霊長類社会とのつながりが強調されている．そして一方を「萌芽的」と呼ぶことで，人間社会の進化の方向を示している．

　伊谷のこういった着想はルソーの純粋な思考実験とは異なり，卓越したフィールドワーカーならではの鋭い観察と直観をベースにしたものである．しかし，一つ注意しなければならないのはLCA以降のチンパンジー／ボノボと人はそれぞれ独自の進化の道を歩んできたことである．現生のチンパンジー／ボノボに見られる食物分与と現代人の食物分与になんらかの類似点があり，また，前者における食物分与の様子が現代人の分与の様式と比べていかに萌芽的なものと見えようと，単純に前者を後者につなぎあわせることはできない．一方，チンパンジー／ボノボと人，それぞれの行動がなんらかの共通する基盤をもっていることがわかるならば，それらは

LCAにその源泉をもつ可能性を意味することになるだろう．ただし，LCA以降の両者の社会進化や文化進化の具体的な姿はまったく明らかになっていない．わたしたちが入手しているのは現代という時代におけるチンパンジー／ボノボと人それぞれの生活様式や食物分与の現況だけである．それらの比較から何が推測できるのか，何が言えるのか，一つ一つ慎重な判断が必要であるが，それをこれから試みてみたい．

1 ⋯⋯⋯ チンパンジーにおける食物分与

かつては類人猿は基本的に草食動物の仲間と考えられていた．チンパンジーもそうであった．しかし1963年，タンザニアのゴンベ国立公園に生息するチンパンジーで肉食行動が初めて発見されて以来，長期的な調査の対象となっている群れのほとんどが，かなりの頻度でアカコロブスなどのサル類やブルーダイカーやマングース，センザンコウなどの小動物を捕まえ，その肉を熱心に食べることが判明した（Feistner & McGrew 1989; 五百部 1997）．

チンパンジーでのさらに大きな発見は，彼らの狩猟によって獲物が捕獲されたあと，その獲物を保持している個体から同じ群れの他のメンバーにその肉の一部が分与されることであった．これは人の肉食行動の進化やその意味を考える上でも画期的な発見であった．以前は人の進化における狩猟と肉食行動のユニークさと重要性を強調した「狩猟民仮説」が広く受け入れられていた（ダート 1960；アードリー 1973）．しかしチンパンジーの狩猟と肉食の発見後は，狩猟仮説の評価も大きく変わり，新しいフレームワークの必要が生まれたのである（ハート＆サスマン 2007）．

ここでとくに注目するのは，チンパンジーたちが獲物を捕まえてからそれを消費する（食べる）段階に至るあいだに生ずる分与という出来事である．西田と保坂（2001）は，チンパンジーではたとえ母子間であっても食物分配は分量的にはごく少ないと言う．また，母親が積極的に食物を与えるのではなく，子にせがまれてその反応として食物の一部が，それも給餌のためではなく子どもに食材を教えるために渡されると言う．一方，そういった母子間の食物分与の少なさとは無関係に，多くの場所で狩猟と肉食が観察され，肉の分与行動が見られるのである．

以下，タンザニアのマハレの調査地において長年野生チンパンジーの行動を観察してきた保坂和彦による1992年2月4日の肉食現場報告を紹介したい（保坂 2019）．

肉食現場の状況は，一頭の高順位の雄（NT）がアカコロブスの肉を抱えて10m高

の樹上に座っている．その周りに雄雌入り乱れて多数のチンパンジーが集結し，NT
が抱えている肉の一部をもらおうと，あの手この手の物乞い行動を繰り広げている
ところである．

　なお，行為のシークエンスを明瞭にするため，1文ごとに改行し，番号を振った．
［　］内は保坂の報告に掲載されていた4枚の写真などについての寺嶋による補足説
明である．

（マハレ，1992年2月4日，保坂）

1）　16時18分，アカコロブスの肉を抱えて10m高の樹上に座っているNTの正
　　面からオトナ雌DAが覗き込み，物乞いジェスチャーをする．

2）　別のオトナ雌WLが脇から覗き込む［写真（a）では，2頭の雌が顔がぶ
　　つかりそうな至近距離までNTに近づいて，NTが肉を咀嚼するところを
　　両側から挟み込むように覗き込んでいる］．

3）　1.5〜2m下方には，若いオトナ雌2頭（PI，XT）が陣取り，様子を伺う．

4）　4〜7m下方にいるオトナ雄2頭（BA，AJ）がNTたちを見上げている．

5）　真下の地上には，肉片が落ちるのを待つ年寄り雌HAとワカモノ雄DGが
　　いる．

6）　3分後，肉を咀嚼しているNTはWLとDAに両側から覗き込まれ，視線
　　を上に逸らす［写真（b）ではNTが2頭の視線避け，上目づかいに虚空
　　を見ている］．

7）　さらに，今現れたオトナ雌CAが逆さ吊りで枝にぶら下がり正面からNT
　　にパントグラント［劣位者が優位者に向かって身を低め，喘ぎ声を発する
　　挨拶行動］する．

8）　さらに3分後，ワカモノ雌AAが合流しNTに近づきパントグラントする
　　と，脇に陣取るDA，WL，CAがAAに吠えたてる［写真（c）ではNTが
　　肉をかじっている．写真（d）では脇にいるDAが肉をかじり出している
　　が，その後方からAAが出てくる］．

9）　AAはかまわず肉にかぶりつく．

10）　さらにオトナ雌ZPがAAの脇から顔を出して参加する．

11）　AAは大きめの肉片をちぎり取るのに成功すると，肉食クラスターを急い
　　で離れる．

12) 残った雌4頭は激しくAAに吠えたてる．

　保坂は，ある個体がサルなどの獲物の狩猟に成功した後，肉を持ったその個体の
もとに多くのチンパンジーが集まり，ねだり，ねだられ，叫び合うといった大騒ぎ
が生ずると述べる．そこでは三者以上からなるポリアディックな交渉（polyadic
interaction）が展開され，肉食クラスター（meat-eating cluster）という社交的な空間が
生まれる．そしてその中で食物の分配が発生すると言う．
　上記の「肉食クラスター」では，さまざまな物乞い行動や威嚇などが行き交い，肉
争奪のバトルロイヤルといった様相を呈している．そのように大騒ぎをしていたチ
ンパンジーであるが，そのうち参加者どうしの相互作用によって集団のサイズが絞
られると，その後は比較的静かに肉を食べ続けるモードに入ることがよくあると言
う．
　マハレで長年チンパンジー調査をおこなってきた中村美知夫（2015）によれば，こ
の肉の分与シーンの中心人物であるNT（ントロギ）は，マハレの研究史上，最長の
政権維持者として知られる実力者で，周りにはいつもたくさんの同盟雄や発情雌を
集めていた雄である．ントロギはだれよりもよく他の個体の毛づくろいをし，肉食
が起こる際にはほとんど常に獲物を保持して，同盟者や雌たちに分配した．ただし，
ントロギの肉の入手については，他の個体が捕まえたものを強奪した場合も少なく
ないようだ．またその分配は，上記のように大騒動のドラマとなる．
　ここで見られた食物分配は，肉塊を握っているNTが自発的に分与するという形
ではない．NTから肉片を入手したのはAAであるが，これはAAによるかじり取り
をNTが拒否しなかったからである．NTに密着していたDAが肉をかじる場面でも
NTはそれを拒まなかった．こういった消極的な意味での分与は「黙認された盗み
（tolerated theft）」とか「許されたゆすり（tolerated scrounging）」などと名付けられてい
る．

　もう一つ，同じくマハレのチンパンジー調査者であった高畑由起夫（1991）による
肉食の現場報告を引用しよう．ントロギを中心として4頭の雄が獲物を激しく争っ
た後，3頭のあいだで獲物が大まかに分割されたという出来事である．系列番号は
寺嶋による．

（1971年11月19日，マハレ，（高畑 1991））

1）10時58分 「ルブルング」がアカオザルのコドモを食べている．「カギミ
ミ」が手を伸ばしてねだり，数回にわたって肉を得る．「パカリ」も肉を
ねだる．

2）11時03分 「ントロギ」と「カギミミ」がしつように肉をねだる．「ルブル
ング」は獲物を抱えて移動するが，「ントロギ」，「パカリ」らはそのあと
を追う．

3）11時09分 「ントロギ」が獲物を奪おうとして，激しい争いになる．

4）11時11分 「ントロギ」が獲物を強奪し，食べ始めるが，今度は逆に「カ
ギミミ」と「ルブルング」のしつこいねだりに悩む．彼らは「ントロギ」
が握っている獲物から肉をかみちぎる．他のチンパンジーたちは地面で肉
片をひろう．

5）11時30分 「カギミミ」が獲物の後肢を一本かみ切り，「ントロギ」から少
し離れて食べ始める．

6）11時33分 「ントロギ」と「ルブルング」がもつれあい，結局「ントロギ」
が獲物の上半身，「ルブルング」が下半身を手中にする．とたんに，それ
までの騒ぎがうそのように鎮まり，「ントロギ」，「カギミミ」，「ルブルン
グ」の三頭はそれぞれ自分が確保した肉を食べることに没頭する．騒ぎが
おさまったのを見てか，彼らのまわりに雌や劣位な雄が近づき，それぞれ
にねだりはじめる．

　このように分配前の大騒ぎによって実力者数名による肉の確保が決まると，その
後は状況はいったん落ち着くというプロセスは先ほどの保坂の描写した肉食クラス
ターの推移と通じあう．高畑はさらに，「獲物がそれほど大きくない場合には，所有
者が獲物を握りしめている回りで，他のチンパンジーがしつようにつきまといなが
ら，肉をねだる光景が延々と続く．この騒ぎの間，肉や骨の切れ端があたりに飛び
散り，順位が低く獲物を巡る争いに手出しできない雄や雌，コドモたちのなかには，
初めから地面で肉片をあさろうとするものも多い」と指摘する．順位の低いものた
ちにも，この騒ぎの現場に駆けつければある程度の恩恵がもたらされるものとなっ
ていることも興味深い．

　以上二つの例のように，チンパンジーにおいては肉が手に入った場合，その肉の

分与をめぐる大騒動が毎回のように発生するようだ．その理由は何であろうか．とりあえず，いくつかの要因が考えられる．直接的にはチンパンジーにとっては大好物の肉という希少価値のある食物の出現による興奮とそれを自分のものにしたいというつよい欲望がある．さらに，チンパンジーの社会には順位制があるものの，ここでは高順位の個体にたいして低順位の者が「ねだる」といった物乞い行動が許されていることである．ニホンザルなどの順位制が厳しい社会では，そのような行動が生まれる余地は最初からない（伊谷 1986）．そして，肉を握っているものは自発的には分与しようとしない．人の場合によく見られる持つ者が他に積極的に分配するという行動が欠如しているようなのだ．それは何を意味するのであろうか．後ほど改めて考えてみたい．

2 ········ ボノボにおける食物分配

次にチンパンジーに極めて近縁のボノボの食物分配例を見てみよう．ボノボの研究のパイオニアの加納隆至とともに，ボノボの餌付けをおこない科学的調査の基盤を作った黒田末寿による詳しい記載と分析がある（黒田 1982, 1999）．なお黒田は「ボノボ」ではなく「ピグミーチンパンジー」という別称を用いているが，ここでは直接引用部分以外はボノボを用いる．系列番号は寺嶋による．

（1976年の 6 月 9 日，ワンバ，黒田（1982））

1) 最初に未経産の若い雌が直径40cmほどのアフリカ・パンノキの果実を抱えて食べていた．そこへ上から雌の子どもが近づき，彼女に抱きついて性器を合わせ両者が腰を揺すった後，向かい合って果実を一緒に食べ始めた．今度は上方の枝から発情した雌がおりてきて若い雌の前に座り，果実をちぎり取って食べる．さらにしばらくして雄が登ってきた．彼は若い雌から果実を抱え取るが何の争いも起こらず，4 頭で仲良く食べ続けた．

2) そこへ別の雄が加わり，パンノキの果実は彼の手に渡った．今度は 5 頭で押し合いへし合いして食べる．彼らは急に賑やかになった．「ウヨ」「ング」「ン」「ユ」など，果実を大勢で食べるときの特有の声を出し始めた．

3) そこへ，さらに他の雌たちが次々にやってきた．彼女たちは興奮してホカホカ［雌 3 頭による性器のこすり合わせ行動］を繰り返した後，食事集団

に加わった．多いときは9頭のピグミーチンパンジーが枝を持ったり，他個体の肩の上に乗って一つの木の又に群がったのである．そのせいで，最初の雄は果実のそばからしばしば押し出された．

4）後から来た別の雄が食べるのをやめ，最初の雄が再び果実を抱え取ったときから，様子が変わってきた．彼は他のものが近づけない枝先に登った．明らかに果実を独占するためである．それに対し雌たちが攻撃的なニュアンスのある叫び声を発した．しかし，彼には後ろから1頭しか接近できない．この雌が愛想笑いのような表情で後ろから彼の口に手を伸ばす．何度かの試みで，しがみ滓を手に入れた．やがて，雄は足場が安定している元の場所に戻ったが，雌たちに気前よく食べさせない．こうした状況が2時間余り続き，最後に若い雌に果実の残りが渡されると，奪い合いになって終わった．

　保坂（2019）が記録したチンパンジーの肉食クラスターほどではないが，けっこう賑やかな分配の情景である．果実を求める方があの手この手で，保持者に分与を迫っているようすが見て取れる．ここでも果実の保持者による積極的分与でなく，他の個体がちぎりとったりするのを認める（許す）といった消極的な形での分与であった．あっさり分与を許すこともあるが，なかなか許さないこともある．しかし，分与を求める個体は辛抱強く要求する．所持者が物乞い者をさけるために足場の悪いところへの逃亡を試みたことは，その悩める心境を想像させるものである．

　同じく黒田（1999：92-93）が描写する，餌付け用のサトウキビをめぐるボノボの分与行動も大いに興味深い．餌場に出遅れてサトウキビを入手できなかったボノボは，多くの場合，順位が高く，たくさん持っている個体に目をつけて近寄り，物乞いを始める．相手が所持しているサトウキビをじっと見つめたり，相手のようすを伺いながら，その口元やサトウキビにゆっくりと手を伸ばす．そういった物乞いを続けると平均半分のケースで分かち合いが起こり，また，手を伸ばした回数の半分くらいの頻度で，分配を得ていると言う．この場合も所持者は物乞い者が食物の一部をとるのを黙認するだけである．さらに物乞い者がもらえるのは，先端部に近い甘みの少ないものやより細いもので，うまそうな部分は譲らないが，物乞い者はそれを尊重する．黒田は，そういった場面で明らかになる分配者の「惜しみ」にこそ，ボ

ノボが分配する（分配される）食物の価値を認識していることが見てとれると言う.

さらに，ボノボの社会的順位は，その分与行動に大きな影響を及ぼす．順位の高い雄ほど雌に集中的に狙われる．低順位の雄は物乞い者が現れるとさっさと逃げてしまうからである．一方，雌には物乞いを平然と無視できる強者が少なくない．高順位の雄には低順位の雄のように逃げ去るとか，物乞いを無視することができない何かが働いていると黒田は言う．その結果，物乞いに直面した高順位の雄はうろたえ，小さな悲鳴をあげたり，泣きつらをしたり，劣位者や子どもの接近にさえおびえたりする．そして，その窮地から彼を救い出すのが分配の実行である．「（略）高順位の雄は分配を始めると，落ち着いた自信ある態度を取り戻す」（黒田 1999：95-96）.

チンパンジーでも順位が下の者たちのねだりに悩む高順位の雄の悩みが観察されている．前出のマハレのチンパンジーの肉食を報告した高畑（1991）は次のように述べる.

> Mグループでもっとも優位であるはずの「ントロギ」でさえ，ねだりに対して超然とかまえ，獲物を独占することはできない．あまりのしつこさに苛立ち，時折癇に触ったように獲物を振り回して暴れ回るが，ねだるものたちを完全に振り切ることなどできるはずもなく，腰を落ち着けて食べようとすれば，またもや追いすがる連中の的となるほかはない．あたりは叫び声や悲鳴で騒然となるが，肉食に時間がかかるのも半ばはこの混乱のためなのである.

これらの観察例から，チンパンジー／ボノボの分与行動に関する共通した重要ポイントを確認しておきたい．まず，物乞いや分配行動が群れ全体の共通理解，すなわち，当たり前の行動になっていることである．その理解があるからこそ，物乞いがなされるし，それの承諾も拒絶も，おろおろ歩きさえも生ずる．分与されるか拒否されるかは，その次の問題である．そして分与といっても積極的な分与ではなく，物乞い者が肉片を自らかじり取る行為を所持者が黙認するといった，消極的な分与である．そして，その肉片が分与されなくても，個体の生存にはなんら問題をもたらすものではないが，肉あるいは大きな果実は，価値ある食物という共通認識のもとに，誰かがそれを入手したとたん，物乞い，分与，争奪をめぐる対象となり，大騒動が毎回のように起こるのである.

3……人における食物分配

　次に人における食物分配の事例を見てみよう．まずわたし自身の調査記録（寺嶋1984）から，アフリカ中央部の乾燥疎開林帯に住む狩猟採集民ムボテの狩猟活動とその後の分配を紹介したい．場所はコンゴ民主共和国（当時はザイール共和国）のシャバ州，南北に長く伸びたタンガニイカ湖の西岸である．その一帯は，ゆるやかな起伏のある地域で，一面，ミオンボ・ウッドランドと呼ばれる乾燥疎開林におおわれている．その中にバンツー系の焼畑農耕民とムボテ（複数はバンボテ）と呼ばれるピグミー系の狩猟採集民が静かに暮らしていた．下記の狩猟の観察期日は1976年10〜11月であった．

　ムボテの猟は主として網猟と弓矢猟である．網猟は，縦が70〜80cm，幅が40〜50mの網を5〜10張りほど連結させてアーチ状のトラップを構築し，男と女あわせて10〜20名の協働によっておこなわれた．ほぼ1ヵ月の間に16回，同行観察をおこなった．男性の参加者は平均10.5名，女性の参加者は平均6名であった．網の操作を男性が受け持ち，獲物の駆り出しを女性が担当する．

　朝方，村を出発し，村から数キロ以内の猟場に着くと，男たちは，全体として円弧を描くようにそれぞれの網を張る（図終-2）．網の準備が終わると，網の反対側にいた女たちの一団が網に向かってのどかな掛け声をあげながらゆるゆると進み，途中の茂みに潜んでいるブッシュダイカーやクリップスプリンガーなど，体重10〜20kg程度の小型レイヨウ類を追い出す．獲物が茂みに潜んでいる気配を察すると，女たちは一斉に大声をあげて騒ぎたてる．それに驚いて獲物は茂みからとび出し，仕掛けてあった網にからまる．そして，網の横に潜んでいた男が獲物にとびかかって手で殴り殺す．獲物が茂みの中にもういないとわかると，網をたたんで次の猟場へ移動する．

　16日間の猟でブッシュダイカーなどが22頭獲れた．1日に5〜9回網を仕掛け，獲物は0〜4頭，平均すると1.4頭であった．ムボテの網は茂み全域を包囲するものではない．とび出した獲物が張ってある網の方向にうまく逃げてくれないと捕獲は困難である．網の高さは1m弱であり，ブッシュバックやリードバックなどの大きめの獲物は，網に突入してもそれを踏み倒したり破ったりする．捕獲しようととびかかった人間を振り払って逃げることもある．16日間の猟で104回網を仕掛け，合計89頭の獲物を包囲したが，そのうち67頭が包囲網をかいくぐって逃げた．捕まった

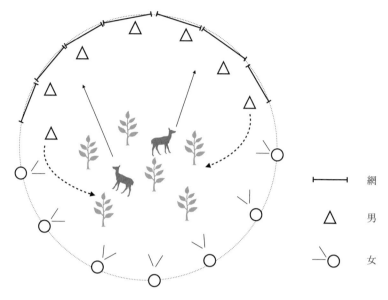

右側凡例:
網
男
女

図終-2　網猟のようす（寺嶋 1984）

のは22頭で捕獲率は 0.25 であった．包囲した 4 頭のうち，3 頭に逃げられ，1 頭が
仕留められたことになる．

　獲物が網の側から逃げたときには男の責任，女たちの間隙を縫って逃げた時は女
の責任とされる．獲物が網にかかりながらも逃走したときなどは，猟が終わった後
もしばらくのあいだ，男女ともに多くの者が大仰な身振り手振りとともに騒ぎ立て
る．だれだれのせいだと罵り合うようなこともあったが，たんにそのときの興奮が
さめやらず騒ぐことが多い．逃した者たちが獲物と対峙し一戦を交えたときの緊迫
感をまくしたてるのである．

　次の猟場へ向かう合間に獲物の解体と分配が行われる．猟におけるそれぞれの役
割に従って各自の取り分がきまっている（図終-3）．分配方法は動物の種類やバンド
ごとに多少の違いがあるが，おおむね同じである．ここではわたしが同行した時の
ようすを紹介する．分配にあずかるのは網猟の場合は，①ネットの所有者，②ネッ
トの使用者，③猟の責任者（ムウェニェ・ルウェンド），④捕獲者，である．①のネッ
トの所有者は頭部，後肢 1 本，胃腸を手に入れる．②のネットの使用者（所有者から
借りて使った人）は，前肢 1 本，胸骨部，肝臓を手に入れる．③は獲物を網に追い込

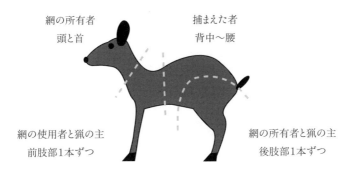

網の所有者
頭と首

捕まえた者
背中〜腰

網の使用者と猟の主
前肢部1本ずつ

網の所有者と猟の主
後肢部1本ずつ

図終-3　網猟での獲物の分割と分配方法（寺嶋 1984）

む女性陣のリーダーである．彼女はムウェニェ・ルウェンドと呼ばれているが，これは字義通りには「猟主」である．彼女は，前肢1本，後肢1本，心臓をもらう．④の捕獲者とは，実際に獲物にとびついて息の根を止めた者であり，背中から腰の部分をもらう．解体した後は，肉を手に入れた者の身内の女性がそれぞれ肉を背負い籠にいれて村まで運ぶ．村に帰ったあと，上記の分配で肉を得た者からその他の者へ分配がおこなわれる．そしてその肉がそれぞれの家で料理され，その料理が皆で消費される時分には，猟に参加したが分配がなかった人々や，猟に行かず，村に残っていた人たちにも恩恵が行き渡る．最初の肉塊の分配で各家が入手した肉量の相違はほとんど意味がなくなる．

　コンゴ共和国で狩猟採集民の食物分配の調査をおこなった北西功一は，家庭レベルでの分配まで詳しく調査し，精緻な分析をした（北西 2002, 2004, 2010）．北西が調査したのはコンゴ共和国北部の熱帯雨林のアカ・ピグミーである．彼らは1年のうち4〜8ヵ月は森の中を移動しながら狩猟と採集で暮らし，残りを農耕民の村近くのキャンプ地で過ごす．森の中で得た食物の獣肉，野生のヤムイモ，ナッツ，草本類，蜂蜜などは森の中で消費される．農耕民の村の近辺に居住しているときは，農作業を手伝うなどのさまざまな用事をし，農作物をもらって暮らしている．
　北西は蜂蜜や野生の植物性食物の分配も報告しているが，ここでは狩猟による獣肉の分配に絞って紹介する．アカの狩猟は集団での槍猟や網猟などの集団猟の他，個人的な跳ねわな猟などである．個人的な跳ねわな猟がもっとも盛んで，全捕獲量の75％を占めている．跳ねわな猟ではわなの持ち主が獲物の所有者となる．わな猟で

図終-4　ムボテの網猟，ネットを担いで次の猟場に向かう．右端の男性は前の猟場で
仕留めた獲物を肩に担いでいる．その後ろは獲物を狩り出す役目の少女

図終-5　網猟の合間，子どもと遊ぶムボテの女性

重要なのがワイヤーである．というのもワイヤーを多く持つ人ほどたくさんの罠を仕掛けることができ，多くの獲物を得ることができるからである．ワイヤーは近隣の農耕民から入手するので，村人と長い付き合いのある年長者ほどたくさんのワイヤーを持っている．

　獣肉の分配であるが，第一次分配では特定の役割を果たした人にそれぞれ決まった部位が与えられる．槍猟では獲物に最初の一撃を与えた槍の持ち主が獲物の所有者となる．二番槍の持ち主が腰の部分，そして三番槍の持ち主が頭部をもらう．アカではだれが仕留めたというよりも，だれの道具によって仕留めたかが重要視される．跳ねわな猟の場合，自分のワイヤーを使って自分で仕掛ける猟が多いので，獲物はたいてい，わなを仕掛けた人のものになる．

　第一次分配で肉を得た人は，その人の判断によりさらに分配をおこなう．第二次分配では明確な規則はない．実際に何人に肉が分配されるかは，キャンプの人口や分配資源の肉の量に比例している．肉の量が多い場合には第二次分配からさらに第三次分配へと続くこともある．また，獲物が小さくて他人に配るほどの肉がないと判断した場合には家族内で消費するか，丸ごと誰かに与えるといったこともある．しかし，ある程度以上の量があるならば肉は必ず村（キャンプ）内で分配されなければならない．

　北西の分析では，第二次分配において，どの家庭からどの家庭へと肉が分配されるかは，キャンプサイズや構成，その他の事情によってまちまちであり，一定したものではなかったと言う．4〜6家族（15〜20人）の小サイズのキャンプでは，ある程度の肉の量があれば第二次分配でほぼ全部の家族に肉が行き渡る．大サイズのキャンプ（13〜17家族，60人程度）では，分配される肉の量が多くなるにつれ，分配数も増える．その場合，必ずしも全部の家に分配されるわけではないが，空間的にも親族関係的にも偏らないような分配がなされている．キャンプの空間的構成は一年を通してさまざまな理由により変わる．分配者の近くに居住していることや，分配者との親族関係の遠近などは，第二次の分配相手を決める上ではあまり重要ではないと言う．

　分配を受けた家では肉と森で採集してきた手持ちの素材（キノコ，ナッツ，野草など）で煮込み料理を作り，野生のヤムイモや農作物のプランテンバナナなどと一緒に食卓へ供給する．女性は平均すると1回の食事のために5皿分の料理を作り，そのうちの1皿は男たちへ，3皿は他の女たちへ分配し，残り1皿を子どもと自分で

食べる．このような料理の分配を北西は第三次分配と呼んでいる（北西 2010）．そこでは，もっぱら作り手の近くにいる人々が対象となる．そして，どのような形で第二次分配，第三次分配が行われようとも，食べる段階になると一時的訪問者も含めてキャンプにいる全員が，自分の居場所の近くで食事にありつくことになる．また北西（2010）は，アカでは個人が食物の分配に関するあからさまな要求をすることはほとんどないと言う．

　ボノボ研究者である黒田（1999：119-121）も，ボノボの調査基地があったワンバ村での村人の狩猟に同行し，その分配について以下のように記している．ワンバの人びとは焼畑農業のかたわら，個人猟や集団猟をよくする．獲物はその種類と各人の狩猟での役割に応じて分けられる．この点はムボテやアカなどの狩猟採集民と変わりはない．ワンバではそういった分配とは別に，親族関係や同年齢集団といった組織にそった分配もある．そして，まったく猟には貢献しなくても，猟について行ったというだけで獲物の分配を受けることもよくある．食事の時にたまたまその場に居合わせたならばそれだけで食事を一緒にすることができると言う．

　このように一緒にいる者には分配するという慣習のベースには，狩猟の場がもたらす共同感覚や連帯の気分，そして仲間に分配することの楽しさがある．人々は規則だから分配するというよりも，自ずとそうしたい気分になってしまうのである．これは，われわれ調査者が何かと規則などのルールに囚われすぎることへの注意である．わたしも同感である．ここには重要な問題が潜んでいると思われる．まず，日常行動の分配を促す二つの面を認識する必要がある．義務としての分配の消極的な面と，うれしさ，楽しさの共有のための分配という積極的な面である．チンパンジー／ボノボでは義務感の有無は別として，消極的分配が支配的であるが，人では後者の分配が大きく広がっている．

4⋯⋯⋯チンパンジー／ボノボ，人における分与行動の進化的基盤

　以上，チンパンジー／ボノボにおける食物の分与と現代の狩猟採集民の分与について，その実例を示してきた．ここでチンパンジー／ボノボにおける食物分与の特徴を再確認し，それから人の分与行動と比べてみよう．チンパンジー／ボノボの特徴としては次の 6 点が指摘できる．

① 価値ある食物の分与と物乞いが通常の行動目録に含まれている
② 分与前の騒動の後，群れが落ち着くと，分与が始まる
③ 同盟者，協力者，仲良しなどへの分配が見られる
④ 食物の分与は「ねだりの黙認」「許された盗み」などと表現されるように消極的な要素が多い
⑤ 分与の対象となるのは彼らにとって一般的ではない食物である
⑥ 食物の分与をめぐって毎回，保有者と要求者，要求者間においてさまざまな駆け引きや騒動が見られ，強奪なども生ずる

　①〜③は人でも共通している．人の分与は，頻度や積極性などの点でチンパンジー／ボノボとは大きな違いがあるが，①の価値のあるものを他者に分け与えるという根本的な点では同じである．④の分配の様態についても，人では積極的な分配の方がはるかに一般的であるが他者からの要求に応ずる形の分配も少なからず見られる（Peterson 1993）．以上，部分的な一致も含めると，上記の諸点の一致から3者共通の「分与の基盤」が浮かび上がる．

　⑤と⑥は，チンパンジー／ボノボと人との相違が一見大きい点であり，その意味でも注目に値する点である．チンパンジー／ボノボにとって分与の対象となる肉や巨大で美味な果実は，非日常的な食物であり，通常の食物へのプラスアルファにすぎない．その分与に与るかどうかは，生存といった問題に関わるものではない．しかし特別の魅力があるものとして，ぜひとも手に入れようと一騒動起きるのである．一方，狩猟採集民においては，次の節で論ずるように，食物分与はすでにそれなくしては日々の生活が根底から崩れ，社会全体の存亡にも関わるような，進化史的に生存基盤に組み込まれた行動となっている．毎日分与をめぐる大騒動をしていてはとても安定した暮らしは望めない．狩猟採集民においては明文化されたルールの上での分配，さらにそれほど拘束的ではないが，ある種の了解事項として，もらうべき人がだいたい決まっている．狩猟採集民のあいだでの食物の食物分与は日常化したルーティーンである．

　以上，チンパンジー／ボノボと人の食物分与を仔細に比べてみると，それらを無関係とする根拠は見出せず，ある共通した基盤に行き当たらざるを得ない．根本的なところは先に引用した伊谷純一郎（1986）の言葉のとおり，自分にとって価値あるもの（食物）を他に分与する（分与を許す）という行為である．そしてこれがチンパ

ンジー／ボノボと人で共通しているものであるならば，それはLCAから継承した行動という可能性が大きい．

　進化的分岐という観点から見ると，LCAとチンパンジー／ボノボ，そして人の関係は，LCAを起点として上方に開いた二等辺三角形をなしている．人の分配はかなり複雑化しているが，チンパンジー／ボノボの分配も彼らなりに進化して今に至っている．両者の違いは，それぞれの生活の総体という観点から見なければならない．すなわち，現時点では，チンパンジー／ボノボには彼らの現在の生活に即したシェアリングがあり，人には人のシェアリングがあるということである．現時点では両者の隔たりは途方もなく大きくなっているように思われるが，原点は共通で，到達点もそれぞれの生活にとって合理的なものに違いない．黒田（1999：115）は次のように述べる．「人間はたしかに贈与や互酬性の実現に心を砕くが，そのベースにあるのは分かち合いの精神だろう．［中略］だから，私たちは，分かち合う類人猿に何か根源的なものを共有していると直感するのである」．分かち合いの「精神」までチンパンジー／ボノボに認めるかどうかは保留した方がよいかもしれないが，この「何か根源的なもの」こそチンパンジー／ボノボと人がLCAから受け継いできた分与の核心であることはたしかであろう．

　先ほど，黒田が指摘した人の分配における狩猟の場がもたらす共同感覚や連帯の気分，そして仲間に分配することの楽しさについて述べたが，チンパンジー／ボノボにおいても，その分配をめぐる大騒動は，たんなるエネルギーの損失と見るべきではなく，彼らなりの楽しみ方として見るべきなのかもしれない．

3　　シェアリングと人の社会進化史

　英語のシェア（share）には「分ける」（divide, distribute）と「共有する（own/use with others）二つの意味がある．ここまでチンパンジー／ボノボと人における食物の分与を論じてきたがこれは「分ける」という意味でのシェアリングであった．一方，「共有」という意味でのシェアリングについてもチンパンジー／ボノボと人のどちらにも見られる．チンパンジー／ボノボは，群れとしての生活空間（テリトリー），自然資源，そして性的資源（配偶相手）などを共有している．人の場合には，前の二つは共有しているが，配偶相手の共有はごく限られている．この点では，チンパンジー

／ボノボの方が豊かなシェアリングの世界をもっていると言えるかもしれない．少なくとも両者はそれぞれ独自のシェアリング世界を築いてきたのである．

　文化人類学や生態人類学ではこれまでにシェアリングを巡ってさまざまな議論が展開されてきた（Kelly 2013，第6章など）．その一つはシェアリングと贈与との関係である．贈与論はフランスの人類学者／民族学者のマルセル・モースが1923～24年に発表した論文で，その骨子は，個人の自由意志でなされる贈り物が，じつは贈る義務，受け取る義務，返す義務の三つの義務に基づいておこなわれるものであること，そして，贈り手ともらい手のあいだを行き交う贈り物がそのつど，相手と自分との社会的地位の上下に影響を与えることである（モース 1973）．贈与と互酬性の関係の重要性は20世期における人類学をリードしてきたと言えるだろう．ただし，狩猟採集民のシェアリング研究ではそのことがかえって研究者の思考の幅を狭めている懸念がある．

　狩猟採集民のあいだでおこなわれている分与としてのシェアリングを，モースのいう贈与と同じものと見なすことには問題がある．わたしは，贈与が返礼を要求するものであるとしたらシェアリングは贈与ではないと指摘したことがある（寺嶋 2011）．同じ意見はとくに狩猟採集民の研究者には少なくない（北西 2010；丹野 1991；岸上 1998；Woodburn 1998）．もっとも，モースが返礼を義務とする贈与の例として論じているものは，本章で扱ってきた日々の食物などのシェアリングとは次元を異にしている．それはアネット・ワイナー（Weiner 1985）が「切り離し得ないもの」（inalienable）と名付けたような，特定の個人や集団と密着したいわくのある物品である．つよい象徴的意味を有するものであるがゆえに，それを受け取った人には大きな返礼の負荷がかかる．一方，狩猟採集民のシェアリングでやりとりする肉などは，簡単に入手できるとは言えないかもしれないが，その所有者と切り離し得ないといった類のものではない．

　狩猟採集民ではそれぞれの集団ごとの慣習にしたがってシェアリングがおこなわれるが，その都度，個人間のバランスシートを考慮した形でシェアリングがおこなわれているところはない．たとえば肉のシェアリングに関与する者が優秀なハンターだけといったことはあり得ない．高齢者，子ども，女性，身体の不自由な人など，一方的にもらうだけの人が必ずいる．若く元気な男性でもあまり狩猟に向いていない者もいる．クン・ブッシュマンでは狩猟者のうち半分に相当する人たちが全獲物の95％を捕獲すると言う．つまり残り半分は5％のお返ししかできないのである（Lee

1979: 244)．だからと言って，そういう人たちがシェアリングから排除されることはない．

　ところで，世界各地の狩猟採集民は異口同音に，自分たちのあいだではシェアリングが当たり前のこととしておこなわれている点を強調する．アフリカ南部の極度の乾燥地で生きるブッシュマンは「分け合わないものはライオン［ブッシュマンでは悪の象徴］と同じだ」と断言し，極寒の北極圏に生きるイヌイットは「われわれはだれとでも食物を分かち合う」ということを調査者に力説する（岸上 1998）．熱帯雨林のアカ・ピグミーを調査した丹野正（1991）は，アカにとっては「個々の獲物が「だれのもの」であるかということよりもむしろ，それらは分かち合うべきものである——すなわち，われわれは互いに分かち合って当然という間柄にある——という点に力点がおかれている」と述べ，「それはキャンプを共にする（している）ということと表裏一体をなす暗黙の合意ないしは規範なのだ」と論じている．

　このように狩猟採集民において常にシェアリングが強調される裏には，穿って考えるならば，そういった発言を通して，自分たちが生きる上でのシェアリングの大切さをあらためて確認し，シェアリングを損なうような行動への戒めとしているのではないだろうか．類人猿では前節で見てきたように，シェアリングの基盤は有するものの，日常的な食物の分与はないし，求めないし，求める必要もないという生き方である．一方，人は進化史のどこかで日々の安定した食物確保の必要に対応してシェアリングという相互行為が生まれ，その重要性が増すとともに，その大切さをつねに確認しなければならなくなったのである．そのターニングポイントはどこか．確かな証拠はもちろんないが，現生の人類に普遍的に見られる家族というユニットの登場と結びついている可能性は大きい．

　家族の由来について，まず霊長類学からのアプローチを紹介しよう．霊長類の社会進化を系統的に論じた伊谷（1972，1983）は，「原初的な単独生活者」というレベルを脱した初期霊長類がもっていた基本的社会構造として，雌雄のペアを単位とする単婚集団を想定した．そして，現生の類人猿社会も根本的にはその系譜を引き継ぐものであるが，いったんペアの結合が崩壊し，その後あらたに独自の社会構造を構築したものであると考えた．その結果，現生類人猿の社会は，テナガザル類の単婚社会，雄雌ともに単独生活者的行動をとるオランウータンの社会，ゴリラの父系一夫多妻社会，チンパンジー／ボノボの父系複雄複雌社会といったように，それぞ

れ異なる形をとって今の時代に存在している．そして伊谷は，その中のチンパンジー的複雄複雌群をベースとして，その中に家族というユニットが析出したものが人間社会となったと考えた．

生態学的適応を重視する西田利貞（1999）も同様に，初期人類はサバンナという環境のもとで，チンパンジー的な複雄複雌集団のなかにマントヒヒ的な一夫多妻のユニットがサブグループとして生まれ，家族と群れという重層社会を形成したのではないかと推測している．またオナガザル研究者の中川尚文（2009, 2016）は，雌の偏向分散（雌は成熟後に出生集団から遠くへ離れ，一方，雄は群れに残留すること），単雄単雌，一夫一妻，雄による育児，縄張りなどの一連の行動特性が，真猿類の祖型から類人猿の祖型まで連綿と受け継がれてきたとして，初期人類もそれを受け継いできた可能性が高いと主張している．中川が想定する「育児をする単婚ユニット」は家族の原型と言えよう．ただし，ペアボンドがどのように雄による育児に結びつくのかという点は，ラブジョイ説（Lovejoy 2009）と同じように未解決の部分を含む．

ベルナール・シャペ（Chapais 2008）は哺乳類や霊長類ではパターナルケアはペアボンドと直接結びつくものではないとしてラブジョイ説を批判している．そして，西田と同様，チンパンジーをモデルにした雌雄の性的乱交を基盤とする複雄複雌群を起点とする社会進化の構想を描いている．そのゴールである現生の人間社会ではその80％もが，単婚か，あるいは大多数の単婚と一部の一夫多妻婚からなる社会である．チンパンジーモデルとの違いはあまりにも大きい．そこでシャペは，チンパンジー型から現生の人間社会への一足飛びの変化は無理と考え，二段階での社会進化を唱える．第一段階がチンパンジー的乱交状態からマントヒヒ的なマルチ・ハーレム，すなわち一夫多妻社会への進化である．ここで雌雄の配偶関係が成立する．一方，そこでは多くの単身雄が生まれることになる．第二段階では，そういった一夫多妻のマルチ・ハーレム社会から一般的モノガミー，すなわち現生人類の社会のような，一夫多妻も容認される単婚主体社会への進化である．その場合，単身雄の割合はかなり抑えられ，社会的安定が増す．これら一連の進化は，生態学的な制約下における雄による雌の確保のための戦略によるものだと主張する（Chapais 2008: 173-174）．

チンパンジーの集団における雌雄の乱婚と雌の発情ディスプレイは，人間社会への移行を考える時の大きな障害であるが，LCAから考えるならば，それらは人とチンパンジー／ボノボの系統が分岐した後でチンパンジー／ボノボに生じた変化であ

ると考えればよい（西田 1999：287）.

　野生ゴリラ研究者の第一人者である山極寿一（2016）は，ゴリラ的社会をベースとして，単婚および一夫多妻型への進化という構想を提出している．ゴリラには，チンパンジー／ボノボ型に見られる雌の発情ディスプレイや乱婚的雌雄関係はない．これは，今西錦司（1961）が唱えた「類家族」としてのゴリラのワンメール・ユニットを想起させる．しかし，ゴリラ社会における群れどうしの排他的関係からどのように重層的な人間社会に繋がるかという道筋については，定かではない．

　以上，霊長類社会を土台としたいくつかの構想を紹介したが，各人各様の私案にはもっともな点と問題点があり，決定的なものはないようである．もっとも，霊長類で人以外に家族を持っている種はない以上，現生の類人猿社会モデルにあまり拘泥しても先は見えないということかもしれない．では，直接的な証拠を扱う古人類学や考古学の観点からは人の家族の出現についてどのような知見が得られているのか，探ってみたい．

　家族について考えるにはまずその定義が必要であるが，今西錦司（1961）が唱えた定義を基本にしたい．今西は4つ挙げているが，内容で整理すると次の3点である．①インセストの禁止とエグゾガミー（外婚＝メイト・アウト）の実行，②複数の家族を内包するコミュニティ（地域共同体）の存在，③家族内での男女の分業．この中で，インセストの禁止と外婚は人以外の霊長類でも十分に備えている．しかし地域社会と男女の分業は難関である．伊谷（1983）も述べているように，人以外の霊長類社会では，多くの単位集団（群れ）は排他的輪郭をもち，相互に避けあうか敵対するものである．したがって群れを超えた地域社会の形成はきわめて困難である．③の男女の分業が生ずるためには，栄養補給をすべて自助努力で賄うといった類人猿的生活スタイルから離れる必要がある．現生の狩猟採集民では，絶対的といったものではないが，男は狩猟，女は採集活動といった生業の分化が普通である．ペアボンドを維持する男女におけるこのような生計活動の分化が成立するためには，男女間のシェアリングが日常ベースでおこなわれることが不可欠である．

　人の祖先における男女の生計活動の分化と分業のきっかけとなった事情であるが，その第一はシャペ（Chapais 2008）やラブジョイ（Lovejoy 2009）が主張するように，子どもの成長の遅延と雌における養育負担の増加であった可能性は大きい．現生人の新生児は，体の大きさに比べるとその運動能力はきわめて未熟である．授乳中はおろか，離乳後も自力で行動できるようになるまではかなりの年月を必要とし，その

あいだ母親がしっかり世話をしなければならない．その期間，母親へのサポートは必須であり，パートナーとしての雄の育児参加の必要が強まったと思われる．これは進化史上きわめて重要な出来事と言えるだろう．それまでペアを保ちながらも生計的には互いにほとんど独立していた男女がはじめて子育てという共通の課題を背負ったのである．

　新生児の体の大きさや脳の増大などがそれの引き金になったとすれば，それはどの時代であろうか．ドゥシルバ（DeSilva 2011）は，母体と新生児の体重の割合であるIMMR（Infant：Mother Mass Ratio）の値をもとに初期人類の新生児の体重を推定した．それによると，アルディピテクスの新生児はだいたいチンパンジーと同レベルであるが，アウストラロピテクス・アファレンシスやアウストラロピテクス・アフリカヌスではホモ・エレクトゥスや現代人とほとんど同じレベルに達していると言う．そのことが乳幼児の成長の遅延を予想させるものならば，アウストラロピテクスの段階で父親の子育て参加の必要が募っていたことの証拠になるだろう．ただし，第一大臼歯の萌出年齢を調べた研究（Kelley & Schwartz 2012）では，アウストラロピテクスとパラントロプスでは3歳前後と，現代人の5.8歳を大きく下回り，現生のゴリラ（3.8歳），チンパンジー（4.0歳）よりもさらに早い．すなわち，当時の猿人は現生のゴリラやチンパンジーよりも成長が早かったという可能性もある．結論を出すにはまだ早すぎるだろう．

　アウストラロピテクスか，あるいはホモ・エレクトゥスか，いずれにせよ，ある進化段階において人のペアボンドでは，雄による食物供給の増加の必要性が高まり，食物のシェアリングと子育ての両機能を有する家族的ユニットが登場したと想定される．そのような状況のなかでは，LCAから受け継いできた狩猟行動における雄同士の協力もより緊密化した可能性が大きい．狩猟の頻度も増えたであろう．ホモ・エレクトゥス段階では，鋭利な石器の発達とともに狩猟方法も高度化したはずである．小動物ばかりではなく，より大きな獲物も対象とするようになっただろう．スカベンジングも多人数が鋭利な石器で武装し，他の肉食獣に襲撃をかけることができるようになれば，その成功率は大いに向上しただろう．そういった狩猟における緊密な共同性の発達は，より安定した獲物のシェアリングによって維持されなければならない．家族間の協同の発達はシェアリングの充実と並行するはずである．持続的で公平なシェアリングを達成できない集団は早晩メンバーの離散などにより，消滅の運命を免れなかったはずである．

現生の狩猟採集民に特有の，経済的に独立した小集団であるバンドは，個々の家族と同時に存在するものである．そして個人が単独では生きていけないのと同じく，家族も単体では存続し得ない．それは日々の生活の安定の他にも，近親婚を避けるという生物学的必要を満たす上でも重要である．バンドは人口がある程度増えると，分裂した方が効率よく環境の資源利用ができる．シェアリングの範囲にもある程度の適正なサイズがある．そして，そういった共通の基盤をもつバンドが，分離・分散しながらも互いの連携を保ち，地域的なコミュニティが形成される．各個人やそれぞれの家族は，親族や姻族などとの関係を保ちつづけ，さまざまな機会に他所の知己を訪ねて交流する．地域コミュニティは婚姻のための基本的な母集団となる．チンパンジーにおける性的にアクティブな異性の共有とはレベルを異にするが，マクロ的に見ればある種の共有資源としての遺伝子プールである．ペアボンドから家族への発展を導いたシェアリングの絆は，このような一連のコミュニティ拡大の連鎖の中で，一貫して重要な役割を演じてきたはずである．すなわち，人は，シェアリングというLCAからの基盤を継承・発展させながら，生態学的環境やライフヒストリーとの関連においてさまざまな有機的連携をもつ社会集団を創出し，今に見るような独自の世界を築いてきたのであろう．

　最後に，所有とシェアリング，そして自由と拘束という問題について付言し，この小論を締め括りたい．ムブティピグミーやアカピグミーの調査をした丹野正 (1991) は，「ウッドバーンに代表される欧米の人類学者の多くは，なぜ彼らは分配するのかという問いから出発する．そのとき人類学者は，個々人が獲得した物はとうぜん彼の「所有物」であり，彼自身（すなわち，「自由な個人」）には自らの「所有物」を他者に分け与えねばならぬ理由はないという前提に立っている．そこで，狩猟採集民の間での分配の理由を「個人」の外側に求めようとする」と批判している．
　たしかに，個人が所有するさまざまな「もの」に対する「所有権」は近代社会では自明のことのように考えられてきたが，権利とは周囲がそれを認めることによってはじめて生まれるものであり，「もの」自体に備わった固有の性質ではない．群れという集団を作って生きる霊長類では，仲間がその手に握っているものについては，おおむねその所有が尊重される．食べ物であれば，それを本人からもぎ取ることはほとんどないし，無理やり取り上げようとすればかなりの労力や争いを覚悟しなければなるまい．人の場合も同じであり，一人で入手した食物の処分についてはその

人の思いが当然のこととして尊重される．しかし集団で力をあわせて入手したものは，どう考えても，だれか一人の思い通りにはなるものではないはずである．また，たとえ単独で入手したものであったとしても，シェアリングという慣習が集団として合意されており，その中で自分も生きているのであれば，それを拒否してまで独占を主張するのは無謀な企てであろう．

　丹野 (1991) は上記のような，ウッドバーンらが描く「自由な個人」としての狩猟採集民像を批判すると同時に，狩猟採集民は親族や姻族という社会関係の網の目につよく拘束されていると指摘し，キャンプをともにする人びとはそれぞれ親族関係の目の中に緊密に組み込まれているがゆえに，シェアリングがおこなわれるのだと主張する．

　この点については少々留保したい．親族関係に拘束された生き方という見方は狩猟採集民には相応しくないと思うからである．狩猟採集民の平等主義（エガリタリアニズム）のポイントの一つが個人の移動や行動の自由である．もっとも，個人の自由といっても無制限ではなく，あくまで社会的な合意の枠中でのことである．移動の自由はいろいろな意味で狩猟採集民として重要な自由と思われる．すなわち，生態学的問題ならびに社会学的なさまざまな問題解決の手段として居住の自由，移動の選択の自由が有効に機能するからである (Terashima 1985).

　したがって親族関係に拘束されてシェアリングがあると考えるよりも，日々のシェアリングの実践こそが，親族関係という絆の価値や意味を生み出していると考える方がよいと思う．価値ある食物を前にしてチンパンジー／ボノボたちが，あれやこれやの手段を尽くしてそれを入手する交渉を試みなければならないのは，親族関係等の認知がないからではなく，日々生きるための社会性・共同性としての食物のシェアリングがさほど重要ではないからである．

　チンパンジーは群の中で，他のメンバーと自由に離合集散しながら生きる自由をもつ (伊藤 2015).そして狩猟採集民は，バンドを離れる自由と合流する自由をもち，自らの判断で暮らしやすい人々とともに生きる．それもきっとLCAから受け継いだ習性であろう．その自由を生かすべく，親族や姻族なども含めたさまざまな絆が活用されるのである．もっとも，親族関係とシェアリングのどちらが重要かという話ではないかもしれない．どちらが無くても人の生活は成り立ちえない．双方が互いに支え合うことによって人の生き方が進化したと考えるべきだろう．

参 考 ・ 参 照 文 献

アードリー，R.（1973）『アフリカ創世記——殺戮と闘争の人類史』徳田喜三郎，森本佳樹，伊沢紘生訳，筑摩書房．

伊谷純一郎（1972）『霊長類の社会構造』共立出版．

伊谷純一郎（1983）「家族起原論の行方」『家族史研究 7 』大月書店．

伊谷純一郎（1986）「人間平等起原論」伊谷純一郎，田中二郎編著『自然社会の人類学——アフリカに生きる』アカデミア出版会，349-389頁．

伊藤詞子（2015）「離れつつ，ともに生きるチンパンジー」『フィールドプラス』14：4-5．東京外国語大学．

五百部裕（1997）「ヒト上科における狩猟・肉食行動の進化——Pan 属 2 種の比較を中心に」『霊長類研究』13：203-213．

今西錦司（1961）「人間家族の起源——プライマトロジーの立場から」民族学研究 25（1）：19-138．

今村　薫（2010）『砂漠に生きる女たち——狩猟採集民の日常と儀礼』どうぶつ社．

今村仁司（2000）『交易する人間——贈与と交換の人間学』講談社．

岸上伸啓（1998）『極北の民——カナダ・イヌイット』弘文堂．

岸上伸啓（2003）「狩猟採集民社会における食物分配の類型について「移譲」，「交換」，「再・分配」」『民族学研究』68（2）：145-164．

北西功一（2002）「分配者としての所有者——狩猟採集民アカにおける食物分配」市川光雄，佐藤弘明編『講座・生態人類学 2　森と人の共存世界』京都大学学術出版会，61-91頁．

北西功一（2004）「狩猟採集社会における食物分配と平等——コンゴ北東部アカ・ピグミーの事例」寺嶋秀明編『平等と不平等をめぐる人類学的研究』ナカニシヤ出版，53-91頁．

北西功一（2010）「所有者とシェアリング——アカにおける食物分配から考える」木村大治，北西功一編『森棲みの社会誌——アフリカ熱帯林の人・自然・歴史 II』京都大学学術出版会，263-280頁．

黒田末寿（1982）『ピグミーチンパンジー——未知の類人猿』筑摩書房．

黒田末寿（1999）『人類進化再考——社会生成の考古学』以文社．

ダート，R.（1960）『ミッシング・リンクの謎』山口敏訳，みすず書房．

高畑由起夫（1991）「狩る者と狩られる者，そしてねだる者とねだられる者——チンパンジーの狩猟行動」西田利貞・伊沢紘生・加納隆至編『サルの文化誌』平凡社，401〜417頁．

田中二郎（1971）『ブッシュマン——生態人類学的研究』思索社．

田中二郎（1978）『砂漠の狩人——人類始原の姿を求めて』中央公論社．

丹野正（1991）「分かち合いとしての分配——アカ・ピグミー社会の基本的性格」田中二郎，掛谷誠編『ヒトの自然誌』平凡社，35-57頁．

寺嶋秀明（1984）「ムボテ族の狩猟生活——乾燥疎開林における狩猟生活の生態人類学的研究」伊谷純一郎，米山俊直編『アフリカ文化の研究』アカデミア出版会，165-225頁．

寺嶋秀明（2011）『平等論——霊長類と人における社会と平等性の進化』ナカニシヤ出版．

寺嶋秀明（2015）「森に生きる技術——人とつながる・自然とつながる」『フィールドプラス』14：8-9．東京外国語大学．

中川尚史（2009）「霊長類における集団の機能と進化史—地理的分散の性差に着目して」河合香吏編『集団——人類社会の進化』京都大学学術出版会，57-87頁.

中川尚史（2016）『ふつうのサルが語るヒトの起源と進化』ぷねうま舎.

中村美知夫（2015）『「サル学」の系譜——人とチンパンジーの50年』中央公論社.

西田利貞（1999）『人間性はどこから来たか——サル学からのアプローチ』京都大学学術出版会.

西田利貞，保坂和彦（2001）「霊長類における食物分配」西田利貞編『講座・生態人類学 8　ホミニゼーション』京都大学学術出版会，255-304頁.

ハート，D，サスマン，R. W.（2007）『ヒトは食べられて進化した』伊藤伸子訳，化学同人.

保坂和彦（2019）「チンパンジーの肉分配再考——大型類人猿とヒトにおけるモノの授受をめぐって」『日本人類学会進化人類学分科会ニューズレター 2019/01』4-8頁.

モース，M.（1973）「贈与論——太古の社会のいける交換の諸形態と契機」有地亨，伊藤昌司，山口俊夫訳『社会学と人類学　I』弘文堂，219-400頁.

山極寿一，諏訪元（2016）「プレヒューマンへの想像力は何をもたらすか」『現代思想』44（10）：34-56.

Andrews, P. 2015. *An Ape's View of Human Evolution*. Cambridge University Press.

Andrews, P. 2019. "Last common ancestor of apes and humans: Morphology and environment." *Folia Primatol*, Published online: September 18, 2019.

Chapais, B. 2008. *Primeval Kinship: How Pair-Bonding Gave Birth to Human Society*. Harvard University Press.

DeSilva. 2011. "A shift toward birthing relatively large infants early in human evolution." *PNAS* 108 (3): 1022-1027.

Feistner, ATC., & McGrew, WC. 1989. "Food-sharing in primates: A critical review." *Perspectives in Primate Biology* 3: 21-36.

Gurven, M. 2004. "To give and to give not: The behavioral ecology of human food transfers." *Behavioral and Brain Sciences* 27: 543-583.

Ingold, T. 1999. "On the social relations of the hunter-gatherer band." In: Lee, RB., and Daly, R.（eds.）*The Cambridge Encyclopiedia of Hunters and Gatherers*. pp. 399-410, Cambridge University Press.

Jaeggi, AV., & Gurven, M. 2013. "Natural Cooperators: Food sharing in humans and other primates." *Evolutionary Anthropology* 22:186-195.

Kelley, J., & Schwartz, GT. 2012. "Life-history inference int the early hominins: Australopithecus and Paranthropus." *Int J Primatol*, Published Online: 13 June 2012.

Kelly, RL. 2013. *The Lifeways of Hunters-Gatherers: The Foraging Spectrum*. Cambridge Up.

Lee R.B. 1979. *The !Kung San: Men, Women, and Work in a Foraging Society*. Cambridge University Press.

Lovejoy, CO. 2009. "Reexamining human origins in light of Ardipithecus ramidus." *Science* 326: 74-74e8.

O'Connel et al. 1988. "Hadza scavenging: Implications for Plio/Pleistocene hominid subsistence." *Current Anthropology* 29: 356-363.

Peterson, N. 1993. "Demand Sharing: Reciprocity and the Pressure for Generosity among Foragers." *American Anthropologist*, New Series, 95: 860-874.

Terashima, H. 1985. "Variation and composition principles of the residence group (band) of the Mbuti pygmies: Beyond a typical/atypical dichotomy." *African Study Monographs*, Supplementary Issue 4:

103-120.

Weiner, AB. 1985. "Inalienable Wealth." *American Ethnologist* 12 (2): 210-227

White, T, et al. 2009. "Ardipithecus Ramidus and the Paleobiology of Early Hominids." *Science* 326 (5949): 75-86.

Woodburn, J. 1998. "Sharing is not a form of exchange: An analysis of property-sharing in immediate-return hunter-gatherer societies." In: Hann C (ed.) *Property Relations: Renewing the Anthropological Tradition.* pp. 48-63. Cambridge University Press.

事 項 索 引

民 族 名 索 引

人 名 索 引

執筆者紹介（執筆順）

寺嶋秀明 （てらしま ひであき　編者）

神戸学院大学名誉教授. 京都大学大学院理学研究科博士課程単位取得退学, 博士（理学）. 主な著作に,『講座・生態人類学7　エスノ・サイエンス』（共編, 京都大学学術出版会, 2002年）,『平等論──霊長類と人間社会における平等性の進化』（ナカニシヤ出版, 2011年）などがある.

黒田末寿 （くろだ すえひさ）

滋賀県立大学名誉教授. 京都大学大学院理学研究科満期退学, 博士（理学）. 主な著作に,『人類進化再考──社会生成の考古学』（以文社, 1999年）,『アフェクトゥス（情動）──生の外側に触れる』（共著, 京都大学学術出版会, 2020年）などがある.

今村 薫 （いまむら かおる）

名古屋学院大学現代社会学部教授. 京都大学大学院理学研究科博士課程単位取得退学, 博士（理学）. 主な著作に,『砂漠に生きる女たち──カラハリ狩猟採集民の日常と儀礼』（どうぶつ社, 2010年）,『「世界史」の世界史』（共著, ミネルヴァ書房, 2016年）などがある.

戸田美佳子 （とだ みかこ）

上智大学総合グローバル学部准教授. 京都大学大学院アジア・アフリカ地域研究研究科一貫制博士課程修了, 博士（地域研究）. 主な著作に,『越境する障害者──アフリカ熱帯林に暮らす障害者の民族誌』（明石書店, 2015年）, "No Longer Oppose or Coexist: 40 Years of Trans-Border Business and the State in the Republic of the Congo," In Takehiko Ochiai and Misa Hirano-Nomoto (eds.) *People, Predicaments and Potentials in Africa*, Langaa RPCID. 2021.などがある.

関野文子 （せきの あやこ）

京都大学大学院アジア・アフリカ地域研究研究科博士課程. 主な著作に,「狩猟採集社会における植物性食物分配──カメルーン東南部のバカの事例から」（京都大学大学院アジア・アフリカ地域研究研究科博士予備論文, 2016年）,「カメルーン・バカにおける食物分配をめぐる時間と空間の共有──開放性と境界に着目して」（『生態人類学会ニュースレター』23, 2017年, 11-13頁）などがある.

木下靖子 （きのした やすこ）

金沢大学先端科学・社会共創推進機構 能登里山里海寄附研究部門特任助教. 北九州市立大学社会システム研究科博士後期課程修了, 博士（学術）. 主な著作に,「共生の社会交渉を可能にする資

源の所有と分配——バヌアツ共和国メリック島の事例から」(『アジアの未来へ 私の提案 Toward the Future of Asia: My Proposal』3, 2017年, 229-235頁),「環太平洋域里海文化の相互理解と次世代継承：琉球弧アダンサミット2019」(『金沢大学国際機構紀要』2, 2020年, 45-59頁)などがある.

砂野 唯 (すなの ゆい)

広島女学院大学人間生活学部生活デザイン学科専任講師. 京都大学大学院アジア・アフリカ地域研究研究科修了, 博士(地域研究). 主な著作に, 『酒を食べる——エチオピア・デラシャを事例として』(昭和堂, 2019年), "Traditional Storage Pit, Polota, for Storing Sorghum as a Long-Term Survival Strategy in Dirashe Special Woreda, Southern Ethiopia," *Agroecology and Sustainable Food Systems* 44(4): 536-559. 2020.などがある.

飯田 卓 (いいだ たく)

国立民族学博物館／総合研究大学院大学教授. 京都大学大学院人間・環境学研究科研究指導認定退学, 博士(人間・環境学). 主な著作に, 『海を生きる技術と知識の民族誌——マダガスカル漁撈社会の生態人類学』(世界思想社, 2008年), 『文化遺産と生きる』(編著, 臨川書店, 2017年)などがある.

高倉浩樹 (たかくら ひろき)

東北大学東北アジア研究センター教授. 東京都立大学大学院社会科学研究科単位取得退学, 博士(社会人類学). 主な著作に, 『震災復興の公共人類学——福島原発事故被災者と津波被災者との協働』(共編著, 東京大学出版会, 2019年), 『総合人類学としてのヒト学』(編著, 放送大学教育振興会, 2018年)などがある.